21世纪职业教育规划教材·财经商贸系列

商业银行会计实务

主　编　张晓举　杜崇东
副主编　苗华新　侯　林

北京大学出版社
PEKING UNIVERSITY PRESS

内容简介

本书对标高职金融专业培养目标,根据商业银行网点典型岗位工作内容,按照(网点负责人、柜员、大堂经理、理财经理等)基础岗位需求,设计了单位存款业务、个人存款业务、资金汇划业务、电子支付渠道、代理代销业务、信贷及票据贴现业务、支付结算业务等模块,全面反映了企业岗位需求。同时,本书融入思政元素和劳动育人理念,将金融从业人员职业素养与会计职业道德培养相结合,着重培养学生热爱基层岗位、奉献基层岗位的爱岗敬业精神;培养学生信誉至上、作风严谨、抵制诱惑的诚实守信精神,让学生能够将个人能力培养与企业发展主动结合起来。

本书参照中国邮政储蓄银行全行"一本账"的核算模式,将技能操作与财务理论培养相融合,创建基于工作过程的教学情境及案例分析,实现业务操作技能、业务制度理解与会计学习的有机结合,使得会计核算简单明了,能够有效提升学生对业务操作的理解,增强学生发现问题、解决问题的能力,适合作为高职高专金融专业的教材。

图书在版编目(CIP)数据

商业银行会计实务 / 张晓举,杜崇东主编. —— 北京:北京大学出版社,2025.8. —— (21世纪职业教育规划教材). ——ISBN 978-7-301-35926-6

Ⅰ. F830.42

中国国家版本馆 CIP 数据核字第 202585ZC65 号

书　　　名	商业银行会计实务 SHANGYE YINHANG KUAIJI SHIWU
著作责任者	张晓举　杜崇东　主　编
策 划 编 辑	吴坤娟
责 任 编 辑	吴坤娟
标 准 书 号	ISBN 978-7-301-35926-6
出 版 发 行	北京大学出版社
地　　　址	北京市海淀区成府路 205 号　100871
网　　　址	http://www.pup.cn　新浪微博:@北京大学出版社
电 子 邮 箱	编辑部 zyjy@pup.cn　总编室 zpup@pup.cn
电　　　话	邮购部 010-62752015　发行部 010-62750672　编辑部 010-62756923
印 刷 者	北京圣夫亚美印刷有限公司
经 销 者	新华书店
	787 毫米×1092 毫米　16 开本　17 印张　446 千字 2025 年 8 月第 1 版　2025 年 8 月第 1 次印刷
定　　　价	49.00 元

未经许可,不得以任何方式复制或抄袭本书之部分或全部内容。
版权所有,侵权必究
举报电话:010-62752024　电子邮箱:fd@pup.cn
图书如有印装质量问题,请与出版部联系,电话:010-62756370

前　言

近年来随着金融科技和全球经济一体化的不断发展,商业银行在向数字化、国际化和集约化的转型过程中,越来越重视金融从业人员的综合能力、专业能力以及创新能力建设。为了更好地适应现代金融业务发展需求,践行产教融合、校企协同育人,培养具有创新能力、符合产业要求的复合型、创新型人才,本书以党的二十大精神为指引,根据商业银行网点典型岗位工作内容设计模块化教学,以教学项目制为中心、以网点工作任务为驱动设计教材内容。

本书具有以下特点:

1. 立足基层,提升综合素养。

本书对标高等职业教育金融专业培养目标,立足商业银行网点典型岗位工作职责,对商业银行会计核算制度及相关核算办法进行筛选和重构,按照基础岗位能力要求,设计基本核算理论及方法、单位存款业务、个人存款业务、资金汇划业务、电子支付渠道、代理代销业务、信贷及票据贴现业务、支付结算业务等八个模块,每个模块包含若干项目,每个项目聚焦若干典型工作任务,从而构建起"学而有效""学能致用"的学习内容。

2. 构建思维导图,助推业财融合。

本书以"职业能力形成"为核心,依据商业银行业务操作规范和工作过程,结合典型工作任务共计构建90多个项目活动;通过构建思维导图,将会计学习与业务活动有机融合,形成"理论有用、操作有效、学有所得"的职业教育特色。

3. 核算模式简洁,通俗易懂。

本书参照中国邮政储蓄银行全行"一本账"的核算模式,使得会计核算体系简单明了,教材内容通俗易懂;结合典型工作案例,强化应用,提升学生发现问题、解决问题的实践能力。

4. 课程思政多维度融入教材。

本书按照"树自信—立根本—促发展—顾大局"的思路设计思政体系,结合模块内容、专业特色、岗位要求,将党的二十大精神融入教材,助力学生坚定文化自信、培养职业操守、增强大局意识。

5. 校企协同,共建双元教材。

本书深入践行校企协同育人,在企业调研及征询企业专家意见的基础上编写而成,中国邮政储蓄银行河北分行财务部总经理苗华新作为企业专家对本书的编写工作给予了大力支持和指导,并参与了模块二的编写。

本书由石家庄邮电职业技术学院张晓举、杜崇东担任主编,苗华新总经理和中南大学博士侯林担任副主编。本书在编写过程中得到了多位教育及金融专家的悉心指导,在此对各位专家的辛苦付出表示感谢。

编 者

2025 年 6 月

本书配套资源

📚 **读者学习资源**

1. 讲解视频
2. 题库

读者扫描右侧二维码,即可获取上述资源。
一书一码,相关资源仅供一人使用。

📚 **教师教学资源**

本书配有教学课件,如任课老师需要,可扫描右边二维码,关注北京大学出版社微信公众号"北大出版社创新大学堂"(zyjy-pku)索取。

·课件申请
·样书申请
·教学服务
·编读往来

目 录

模块一 基本核算理论及方法 …………1

项目一 认识商业银行会计科目 … 2
一、基础知识 …………………………… 2
(一)银行会计科目的概念 ………… 2
(二)银行会计科目的设置原则 …… 2
二、项目活动 …………………………… 3
(一)项目活动1 按与资产负债表的关系划分会计科目 ……… 3
(二)项目活动2 按资金性质划分会计科目 ……………… 4
三、任务活动 …………………………… 8
(一)任务活动1 ………………… 8
(二)任务活动2 ………………… 9

项目二 运用记账方法记账 ………… 10
一、基础知识 ………………………… 10
二、项目活动 ………………………… 10
(一)项目活动1 借贷记账法的运用 …………………… 10
(二)项目活动2 单式记账法的运用 …………………… 12
三、任务活动 ………………………… 13

项目三 填制审核会计凭证 ……… 14
一、基础知识 ………………………… 14
(一)会计凭证的概念 …………… 14
(二)会计凭证的分类 …………… 14
(三)会计凭证的基本要素 ……… 19
二、项目活动 ………………………… 19
(一)项目活动1 填制会计凭证 …………………… 19
(二)项目活动2 审核会计凭证 …………………… 20
(三)项目活动3 会计凭证签章 …………………… 21
(四)项目活动4 传递会计凭证 …………………… 22
(五)项目活动5 装订整理会计凭证 …………………… 23
三、任务活动 ………………………… 23

项目四 账簿设置 …………………… 24
一、基础知识 ………………………… 24
二、项目活动 ………………………… 25
(一)项目活动1 组织明细核算 …………………… 25
(二)项目活动2 组织综合核算 …………………… 29
(三)项目活动3 账务处理程序 …………………… 32
三、任务活动 ………………………… 34

模块二 单位存款业务 ………… 46

项目一 核算单位活期存款业务 …………………… 46
一、基础知识 ………………………… 47
(一)存款的分类 ………………… 47
(二)单位结算账户的分类 ……… 47
(三)会计科目设置 ……………… 48
二、项目活动 ………………………… 48

(一)项目活动1　存入现金的
　　　　核算 …………………… 48
　　(二)项目活动2　支取现金的
　　　　核算 …………………… 50
　三、任务活动 ………………… 52
项目二　核算单位定期业务 ……… 54
　一、基础知识 ………………… 54
　　(一)单位定期存款概述 …… 54
　　(二)会计科目设置 ………… 55
　二、项目活动 ………………… 55
　　(一)项目活动1　吸收定期存款
　　　　的核算 ………………… 55
　　(二)项目活动2　支取单位定期
　　　　存款的核算 …………… 59
　三、任务活动 ………………… 61
项目三　核算存款利息 …………… 62
　一、基础知识 ………………… 62
　　(一)利息计算的一般规定 … 63
　　(二)存款利息的计算方法 … 64
　　(三)会计科目的设置 ……… 64
　二、项目活动 ………………… 65
　　(一)项目活动1　存款账户利息
　　　　计提 …………………… 65
　　(二)项目活动2　存款账户
　　　　付息 …………………… 67
　　(三)项目活动3　存款账户补计
　　　　提/冲多计提存款利息 …… 70
　三、任务活动 ………………… 71

模块三　个人存款业务 ………… **73**

项目一　核算个人活期存款
　　　　业务 …………………… 73
　一、基础知识 ………………… 74
　　(一)个人活期存款概述 …… 74
　　(二)账户类型 ……………… 74
　　(三)会计科目设置 ………… 74
　二、项目活动 ………………… 75

　　(一)项目活动1　开户的核算 … 75
　　(二)项目活动2　续存的核算 … 77
　　(三)项目活动3　支取的核算 … 78
　　(四)项目活动4　利息核算 …… 79
　　(五)项目活动5　活期销户 …… 81
　三、任务活动 ………………… 82
项目二　核算个人定期存款
　　　　业务 …………………… 84
　一、基础知识 ………………… 84
　　(一)个人定期存款概述 …… 84
　　(二)会计科目设置 ………… 84
　二、整存整取项目活动 ……… 85
　　(一)项目活动1　整存整取
　　　　开户 …………………… 85
　　(二)项目活动2　整存整取到期
　　　　清户 …………………… 87
　　(三)项目活动3　整存整取部分
　　　　支取 …………………… 88
　　(四)项目活动4　整存整取转存 … 89
　三、零存整取项目活动 ……… 91
　　(一)项目活动5　零存整取
　　　　开户 …………………… 91
　　(二)项目活动6　零存整取续存
　　　　交易 …………………… 93
　　(三)项目活动7　零存整取清户
　　　　交易 …………………… 94
　四、任务活动 ………………… 96
项目三　核算个人通知存款
　　　　业务 …………………… 97
　一、基础知识 ………………… 97
　　(一)个人通知存款概述 …… 97
　　(二)会计科目设置 ………… 98
　二、个人通知存款项目活动 … 98
　　(一)项目活动1　个人通知存款
　　　　开户 …………………… 98
　　(二)项目活动2　个人通知存款
　　　　部分支取 ……………… 99

(三)项目活动3　现金清户…… 101
　三、任务活动 …………………… 102
项目四　核算储蓄存款差错修正
　　　　业务 …………………… 105
　一、基础知识 …………………… 105
　　(一)取消、冲正业务概述 …… 105
　　(二)会计科目设置 …………… 105
　二、取消交易项目活动 ………… 106
　　(一)项目活动1　存款取消…… 106
　　(二)项目活动2　整存整取
　　　　(存单式)部分支取取消 … 107
　三、冲正交易项目活动 ………… 109
　　(一)项目活动3　活期存款原
　　　　交易金额大于/小于正确
　　　　交易金额的冲正交易 …… 109
　　(二)项目活动4　活期取款原
　　　　交易金额小于/大于正确
　　　　交易金额的冲正交易 …… 111
　　(三)项目活动5　活期存/取款
　　　　做成活期取/存款的冲正
　　　　交易 …………………… 111
　四、任务活动 …………………… 112
　　(一)任务一 …………………… 112
　　(二)任务二 …………………… 113

模块四　资金汇划业务 ………… **114**

项目一　核算邮政汇兑业务 …… 114
　一、基础知识 …………………… 115
　　(一)邮政汇兑业务概述 ……… 115
　　(二)会计科目设置 …………… 115
　二、邮政汇兑业务项目活动 …… 115
　　(一)项目活动1　按址汇款及
　　　　会计核算 ……………… 115
　　(二)项目活动2　密码汇款及
　　　　核算 …………………… 117
　　(三)项目活动3　入账汇款及
　　　　核算 …………………… 119

　三、任务活动 …………………… 121
项目二　核算大/小额支付业务 … 124
　一、基础知识 …………………… 124
　　(一)跨行汇款业务概述 ……… 124
　　(二)会计科目设置 …………… 126
　二、跨行汇款项目活动 ………… 127
　　(一)项目活动1　跨行往账业务
　　　　及会计核算 …………… 127
　　(二)项目活动2　跨行来账业务
　　　　及会计核算 …………… 132
　三、任务活动 …………………… 135
项目三　核算同城票据交换
　　　　业务 …………………… 137
　一、基础知识 …………………… 137
　　(一)同城票据交换概述 ……… 137
　　(二)会计科目 ………………… 139
　二、同城票据交换项目活动 …… 140
　　(一)项目活动1　提出行提出
　　　　借方票据 ……………… 140
　　(二)项目活动2　提出行提出
　　　　贷方票据 ……………… 145
　　(三)项目活动3　提入行提入
　　　　借方票据 ……………… 147
　　(四)项目活动4　提入行提入
　　　　贷方票据 ……………… 149
　　(五)项目活动5　交换轧差…… 150
　三、任务活动 …………………… 152

模块五　电子支付渠道 ………… **154**

项目一　核算个人网银支付
　　　　业务 …………………… 154
　一、基础知识 …………………… 155
　　(一)个人网银支付业务概述 … 155
　　(二)会计科目设置 …………… 155
　二、项目活动 …………………… 155
　　(一)项目活动1　支付的
　　　　核算 …………………… 155

（二）项目活动2　本金结算的核算 …… 156

（三）项目活动3　退货交易的核算 …… 158

（四）项目活动4　佣金的核算 …… 159

三、任务活动 …… 160

项目二　核算POS收单业务 …… 161

一、基础知识 …… 161

（一）POS收单业务概述 …… 161

（二）会计科目设置 …… 161

二、项目活动 …… 162

（一）项目活动1　消费/预授权完成的核算 …… 162

（二）项目活动2　退货的核算 …… 163

（三）项目活动3　本金的结算 …… 165

（四）项目活动4　手续费的结算 …… 166

三、任务活动 …… 167

模块六　代理代销业务 …… 169

项目一　核算代理保险业务 …… 169

一、基础知识 …… 170

（一）代理保险业务概述 …… 170

（二）会计科目设置 …… 170

二、项目活动 …… 170

（一）项目活动1　代理保险业务保费的核算 …… 170

（二）项目活动2　批量代扣保险金的核算 …… 172

（三）项目活动3　批量代付保险金的核算 …… 172

（四）项目活动4　手续费的核算 …… 173

三、任务活动 …… 173

项目二　核算代理开放式基金业务 …… 174

一、基础知识 …… 174

（一）基金业务概述 …… 174

（二）会计科目设置 …… 175

二、项目活动 …… 175

（一）项目活动1　基金本金的核算 …… 175

（二）项目活动2　基金手续费的核算 …… 176

三、任务活动 …… 177

模块七　信贷及票据贴现业务 …… 179

项目一　核算公司信贷业务 …… 180

一、基础知识 …… 180

（一）公司信贷业务概述 …… 180

（二）会计科目设置 …… 180

二、项目活动 …… 182

（一）项目活动1　放款的核算 …… 182

（二）项目活动2　计提利息的核算 …… 184

（三）项目活动3　还款及结清核算 …… 185

三、任务活动 …… 187

项目二　核算信贷资产减值业务 …… 188

一、基础知识 …… 189

二、项目活动 …… 189

（一）项目活动1　贷款资产减值核算 …… 189

（二）项目活动2　正常贷款转为不良贷款的核算 …… 191

（三）项目活动3　不良贷款转为正常贷款的核算 …… 193

（四）项目活动4　贷款核销的核算 …… 194

(五)项目活动5 贷款核销收回
　　的核算 …………… 195
三、任务活动 ………………… 197
项目三 核算票据贴现业务 …… 199
一、基础知识 ………………… 199
(一)票据贴现业务概述 …… 199
(二)会计科目设置 ………… 200
(三)票据贴现的分类 ……… 200
二、票据贴现项目活动 ……… 200
(一)项目活动1 买入卖方付息
　　票据贴现业务融出资金时
　　的账务处理 ……………… 200
(二)项目活动2 买入卖方付息
　　票据贴现业务后续的账务
　　处理 ……………………… 202
三、任务活动 ………………… 204
项目四 核算资金内部转移
　　　　定价 ……………………… 206
一、基础知识 ………………… 206
(一)资金内部转移定价概述 … 206
(二)会计科目设置 ………… 206
二、项目活动 ………………… 207
(一)项目活动1 负债业务资金
　　内部转移定价利息的账务
　　处理 ……………………… 207
(二)项目活动2 资产业务资金
　　内部转移定价利息的账务
　　处理 ……………………… 207

模块八 支付结算业务 ……… 209

项目一 核算支票业务 ………… 210
一、基础知识 ………………… 210
(一)支票业务概述 ………… 210
(二)会计科目设置 ………… 210
二、项目活动 ………………… 211
(一)项目活动1 行内转账的
　　核算 ……………………… 211

(二)项目活动2 支票出售的
　　核算 ……………………… 215
三、任务活动 ………………… 217
项目二 核算银行本票业务 …… 219
一、基础知识 ………………… 219
(一)银行本票概述 ………… 219
(二)会计科目设置 ………… 220
二、项目活动 ………………… 220
(一)项目活动1 签发银行本票
　　的核算 …………………… 220
(二)项目活动2 银行本票付款
　　的核算 …………………… 223
(三)项目活动3 银行本票结清
　　的核算 …………………… 228
(四)项目活动4 银行本票退款
　　的核算 …………………… 229
(五)项目活动5 银行本票超期
　　付款的核算 ……………… 231
三、任务活动 ………………… 234
项目三 核算银行汇票业务 …… 235
一、基础知识 ………………… 235
(一)银行汇票业务概述 …… 235
(二)会计科目 ……………… 236
二、项目活动 ………………… 236
(一)项目活动1 签发银行汇票
　　的核算 …………………… 236
(二)项目活动2 银行汇票付款
　　的核算 …………………… 240
(三)项目活动3 银行汇票结清
　　的核算 …………………… 243
(四)项目活动4 银行汇票退款
　　的核算 …………………… 244
(五)项目活动5 银行汇票超期
　　付款的核算 ……………… 246
三、任务活动 ………………… 247
项目四 核算银行承兑汇票
　　　　业务 ……………………… 249

一、基础知识 …………………… 249
(一)银行承兑汇票业务概述 … 249
(二)会计科目设置 …………… 250
二、项目活动 …………………… 250
(一)项目活动1 银行承兑汇票
　　　签发的核算 …………… 250
(二)项目活动2 银行承兑汇票
　　　到期扣款的核算 ………… 253
(三)项目活动3 银行承兑汇票
　　　到期解付的核算 ………… 254
三、任务活动 …………………… 256

参考文献 …………………………… **258**

模块一　基本核算理论及方法

知识与技能目标

1. 能够根据会计科目的分类标准，对商业银行会计科目进行准确分类。
2. 能够运用会计记账方法，准确处理各类商业银行业务。
3. 能够识别商业银行会计记账凭证，准确使用并处理各类凭证。
4. 能够掌握商业银行账务组织的构成，能综合运用会计科目、记账方法、会计凭证和账簿进行账务的记载和核对。

素养目标

1. 坚定文化自信自强，培养开拓创新精神。
2. 增强创新、开放、共享意识，借鉴国内外优秀管理经验，促进自身发展。

《中华人民共和国商业银行法》（以下简称《商业银行法》）规定，商业银行是依照《商业银行法》和《中华人民共和国公司法》设立的吸收公众存款、发放贷款、办理结算等业务的企业法人。因此，商业银行可以经营的业务包括：吸收公众存款；发放短期、中期、长期贷款；办理国内外结算；办理票据承兑与贴现；发行金融债券；代理发行、代理兑付、承销政府债券；买卖政府债券、金融债券；从事同业拆借；买卖、代理买卖外汇；从事银行卡业务；提供信用证服务及担保；代理收付款项及代理保险业务；提供保管箱服务等业务。

商业银行会计是以货币作为主要计量单位，采用专门的方法，对商业银行的经营活动进行记录、计量、核算与监督的一种管理活动。由于商业银行的经营活动与企事业单位、个人，甚至整个国民经济息息相关，因此，商业银行的会计活动被称为全社会的"总会计师"和"总出纳"，商业银行会计不仅可以反映、监督个人和企事业单位的经营状况，还可以为有关部门提供各种经济信息和统计资料，从而服务于整个国民经济。商业银行作为经营货币的金融企业，其会计核算对象就是商业银行在经营过程中随着业务发生所引起的货币资金的运动及变化情况。因此，商业银行经营对象的特殊性决定了其会计核算的相关内容不同于其他行业会计。

项目一 认识商业银行会计科目

知识目标

1. 了解会计科目的概念、意义，掌握商业银行会计科目的设置原则。
2. 熟悉商业银行会计科目及其分类标准。

能力目标

能按照不同的分类标准对商业银行会计科目进行准确分类。

一、基础知识

（一）银行会计科目的概念

会计科目是将会计对象的具体要素，按照不同性质和管理要求进行分类的名称。商业银行会计科目是对商业银行会计要素的具体内容进行分类汇总的类别名称，是分类记载经济业务、设置账户和确定报表项目的依据。

商业银行会计科目是商业银行会计核算的基础，是分类反映商业银行会计要素、统一商业银行会计核算内容的工具。为了全面系统地反映和监督商业银行各项会计要素的增减变化情况，需要按经济管理的内容和需要对各个会计要素进行分类，也就是设置会计科目。例如，为了反映、监督各项资产的变化，设置"现金""流动资金贷款""存放中央银行款项""存放同业"等科目。

在商业银行的经营实践中，为了精准地记录各项经济业务的发生轨迹、清晰地反映资金增减变动的来龙去脉，并据此开展规范的会计核算与有效的风险监督，科学地设置会计科目是必不可少的基础工作。由此可见，会计科目在商业银行会计核算体系中扮演着核心角色，其设置是否合理、精准，不仅直接决定了会计核算工作的质量，更深刻影响着银行整体经营管理的水平。

（二）银行会计科目的设置原则

为了精准、科学地记录商业银行各类经济业务，全面提升会计核算的质量与效率，合理地设置会计科目是关键前提。商业银行会计科目的设置需严格遵循以下基本原则：

1. 符合国家政策和金融企业会计准则的要求

商业银行作为关系国计民生的经济实体，其会计核算可反映国民经济的整体运行情况及全社会资金的流动情况。因此，必须按照国家方针政策的要求设置会计科目，以便为政策的制定和执行提供参考依据。另外，金融企业会计准则规范了金融业务、金融工具的会计核算，能够揭示金融业务及工具的潜在风险，提高金融机构的会计信息质量，因此会计科目的设置必须符合金融企业会计准则的要求。

2. 反映商业银行经营管理的个性化需求

商业银行会计是商业银行经营管理的重要组成部分，不但能够为商业银行内部经营决策提供经济信息，而且能够依据商业银行经营管理的需求，准确反映商业银行管理的特色。比如，中国邮政储蓄银行在全行"一本账"的核算模式下，取消了行内上存下借类科目以及对应的应收和应付利息、利息收入和支出科目，使得会计核算体系更加简洁、清晰。

3. 反映业务特点

商业银行作为经营货币业务的特殊企业，其会计科目的设置既要严格遵循《企业会计准则》（2006年发布及后续修订版本），又需充分适配各家银行的经营管理需求与业务发展特点。例如，在实际操作中，中国工商银行对行内汇划业务的核算采用"清算资金往来"这一资产负债共同类科目；而中国邮政储蓄银行基于全行"一本账"的核算模式，直接取消了行内汇划业务的相关核算环节，形成了差异化的处理方式。

4. 适应国际准则

随着我国经济的不断发展，我国不仅要引进外资企业，还要我国的企业"走出去"。我国的商业银行在发展国内业务的同时，也要加强同国际金融企业的合作和交流，这就需要采用国际通用的会计标准设置会计科目，使用国际通行的会计核算方法。

二、项目活动

（一）项目活动1　按与资产负债表的关系划分会计科目

1. 活动目标

能够按照与资产负债表的关系，将会计科目进行正确的划分。

2. 知识准备

资产负债表是总括反映商业银行在某一特定日期资产、负债及所有者权益规模与构成情况的会计报表。作为揭示企业特定时点财务状况的静态报表，它以"资产 = 负债 + 所有者权益"这一会计恒等式为理论基础，按照既定的分类标准和逻辑次序，将该时点的资产、负债、所有者权益的具体项目进行科学排列后编制而成。其核心作用在于向投资者、债权人、监管机构等利益相关方清晰地呈现企业各项资产、负债和所有者权益的增减变动信息，为检查分析资产负债结构的合理性、评估企业偿债能力，以及预测未来财务状况提供精准、可靠的数据支撑。

3. 会计科目分类

商业银行会计科目按与资产负债表的关系，可以分为表内科目和表外科目两类。

表内科目是用来核算和反映商业银行资金实际增减变化情况，并在资产负债表或利润表进行综合反映的会计科目。因此，按照资金性质划分的资产类、负债类、所有者权益类、损益类和资产负债共同类科目都属于表内科目。

表外科目是商业银行用来核算经济业务发生后尚未涉及资金实际增减变化，或反映或有事项、有价单证、重要空白凭证等需要备忘和控制事项的会计科目。

商业银行根据各自的业务特点和管理的需要来设置表外科目。一般而言，商业银行主要针对表外业务设置相应的表外科目进行核算，比如，核算逾期不能收回的贷款利息使用"应收未收贷款利息"科目，核算尚未使用的空白存折使用"存折"科目等。

(二) 项目活动2 按资金性质划分会计科目

1. 活动目标

能够按照资金性质对会计科目进行划分。

2. 知识准备

按照商业银行资金性质的不同，会计科目可划分为资产类、负债类、所有者权益类、损益类以及资产负债共同类五大类别。

资产类科目是用来记录企业具体资产增减变化的会计科目。商业银行的资产类科目用于记录和反映商业银行经营过程中资产类项目的详细变化情况，包括现金、存放同业、各类贷款、拆放同业、持有至到期投资、固定资产、无形资产及其他资产等。资产类科目余额一般反映在借方。

负债类科目是用来记录商业银行负债业务增减变化情况的会计科目。商业银行的负债类科目主要包括个人活期存款、单位活期存款、向中央银行借款、拆入资金、财政性存款、应解汇款、汇出汇款、开出本票、应付利息和其他应付款等。负债类科目余额一般反映在贷方。

商业银行的所有者权益类科目是用来记录商业银行所有者权益增减变化的会计科目，主要包括实收资本、资本公积、盈余公积、未分配利润和利润分配等。所有者权益类科目余额一般反映在贷方。

商业银行的损益类科目是记录商业银行收入的实现和费用的发生等经济事项的会计科目。反映商业银行收入的损益类科目包括贷款利息收入、贴现利息收入、金融机构往来利息收入、应收款项类投资利息收入、债券投资手续费收入、POS业务收入、代理保险业务收入等，其余额反映在贷方，期末结转损益后无余额。反映商业银行支出费用的损益类科目包括存款利息支出、向央行借款利息支出、手续费支出、信用减值损失和内部资金转移定价利息支出等，其余额反映在借方，期末结转损益后无余额。

资产负债共同类科目是记录在日常核算中资产负债性质不确定，其性质视期末余额而定的会计科目。如跨行清算资金往来、结售汇等科目，期末根据余额所在方向决定账户性质，其科目余额在借方时表示银行的资产，在贷方时表示银行的负债。

会计科目是连接经济业务与财务报表的桥梁，是会计核算体系的根本保障。为了确保会计信息的可比性、规范性和统一性，财政部在《企业会计准则——应用指南》中统一了会计科目。另外，还指出，在企业不违反会计准则的确认、计量和报告规定的前提下，可以根据本单位实际情况自行增设、分拆、合并会计科目。因此，各商业银行可以根据业务特点和监管要求，在使用银行业统一会计科目的基础上自行设计会计科目。

银行业统一的会计科目如表1-1所示。

表 1-1 统一的会计科目

科目代码	科目名称	科目代码	科目名称
	一、资产类	2012	吸收存款
1001	库存现金	2021	贴现负债
1002	银行存款	2101	交易性金融负债
1003	存放中央银行款项	2201	应付票据
1011	存放同业	2211	应付职工薪酬
1015	其他货币基金	2221	应交税费
1031	存出保证金	2231	应付股利
1051	拆出资金	2232	应付利息
1101	交易性金融资产	2241	其他应付款
1111	买入返售金融资产	2312	代理承销证券款
1132	应收利息	2313	代理兑付证券款
1251	贴现资产	2314	代理业务负债
1301	贷款	2401	预提费用
1302	贷款损失准备	2411	预计负债
1311	代理兑付证券	2501	递延收益
1321	代理业务资产	2602	长期债券
1441	贵金属	2802	未确认融资费用
1442	抵债资产	2811	专项应付款
1501	待摊费用	2901	递延所得税负债
1521	持有至到期投资		三、共同类
1522	持有至到期投资减值准备	3001	清算资金往来
1601	固定资产	3002	外汇买卖
1602	累计折旧	3101	衍生工具
1603	固定资产减值准备	3201	套期工具
1604	在建工程	3202	被套期项目
1701	无形资产		四、所有者权益类
1901	待处理财产损益	4001	实收资本
	二、负债类	4002	资本公积
2001	短期借款	4101	盈余公积
2003	拆入资金	4102	一般风险准备
2004	向中央银行借款	4103	本年利润
2011	同业存放	4104	利润分配

（续表）

科目代码	科目名称	科目代码	科目名称
	五、损益类	6411	利息支出
6011	利息收入	6421	手续费支出
6021	手续费收入	6603	财务费用
6051	其他业务收入	6701	资产减值损失
6061	汇兑损益	6711	营业外支出
6101	公允价值变动损益	6801	所得税
6111	投资收益	6901	以前年度损益调整
6403	税金及附加		

某商业银行部分会计科目如表1-2所示。

表1-2 某商业银行部分会计科目

科目代码	科目名称	科目代码	科目名称
	一、资产类	1181	个人住房公积金贷款
1001	现金	1191	个人经营贷款
1002	运送中款项	1192	留学贷款
1005	存放中央银行款项	1205	个人助学贷款
1010	缴存中央财政性存款	1295	贷款损失准备
1015	存放同业	1305	应收金融机构往来利息
1020	拆出资金	1315	应收贷款利息
1021	同业借出	1350	应收手续费及佣金
1105	贴现票据	1365	坏账准备
1106	转贴现票据	1405	买入返售票据
1109	小企业贷款	1425	其他买入返售金融资产
1111	基本建设贷款	1450	贵金属
1116	流动资金贷款	1505	应收款项类投资
1121	专项融资	1510	持有至到期债券
1125	银团贷款	1520	持有至到期投资减值准备
1135	信用卡透支	1765	抵债资产
1157	贸易融资	1770	抵债资产跌价准备
1175	农户贷款	1910	待清算国际汇款
1176	商户贷款		**二、负债类**
1180	个人住房商业贷款	2105	向中央银行借款

(续表)

科目代码	科目名称	科目代码	科目名称
2110	拆入资金	3125	套期工具
2111	同业存放活期存款	3140	结售汇
2112	同业存放定期存款	3145	外汇买卖
2121	财政活期存款	3150	人民币外汇掉期
2122	财政定期存款	3155	外币对掉期
2205	单位活期存款	3160	外币期权
2210	单位定期存款		**四、所有者权益类**
2215	单位通知存款	4110	资本公积
2225	个人活期存款	4120	一般风险准备
2235	整存整取储蓄存款	4125	本年利润
2240	零存整取储蓄存款	4130	利润分配
2245	整存零取储蓄存款		**五、损益类**
2250	存本取息储蓄存款	5105	贷款利息收入
2280	活期保证金存款	5110	贴现利息收入
2281	定期保证金存款	5205	金融机构往来利息收入
2285	财政性存款	5206	存出保证金利息收入
2505	应付金融机构往来利息	5325	债券投资手续费收入
2515	应付单位活期利息	5326	拆出资金手续费收入
2516	应付单位定期利息	5405	单位结算业务收入
2520	应付个人定期利息	5408	邮政汇兑业务收入
2521	应付个人通知利息	5409	个人贷记卡业务收入
2522	应付个人活期利息	5410	POS业务收入
2620	应交税费	5605	代理保险业务收入
2625	其他应付款	5606	代理贵金属业务收入
2705	应解邮政汇兑款	5608	第三方存管业务收入
2710	应解汇款及临时存款	5610	代收付类业务收入
2720	汇出汇款	5645	托管业务收入
2725	开出本票	5665	委托贷款业务收入
	三、资产负债共同类	5675	理财业务收入
3105	跨行清算资金往来	5680	贸易融资业务收入
3106	系统内资金往来	5705	投资收益
3120	衍生工具	5710	公允价值变动损益

(续表)

科目代码	科目名称	科目代码	科目名称
5805	汇兑损益	6905	以前年度损益调整
5806	内部转移收入		**六、表外科目**
5807	内部资金转移定价利息收入	9105	应收未收贷款利息
5895	其他业务收入	9125	贷款承诺
5905	营业外收入	9130	开出信用证
6105	存款利息支出	9131	开出保函
6205	金融机构往来利息支出	9135	银行承兑汇票
6305	手续费支出	9139	商业承兑汇票
6306	内部转移支出	9500	卡
6307	内部资金转移定价利息支出	9511	存折
6310	佣金支出	9512	存单
6395	其他业务成本	9513	票据
6405	次级债券利息支出	9515	保单
6605	资产减值损失	9520	证明
6705	营业外支出	9524	贴现票据

三、任务活动

（一）任务活动1

【任务描述】根据会计科目与资产负债表的关系，试判断下列会计科目中哪些是表内科目，哪些是表外科目，并分析表内科目和表外科目的本质区别。

存放中央银行款项、票据——银行承兑汇票、个人活期存款、流动资金贷款、贴现票据、金融机构往来利息支出、贷款利息收入、保单。

【任务分析】首先，根据任务要求分析会计科目的核算内容，初步判断该科目反映的经济内容；然后，根据会计科目与资产负债表的关系，对会计科目进行划分，判断该科目的分类归属，进而总结表外科目和表内科目的区别，能够准确进行会计科目分类。

【任务实施】

（1）辨析会计科目的核算内容。

"存放中央银行款项"的核算内容：_____

"票据——银行承兑汇票"的核算内容：_____

"个人活期存款"的核算内容：_____

"流动资金贷款"的核算内容：_____

"贴现票据"的核算内容：_____

"金融机构往来利息支出"的核算内容：_____

"贷款利息收入"的核算内容：＿＿＿＿＿＿＿＿＿＿＿＿＿＿＿＿＿＿＿＿＿＿＿＿

"保单"的核算内容：＿＿＿＿＿＿＿＿＿＿＿＿＿＿＿＿＿＿＿＿＿＿＿＿＿＿＿＿

（2）会计科目的分类。

表内科目有：＿＿＿＿＿＿＿＿＿＿＿＿＿＿＿＿＿＿＿＿＿＿＿＿＿＿＿＿＿＿＿

表外科目有：＿＿＿＿＿＿＿＿＿＿＿＿＿＿＿＿＿＿＿＿＿＿＿＿＿＿＿＿＿＿＿

（3）分析表内科目与表外科目的本质区别。

＿＿＿＿＿＿＿＿＿＿＿＿＿＿＿＿＿＿＿＿＿＿＿＿＿＿＿＿＿＿＿＿＿＿＿＿＿＿＿

（二）任务活动2

【任务描述】将下列会计科目按资金的性质进行分类：

跨行清算资金往来、存放中央银行款项、单位活期存款、流动资金贷款、金融机构往来利息支出、实收资本、向中央银行借款、贷款利息收入、资本公积。

【任务分析】在使用会计科目之前，要先熟悉每个会计科目所对应的经济业务，并对经济业务发生所引起的资金变化有所了解，在此基础上，根据资金性质对会计科目进行准确划分，如此才能运用会计科目准确地进行会计核算。

【任务实施】

（1）辨析会计科目的核算内容。

"跨行清算资金往来"的核算内容：＿＿＿＿＿＿＿＿＿＿＿＿＿＿＿＿＿＿＿＿

"存放中央银行款项"的核算内容：＿＿＿＿＿＿＿＿＿＿＿＿＿＿＿＿＿＿＿＿

"单位活期存款"的核算内容：＿＿＿＿＿＿＿＿＿＿＿＿＿＿＿＿＿＿＿＿＿＿

"流动资金贷款"的核算内容：＿＿＿＿＿＿＿＿＿＿＿＿＿＿＿＿＿＿＿＿＿＿

"金融机构往来利息支出"的核算内容：＿＿＿＿＿＿＿＿＿＿＿＿＿＿＿＿＿＿

"实收资本"的核算内容：＿＿＿＿＿＿＿＿＿＿＿＿＿＿＿＿＿＿＿＿＿＿＿＿

"向中央银行借款"的核算内容：＿＿＿＿＿＿＿＿＿＿＿＿＿＿＿＿＿＿＿＿＿

"贷款利息收入"的核算内容：＿＿＿＿＿＿＿＿＿＿＿＿＿＿＿＿＿＿＿＿＿＿

"资本公积"的核算内容：＿＿＿＿＿＿＿＿＿＿＿＿＿＿＿＿＿＿＿＿＿＿＿＿

（2）会计科目的分类。

资产类科目有：＿＿＿＿＿＿＿＿＿＿＿＿＿＿＿＿＿＿＿＿＿＿＿＿＿＿＿＿＿

负债类科目有：＿＿＿＿＿＿＿＿＿＿＿＿＿＿＿＿＿＿＿＿＿＿＿＿＿＿＿＿＿

资产负债共同类科目有：＿＿＿＿＿＿＿＿＿＿＿＿＿＿＿＿＿＿＿＿＿＿＿＿＿

所有者权益类科目有：＿＿＿＿＿＿＿＿＿＿＿＿＿＿＿＿＿＿＿＿＿＿＿＿＿＿

损益类科目有：＿＿＿＿＿＿＿＿＿＿＿＿＿＿＿＿＿＿＿＿＿＿＿＿＿＿＿＿＿

知识加油站

在常规的会计核算体系中，会计科目通常按层级划分为一级会计科目、二级会计科目和三级会计科目，形成完整的科目体系。为适配数字技术要求，同时提升日常操作的便捷性，每个会计科目都会依据统一规范的编码规则赋予特定代码。从当前商业银行的实际应用情况来看，一级会计科目代码一般采用四位数编制，二级会计科目代码为两位数，三级会计科目代码则为三位数，通过这样的编码规则实现科目层级的清晰区分与高效管理。

在实际经营管理中，商业银行为满足未来业务发展与核算精细化的要求，可对会计科目级别进行进一步扩展。以中国邮政储蓄银行为例，其会计科目已扩展至五级，其中一级、二级、三级会计科目的代码位数维持不变，四级科目代码为两位数，五级科目代码同样为两位数。

项目二 运用记账方法记账

知识目标

熟悉商业银行会计的记账方法，以及各种记账方法的基本内容。

能力目标

能对不同的银行业务使用单式记账法和复式记账法，准确地进行业务处理。

一、基础知识

记账方法是指依据特定的记账原理，遵循既定的记账规则，运用规范的记账符号，对经济业务进行分类并登记入账簿的专门会计核算方法。按照记录方式的差异，记账方法可分为单式记账法和复式记账法两大类。

单式记账法是对每一项经济业务仅在一个账户中进行登记的记账方式。这种方法操作相对简单，但存在明显的局限性，属于不完整的记账体系——它无法系统、全面地反映经济业务的来龙去脉，也不便于核查账簿记录的准确性。在商业银行的会计实践中，表外业务通常采用单式记账法进行核算。

复式记账法则是对每项经济业务都以相等的金额，同时在两个或两个以上相互关联的账户中进行登记的记账方法。与单式记账法相比，复式记账法更为全面、完整，能够完整地呈现经济业务的全貌，且便于检查账户记录的正确性。《企业会计准则——基本准则》第十一条明确规定：企业应当采用借贷记账法记账。借贷记账法正是复式记账法的典型代表。

二、项目活动

（一）项目活动 1 借贷记账法的运用

1. 活动目标

能够运用借贷记账法对商业银行发生的表内业务进行准确的会计核算。

2. 知识准备

借贷记账法是以资产负债平衡原理为依据，以"借""贷"为记账符号，以"有借就有贷、借贷必相等"为记账规则的一种复式记账法。其主要内容包括：平衡原理、记账符号、记账规则和平衡账务。

①平衡原理。

借贷记账法的平衡原理为：

资产＝负债+所有者权益

②记账符号。

借贷记账法以"借""贷"为记账符号，即以"借"和"贷"表示商业银行资金的增减变化，账户的左方为"借方"，右方为"贷方"，借和贷在不同类型账户中的含义是不一样的。"借"表示资产和费用的增加，负债、所有者权益、收入和利润的减少；"贷"表示资产和费用的减少，负债、所有者权益、收入和利润的增加。

③记账规则。

借贷记账法的记账规则是"有借必有贷、借贷必相等"，即当经济业务发生时都以相等的金额、借贷相反的方向，在两个或两个以上相互联系的账户中进行登记。

④平衡账务。

由于借贷记账法在处理每笔经济业务时，是根据复式记账原理，按资产总额等于负债加所有者权益总额的平衡原理，并贯彻了"有借必有贷、借贷必相等"的记账规则，因此在一定时期内，各科目所属账户的借贷累计发生额及其余额都必须数量平衡。账务平衡公式为：

本期各科目借方发生额合计（Σ借方发生额）＝本期各科目贷方发生额合计（Σ贷方发生额）

本期各科目借方余额合计（Σ借方余额）＝本期各科目贷方余额合计（Σ贷方余额）

【例1-1】邮金银行向中国人民银行借入年度性再贷款50 000元。

  借：存放中央银行款项   50 000

    贷：向中央银行借款   50 000

【例1-2】邮金银行为开户单位海联商贸公司办理备用金支取业务，支取金额为60 000元。

  借：单位活期存款   60 000

    贷：现金   60 000

【例1-3】邮金银行为开户单位育红小学办理3个月定期存款开户业务，存款金额为45 000元。

  借：单位活期存款   45 000

    贷：单位定期存款——3个月   45 000

【例1-4】邮金银行从单位客户甲企业活期存款账户扣收短期流动资金贷款本金170 000元。

借：单位活期存款　　　　　　　　　　　　　　　　　　　　　　170 000
　　贷：流动资金贷款——短期流动资金贷款　　　　　　　　　　170 000

将以上四项经济业务的发生额试算平衡，编制总账科目试算平衡表，如表1-3所示。

表1-3　试算平衡表

会计科目	上日余额		本日发生额		本日余额	
	借方	贷方	借方	贷方	借方	贷方
存放中央银行款项	1 985 000		50 000		2 035 000	
向中央银行借款		100 000		50 000		150 000
流动资金贷款	223 000			170 000	53 000	
现金	97 000			60 000	37 000	
单位活期存款		285 000	275 000			10 000
单位定期存款		1 920 000		45 000		1 965 000
合计	2 305 000	2 305 000	325 000	325 000	2 125 000	2 125 000

(二) 项目活动2　单式记账法的运用

1. 活动目标

能够运用单式记账法对商业银行发生的表外业务进行准确的会计核算。

2. 知识准备

单式记账法是对发生的每项经济业务仅在一个账户中进行登记的记账方法，属于操作相对简单但体系不够完整的记账方法。在商业银行的会计核算中，单式记账法主要适用于不涉及资金运动变化及其他重要业务事项的表外业务记录。单式记账法以"收入""付出"（或简记为"收""付"）作为记账符号，当业务发生时，在对应账户中登记"收入"；当业务注销或需要冲减时，则登记"付出"。账户余额始终反映在收入方，代表已经发生但尚未完成的业务事项。由于单式记账法下各科目仅单方面记录自身的增减变动情况，不涉及其他关联科目的对应登记，因此不存在账户间的平衡关系。

在商业银行会计工作中，表外科目所涉及的会计事项，如支票、存折、银行卡、银行承兑汇票、商业承兑汇票、待清算凭证等采用单式记账法。表外科目的记账金额，一般按照经济业务发生额或凭证的票面额记载，有些控制实物数量的表外科目则按照假定价格记载。

例如，票据均以每份一元的假定价格记账。入库时，该科目按假定价格作收入登记；出库时，该科目按假定价格作付出登记。

【例1-5】邮金银行鸿雁支行收到重要空白凭证现金支票50本，每本25张，并入库保管，则单式记账法记账如下：

收：票据——现金支票　1 250

【例1-6】邮金银行鸿雁支行收到空白银行承兑汇票20份，并入库保管，则单式记账法记账如下：

收：票据——银行承兑汇票 20

【例1-7】邮金银行鸿雁支行签发银行承兑汇票一份，承兑面额为 10 000 000 元，则单式记账法记账如下：

付：票据——银行承兑汇票 1

收：银行承兑汇票 10 000 000

【例1-8】上述银行承兑汇票收回或取消后，邮金银行鸿雁支行用单式记账法记账如下：

付：银行承兑汇票 10 000 000

三、任务活动

【任务描述】邮金银行鸿雁支行 2024 年 7 月 1 日发生如下表外业务：

任务1：营业主管向上级机构请领本外币活期一本通存折 200 本并入库保管。

任务2：为开户单位-ST 商贸公司兑付五个月前承兑的面额为 5 600 000 元的银行承兑汇票。

任务3：向开户单位-ST 商贸公司出售空白转账支票 2 本，每本 25 张。

要求：根据业务资料作有关会计核算。

【任务分析】根据经济业务，先要判断该业务是否引起商业银行资金的增减变化，进行业务种类划分（表内业务/表外业务），从而选定会计记账方法，根据具体业务采用相应的会计科目进行会计核算。

【任务实施】

（1）进行业务种类划分。

任务1：_____

任务2：_____

任务3：_____

（2）进行会计核算处理。

任务1：_____

任务2：_____

任务3：_____

知识加油站

通常情况下，商业银行对表内业务采用借贷记账法进行账务处理，对表外业务采用收付记账法进行账务处理。但是，随着商业银行财务系统智能化的提高，为了提高账务核算的精准度，越来越多的商业银行开始采用复式记账法对表外业务进行核算。

项目三 填制审核会计凭证

知识目标

熟悉商业银行会计凭证的类型、填制要求、审核要点以及传递基本程序。

能力目标

能够对不同的经济业务进行正确的凭证填制、审核、签章、传递以及装订保管的处理。

一、基础知识

（一）会计凭证的概念

商业银行会计凭证是反映商业银行各项经济活动及财务活动的书面证明，是登记各类账簿的依据，也是明确经济责任、核对账务和事后监督的依据。由于商业银行会计凭证要在商业银行内部有关部门之间进行传递，因此商业银行会计凭证又称"传票"。

会计凭证见证了商业银行每项经济活动从发生到完成的整个过程，是会计核算的"起点"和"根基"。会计凭证在会计工作中起着重要的作用，不仅是保障记账的需要，更是加强企业内部控制管理、风险管理和外部监管的关键环节。

（二）会计凭证的分类

1. 按照填制程序和用途的不同，会计凭证可分为原始凭证和记账凭证两大类

原始凭证是经济业务发生或完成时取得的书面凭据，用于明确经济业务的发生过程及结果。依据来源不同，原始凭证可划分为外来原始凭证和自制原始凭证两类。外来原始凭证是商业银行在经济业务开展过程中，从外部机构获取的凭证，如采购设备时取得的发票。自制原始凭证是商业银行在经济活动发生时自行填制的各类凭证，如各类重要单证的入库单、出库单等。

记账凭证是以审核无误的原始凭证为依据，按照会计核算原理编制会计分录后形成的会计凭证，是登记账簿的直接依据，如根据现金收入业务编制的现金收入传票（或收款凭证）、根据现金付出业务编制的现金付出传票（或付款凭证）等。

2. 按照形式的不同，会计凭证可分为单式凭证和复式凭证

单式凭证是指在核算一笔经济业务时，将涉及的借方、贷方会计科目分别填列在两张或两张以上的会计凭证中，其核心特征是一张会计凭证仅对应一个会计科目，只有通过多张凭证的组合才能完整地反映该笔经济业务的全貌。例如，基本凭证所包含

的 10 种传票就属于典型的单式凭证。在手工记账模式下，这类凭证便于实现分工记账和凭证传递，但不利于事后对业务对应关系进行考查与核查。

复式凭证是指在核算一笔经济业务时，将涉及的全部借方、贷方会计科目集中填列在同一张凭证上，同时作为借贷双方科目的记账依据。其突出特点是能够清晰地呈现资金的来龙去脉，明确业务的对应关系，为账务查对提供便利。

3. 按照格式和适用范围的不同，会计凭证可分为基本凭证和特定凭证

基本凭证是商业银行会计人员根据经济业务事项有关信息自行填制、生成的凭证，主要包括三大类共 10 种传票。

第一类，商业银行内部发生现金收付和转账业务时使用的传票，该类传票包括现金收入传票、现金付出传票、转账借方传票和转账贷方传票（如凭 1-1 至凭 1-4 所示）。

凭 1-1

现金收入传票

（贷）_____
（借）现金　　　　　　　　　　年　月　日

户名或账号	摘　要	金　额										附件
		千	百	十	万	千	百	十	元	角	分	
												张
合　计												

会计　　　　出纳　　　　复核　　　　记账

凭 1-2

现金付出传票

（借）_____
（贷）现金　　　　　　　　　　年　月　日

户名或账号	摘　要	金　额										附件
		千	百	十	万	千	百	十	元	角	分	
												张
合　计												

会计　　　　出纳　　　　复核　　　　记账

凭 1-3

转账借方传票
年 月 日

科目（借）			对方科目（贷）									
户名或账号		摘　要	金　额									
			千	百	十	万	千	百	十	元	角	分
合　计												

附件　　张

会计　　　　复核　　　　记账　　　　制票

凭 1-4

转账贷方传票
年 月 日

科目（贷）			对方科目（借）									
户名或账号		摘　要	金　额									
			千	百	十	万	千	百	十	元	角	分
合　计												

附件　　张

会计　　　　复核　　　　记账　　　　制票

第二类，在商业银行内部发生转账业务且需向外部传递相关信息的场景中（如银行主动代为办理收、付款业务）使用的特种转账传票，具体包括特种转账借方传票和特种转账贷方传票（如凭1-5至凭1-6所示）。

凭1-5

特种转账借方传票
年 月 日

付款单位	全 称			收款单位	全 称				附件 张
	账号或地址				账号或地址				
	开户银行		行号		开户银行		行号		
金额	人民币（大写）				千 百 十 万 千 百 十 元 角 分				
原凭证金额		赔偿金		科 目（借）					
原凭证名称		号 码		对方科目（贷）					
转账原因			银行盖章	会计 复核　　记账　　出纳					

凭1-6

特种转账贷方传票
年 月 日

付款单位	全 称			收款单位	全 称				附件 张
	账号或地址				账号或地址				
	开户银行		行号		开户银行		行号		
金额	人民币（大写）				千 百 十 万 千 百 十 元 角 分				
原凭证金额		赔偿金		科 目（贷）					
原凭证名称		号 码		对方科目（借）					
转账原因			银行盖章	会计 复核　　记账　　出纳					

第三类，表外业务使用的传票。该类凭证包括表外科目收入传票、表外科目付出传票、外汇买卖贷方传票和外汇买卖借方传票（如凭1-7至凭1-10所示）。

凭1-7

表外科目收入传票

科目：　　　　　　　　　　　　年　月　日　　　　　　　　　第　号

账　号	摘　要	金　额									
		亿	千	百	十	万	千	百	十	元	角	分
合　计												

科目（收入）

附件　　　张

会计　　　　　复核　　　　　记账　　　　　出纳

凭1-8

表外科目付出传票

科目：　　　　　　　　　　　　年　月　日　　　　　　　　　第　号

账　号	摘　要	金　额									
		亿	千	百	十	万	千	百	十	元	角	分
合　计												

科目（付出）

附件　　　张

会计　　　　　复核　　　　　记账　　　　　出纳

凭1-9

外汇买卖贷方传票

（贷方）外汇买卖　　　　　　年　月　日　　　　　　（对方科目）

外币金额	外汇牌价	人民币金额
摘　要		

附件　　　张

会计　　　　　复核　　　　　记账　　　　　出纳

凭1-10

外汇买卖借方传票

（借方）外汇买卖　　　　　　　年　月　日　　　　　　（对方科目）

外币金额	外汇牌价	人民币金额	附件
摘　要			张

会计　　　　　　复核　　　　　　记账　　　　　　出纳

特定凭证是商业银行根据某项业务的特殊需要而制定的专用凭证，一般由商业银行印制，企事业单位或个人购买和填写，商业银行凭以办理业务，可直接代替传票并凭以记账，如支票、进账单、现金缴款单等；也可以由商业银行填制并凭以办理业务，如银行汇票、银行本票等。

（三）会计凭证的基本要素

会计凭证的基本要素是指会计凭证必须具备的基本内容，即商业银行会计凭证要能够清晰地反映各类经济业务的基本事项，这些基本事项称为会计凭证的基本要素。它主要包括以下内容：

（1）日期，包括业务发生日期和记账日期。
（2）收款人、付款人的户名和账号。
（3）收款人、付款人的开户银行名称与行号。
（4）人民币或外币符号和大小写金额。
（5）款项来源、用途或业务摘要及附件张数。
（6）会计分录和凭证编号。
（7）客户按照有关规定加盖的印鉴。
（8）金融机构及有关人员的签章。

无论是商业银行编制的记账凭证，还是客户提交的特定凭证，都应按照规定的内容填写齐全，字迹清楚、数字正确，不得有任何涂改和污损。

二、项目活动

（一）项目活动1　填制会计凭证

1. 活动目标

掌握商业银行会计凭证的填制过程与方法，能够根据不同业务的需要正确进行凭证的填制。

2. 知识准备

编制会计凭证是进行会计核算的起点。凭证编制得正确与否，直接影响会计核算的质量。因此，会计凭证的编制要求做到：要素齐全，内容完整，反映真实，数字正确，字迹清楚。

在采用单式凭证记账的手工会计时代，商业银行在业务处理过程中，会计人员需根据不同业务的实际需求编制相应的凭证。对于现金收入业务，只需填制一张现金收入传票，该传票直接对应现金科目的相关账户；针对现金付出业务，也仅需填制一张现金付出传票；而针对转账业务，则必须同时填制两张或两张以上传票，且需确保借贷双方的金额完全相等。

【例1-9】2024年7月1日日终轧账时，前台柜员赵燕出现现金长款200元，做"长短款事项"挂账处理，填制现金收入传票（如凭1-11所示）。

凭1-11
（贷）其他应付款
（借）现金

现金收入传票

2024年7月1日

户名或账号	摘要	金额									
		千	百	十	万	千	百	十	元	角	分
待处理柜员长款	柜员赵燕长款					¥	2	0	0	0	0
合计						¥	2	0	0	0	0

附件　　张

会计　　　　出纳　　　　复核　　　　记账

（二）项目活动2　审核会计凭证

1. 活动目标

掌握会计凭证的审核要点，能按照审核要求对各类会计凭证进行准确审核。

2. 知识准备

商业银行在受理业务时，必须按照业务事实以及核算的需要，对每笔业务的有关凭证，从形式、内容和数字上进行审核，审查其真实性、合规性和完整性，只有经过审核合格的凭证才能作为记账凭证进行账务处理。审核内容如下：

（1）是否属于本行受理的凭证。

（2）凭证种类是否正确，凭证内容、联数与附件是否完整齐全，是否在有效期限内。

（3）账号与户名是否相符，该账户是否存在异常。

（4）大小写金额是否一致，字迹有无涂改。

（5）密押、印鉴是否真实、齐全。

（6）款项来源、用途是否填写清楚，是否符合有关规定。

（7）支付的款项是否超过存款余额或批准的贷款额度或拨款限额。

（8）内部科目、账户使用是否正确。

（9）计息、收费、赔偿金等的计算是否正确。

【例 1-10】 2024 年 7 月 10 日，邮金银行鸿雁支行前台柜员受理转账支票一张（如凭 1-12 所示），系开户单位致胜电器有限公司（0032001010012087）支付给如意商贸有限公司的货款 33000 元。要求根据上述背景资料审查所受理的转账支票。

凭 1-12

邮金银行转账支票										20950592
出票日期（大写）贰零贰肆年柒月壹拾日									付款行名称：邮金银行鸿雁支行	
收款人：如意商贸公司									出票人账号：003200101012087	
人民币（大写）叁万叁千元整	千	百	十	万	千	百	十	元	角	分
				￥	3	3	0	0	0	0

用途：_____ 上列款项请从 我账户内支付 出票人签章	科目（借） 对方科目（贷） 转账日期　年　月　日 出纳　　复核　　记账

通过审核该支票，可以发现以下不当之处：

①出票日期大写不规范；②收款人名称不正确；③人民币大小写不规范；④用途栏漏填；⑤出票人签章缺失。因此，按规定该支票应予以退票处理。

（三）项目活动 3　会计凭证签章

1. 活动目标

掌握商业银行会计业务用章的种类，能够在业务处理中正确使用各类业务印章。

2. 知识准备

（1）业务印章的概念。

业务印章是指商业银行在办理各项金融业务过程中，为确认或表明业务的合法有效或处理状态，在业务票据、业务凭证、业务合同等资料上加盖的用于某种特定用途的印信凭证，其法律效力只适用于印章上标明的使用范围。

（2）业务印章的形态。

业务印章按照呈现形态的不同，可分为实物印章和电子印章。

实物印章是指以实体形式存在的业务印章。电子印章是指以电子形式存在，依附于各类电子文件上，伴随交易打印在凭证等资料上，与实物印章可视效果相似的业务印章。

（3）用印要求。

使用机构应严格按照规定使用实物印章，用印必须位置恰当、文字端正，图像清晰。严禁错用、串用、滥用印章，严禁在与业务无关的账、表、簿、证等上盖章，严禁在空白纸张、空白介绍信、空白合同、空白票证、空白账簿/表等上预留印章,严禁在无真实业务记录的凭证上使用印章。

【例1-11】2024年7月1日营业终了时,前台柜员赵燕出现现金长款200元,经批准编制了如凭1-13所示的记账凭证。该凭证经过收款、记账、复核等环节,加盖了相关的业务用章和有关人员名章。

凭1-13
(贷)其他应付款
(借)现金

现金收入传票

2024年7月1日

户名或账号	摘要	金额（千 百 十 万 千 百 十 元 角 分）
待处理柜员长款	柜员赵燕长款	¥ 2 0 0 0 0
	合计	¥ 2 0 0 0 0

（盖章：邮金银行鸿雁支行 20240701 业务专用章(01)）

附件　　张

会计 赵五　　出纳 赵燕　　复核 林君　　记账 张华

（四）项目活动4　传递会计凭证

1. 活动目标

掌握商业银行各类会计凭证的传递原则,能够根据业务特点进行会计凭证的正确传递。

2. 知识准备

会计凭证的传递是指从会计部门编制凭证或受理外来凭证开始,直到业务处理完毕传票装订保管为止的整个过程。商业银行营业网点的组织形式主要分为复核制和柜员制两种。在复核制模式下,外来凭证需先经前台柜员审核,再移交记账员确定会计分录并登记明细账,最后交由复核员进行复核;自制凭证则经相关人员签章并完成记账后,同样提交复核员复核。而在柜员制模式下,以计算机作为业务处理与会计核算的核心工具,柜员需独立完成从业务受理、处理到轧账的全流程操作,然后将凭证整理归集,再移交会计稽核并进行后续审核。

在业务办理过程中应遵循如下原则:

（1）先收后付,日清日结。收入现金、贵金属时,先收入,后登记;付出现金、贵金属时,先登记,后付出;兑换现金时,先兑入,后兑出。

（2）一笔一清,账实相符。办理现金、贵金属业务时,一笔一清,不得将多笔业务合并;系统登记余额时,必须与实物相符。

（3）转账业务必须遵循"先借后贷"原则,即先借记付款单位账户,后贷记收款单位账户,以贯彻商业银行不垫款的经营原则。

（4）对于他行票据,必须坚持"收妥抵用"原则,以避免商业银行发生垫付资金的情况。

（五）项目活动 5　装订整理会计凭证

1. 活动目标

掌握商业银行日终会计凭证装订、保管的操作程序，能够对会计凭证进行规范的整理、装订和保管。

2. 知识准备

会计凭证是会计档案的重要组成部分，必须妥善保管。每天营业终了，将核算完毕的会计凭证按照规定的顺序进行整理装订，以便日后查考。

每日营业终了，首先，按照业务种类顺序排放各类业务凭单：储蓄类业务，汇兑业务，其他类业务。其次，检查主附件是否分离，保证主附件一致，确保主件在前、附件紧跟其后。再次，检查各类印章加盖是否完整、合规，如各类凭证上是否加盖附件印章，各类章戳是否覆盖流水号等。最后，检查自制附件是否合规，避免自制附件上出现无效信息。

各类凭证的排放原则主要包括：①柜员凭证不得混放；②不同主件的附件不得混放；③所有凭证需按照阅读方向展开，不得折叠、折角；④保持每张凭证各自独立，多联凭证需撕开。

凭单整理完毕后，在凭单上打码压号并填写柜员稽核凭证交接表，连同凭证一起交营业主管。

三、任务活动

【任务描述】2024 年 7 月 1 日邮金银行鸿雁支行临柜工作人员庄娟受理 01321587 号转账支票一张（如凭 1-14 所示），系开户单位恒达贸易公司（003200101000099）支付给名天贸易公司（001200101005890）的货款 4 600 元。要求根据上述背景资料审查所受理的 01321587 号转账支票，指出该支票填制过程中的差错，并改正。

凭 1-14

转账支票

邮金银行　　转账支票										01321587
出票日期　贰零贰肆年柒月零壹日					付款行名称：邮金银行鸿雁支行					
收款人：名天贸易公司					出票人账号：001200101005890					

人民币（大写）肆仟陆佰元整	千	百	十	万	千	百	十	元	角	分
				¥	4	6	0	0	0	0

用途：贷款
上列款项请从
我账户内支付
出票人签章

科目（借）
对方科目（贷）
转账日期　年　月　日
出纳　　复核　　记账

【任务分析】根据所给经济业务及票据，先要辨析支票业务审核的要点，然后，根据所给资料逐一进行审核。

【任务实施】

(1) 差错内容及要素：

① _____
② _____
③ _____

(2) 正确的要素填写：

① _____
② _____
③ _____

 知识加油站

在传统会计信息系统中，原始凭证和记账凭证均为纸质凭证，经过签字、盖章，明确业务发生过程中的责任人，从而产生法律效力。伴随着信息技术和电子商务、电子政务的发展，电子会计凭证应运而生，改变了原始凭证的传递和存在方式，以计算机系统中的磁介质或光介质作为记录的载体。电子会计凭证的产生改变了凭证审核的方式和凭证内容录入的方式，必将推动会计信息系统及工作流程产生革命性变革。

项目四　账簿设置

 知识目标

熟悉商业银行账务构成，掌握账务记载过程和账务核对内容。

 能力目标

能够根据经济业务进行账务处理及账务核对。

一、基础知识

账务组织是指在会计核算中账簿设置、结构、核算程序和账务核对方法等相互配合的账务体系。商业银行的账务组织包括明细核算和综合核算两个系统及相应的核算程序和账务核对方法。其中，明细核算和综合核算是账务组织的主要构成部分。

明细核算和综合核算是根据同一会计凭证同时进行的核算，被称为"双线核算"。明细核算是按照分户进行的详细核算，综合核算是按照科目进行的汇总核算，因而两者在反映业务方面能够做到相互补充、相互制约。综合核算对明细核算具有概括和统驭的作用，明细核算是对综合核算的详细补充，两者相互联系、彼此制约，构成了商业银行会计核算完整的账务组织体系。

二、项目活动

（一）项目活动1　组织明细核算

1. 活动目标

掌握商业银行明细核算的构成，能够完成明细核算下不同账务组织的填写和编制。

2. 知识准备

明细核算是对会计科目反映的经济业务的详细记录，是在科目下按分户进行的详细、系统的核算。明细核算的作用在于具体反映各单位或各项资金增减变动的详细情况。明细核算由分户账、登记簿、现金收入日记簿和现金付出日记簿、余额表组成。

（1）分户账。

分户账是明细核算的主要形式，是对各个会计科目的详细记录和反映，也是同外部机构组织或个人进行对账的依据。分户账可以按货币种类、单位、个人或资金性质设立，根据会计凭证逐笔、顺序、连续记载。分户账的主要作用是详细反映各个账户资金增减变化的具体情况，也是和有关开户单位进行账务核对的依据。分户账格式一般有甲、乙、丙、丁四种形式。

甲种账设有借方发生额、贷方发生额、余额三栏，适用于不计息科目的账户或使用余额表计息科目的账户和银行内部科目账户，如损益类账户（贷款利息收入等）。甲种账格式如凭1-15所示。

凭1-15

××银行（　）＿＿＿＿＿＿账

户名：　　　账号：　　　领用凭证记录

本账总页数	
本户页数	

××年		摘要	凭证号码	对方科目代码	借方（位数）	贷方（位数）	借或贷	余额（位数）	复核盖章
月	日								

乙种账设有借方发生额、贷方发生额、余额和积数四栏，一般适用于在账页上计息的各类账户，如存款类账户（单位活期存款等）、贷款类（流动资金贷款等）账户。乙种账格式如凭1-16所示。

凭 1-16

××银行（　　）_____账

户名：　　　　账号：　　　　领用凭证记录

本账总页数	
本户页数	

××年		摘要	凭证号码	对方科目代码	借方（位数）	贷方（位数）	借或贷	余额（位数）	日数	积数（位数）	复核盖章
月	日										

丙种账设有借方发生额、贷方发生额、借方余额和贷方余额四栏，一般适用于借贷双方反映余额的往来类账户，如系统内资金往来、跨行清算资金往来等账户。丙种账格式如凭 1-17 所示。

凭 1-17

××银行（　　）_____账

户名：　　　　账号：　　　　领用凭证记录

本账总页数	
本户页数	

××年		摘要	凭证号码	对方科目代码	借方（位数）	贷方（位数）	借方余额（位数）	贷方余额（位数）	复核盖章
月	日								

丁种账设有借方发生额、贷方发生额、余额和销账四栏，一般适用于逐笔记账、逐笔销账的一次性业务账户，如其他应付款、应付款项和存入保证金等账户。丁种账格式如凭 1-18 所示。

凭 1-18

××银行（　　）_____账

户名：　　　　账号：　　　　领用凭证记录

本账总页数	
本户页数	

××年		账号	户名	摘要	凭证号码	对方科目代码	借方（位数）	销账			贷方（位数）	借或贷	余额（位数）	复核盖章
月	日							年	月	日				

(2) 登记簿。

登记簿是明细核算体系中的辅助性账簿，其设立旨在满足某些业务的特定管理需求，核心作用是详细记录业务办理全过程的细节，从而发挥备忘、控制与管理的多重功能。登记簿的账页格式并无统一规定，商业银行可根据自身业务实际需要自行设计。

凡是属于分户账不能记载或反映的，而又需要查考的业务活动，都可以使用登记簿进行记载。登记簿也可以用于管理重要的空白凭证、有价单证、实物及某些重要的业务事项等。

在登记方式上，可以按不同对象分别设立账户登记或按业务方式顺序逐笔记载，如业务印章保管使用登记簿、重要凭证作废丢失登记簿和强行轧账查询登记簿等。

登记簿格式根据业务需要而定，实物控制的登记簿一般都设有收入、付出和余额 3 栏来反映数量以及金额情况，如凭 1-19 所示。

凭 1-19 　　　　　　　　　　　_____登记簿

科目代码：　　　　　　科目名称：　　　　　　账户名称：

年		摘要	编号	数量	起止号码	收入	付出	余额
月	日					金额（位数）	金额（位数）	金额（位数）

(3) 现金收入日记簿和现金付出日记簿。

现金收入日记簿（如凭 1-20 所示）与现金付出日记簿是逐笔顺序记载和控制现金收入和付出数额的序时账簿，是现金收付的明细记录。每天按照现金收付款项的先后顺序逐笔登记，日终汇总后登记现金收入、付出的合计数以反映当天现金收付总数，同时与当天现金科目日结单和总账的现金发生额进行核对。

凭 1-20 　　　　　　　　　　　现金收入日记簿

凭证编号	科目代码	账号或户名	摘要	金额

(4) 余额表。

余额表是归集分户账余额的专用表格，既是连接总账与分户账的重要桥梁，也是实现两者核对的主要工具。余额表主要分为计息余额表（如凭 1-21 所示）和一般余额表两类。其中，计息余额表是计算利息的重要工具，适用于各类需计息的科目，其核心功能便是计算利息；一般余额表则适用于不计息或直接在分户账上计息的科目，需按各分户账当日的最终余额填制。

凭 1-21　　　　　　　　　　　计息余额表
　　　　　　　　　　　　　　　　年　月

科目名称：
科目代码：　　　　　　　　　　　　　　　　　　　　　共　页　第　页

日期＼户名＼余额					复核盖章
1 日					
……					
10 日					
10 天小计					
11 日					
……					
20 日					
20 天小计					
21 日					
……					
31 日					
本月合计					
加：至上月底未计息积数					
减：至本月底不计息积数					
调账	应加积数				
	应减积数				
本月计息积数					

【例 1-12】2024 年 1 月 1 日，邮金银行鸿雁支行收到个人客户张大明办理现金活期开户业务，且开户金额为 1 000 元，前台柜员为客户办理活期开户后，生成分户账如凭 1-22 所示：

凭 1-22　　　　　　邮金银行（鸿雁支行）**个人活期存款**分户账

户名：张大明　　　　　账号：601103100109000　　　　　利率：0.36%

2024 年		摘要	凭证号码	对方科目代号	借方（位数）	贷方（位数）	借或贷	余额（位数）	日数	积数（位数）	复核盖章
月	日										
1	1	现开	0012	1001		1 000	贷	1 000			

【例 1-13】（接例 1-12）按照客户要求，银行柜员为客户开立活期一本通存折一张，存折印刷号为：A0001，则填制登记簿如凭 1-23 所示：

凭1-23　　　　　　　　　活期一本通存折　登记簿

科目代码：　　　　　　　　　科目名称：　　　　　　　账户名称：

年		摘要	编号	数量	起止号码	收入	付出	余额
月	日					金额（位数）	金额（位数）	金额（位数）
1	1	活期开户	A0001	1	A0001~A0100		1	99

【例1-14】（接例1-12）按照客户要求，银行柜员在收取客户现金时，登记现金收入日记簿（如凭1-24所示）。

凭1-24　　　　　　　　　　现金收入日记簿

凭证编号	科目代码	账号或户名	摘要	金额
0001	100101001	60110310010900	现收	1 000

（二）项目活动2　组织综合核算

1. 活动目标

掌握商业银行综合核算的构成，能够完成综合核算中不同账务组织的填写和编制。

2. 知识准备

综合核算是按会计科目进行的核算，反映各种业务、各类资金的增减变化的整体状况，由科目日结单、总账和日计表组成。

（1）科目日结单。

科目日结单（如凭1-25所示）是汇总反映每一个会计科目当日借方、贷方发生额和传票张数及种类的单据。科目日结单能够监督明细账户发生额，是轧平当日账务及登记总账的依据。

科目日结单的填制方法：根据某一科目所对应的凭证类型，将借贷方发生额汇总，并注明凭证和附件张数。"现金"科目日结单，可以根据非现金类科目日结单的现金借方、贷方合计数，反方向填写。科目日结单作为轧平账务的依据，要求所有科目的借方合计数与贷方合计数必须相等。

凭1-25　　　　　　　　　　科目日结单

科目：　　　　　　　　　　　　　　　年　月　日

借方			贷方			附件
传票张数	金额		传票张数	金额		
	亿千百十万千百十元角分			亿千百十万千百十元角分		
现金　张			现金　张			
转账　张			转账　张			
						张
合计　张						

会计　　　　　　　　　复核　　　　　　　　　制单

（2）总账。

总账（如凭1-26所示）是综合核算的主要形式，是按会计科目设置，用于总括反映商业银行整体经济业务，对明细账起控制和统驭作用的账簿，也是编制日计表、月度报表和年度报表的依据。商业银行总账设有借方发生额、贷方发生额、借方余额和贷方余额4栏，按月更换，按年装订。

每日营业终了，根据各科目日结单的借方、贷方合计数登记总账各科目借方、贷方发生额，并计算出余额。如果总账余额是单方向反映余额的科目，可直接在总账上轧出当天的余额，即上日余额加减当日发生额求得本日余额；对于双方向反映余额的往来类科目（如跨行清算资金往来），应根据该科目的借方、贷方余额，分别填入，不得轧差。

凭1-26　　　　　　　　　　　　　　　总　账

科目代码：　　　　　　　　　科目名称：　　　　　　　　　　第　号

年　月	借方	贷方
	（位数）	（位数）
上年末余额		
本年累计发生额		
上月末余额		

| 日期 | 发生额 | | 余额 | | 核对盖章 |
	借方	贷方	借方	贷方	复核员
	（位数）	（位数）	（位数）	（位数）	
1日					
2日					
3日					
……					
10天小计					
11日					
……					
20天小计					
21日					
……					
31日					
本月合计					
本年累计					

会计（主管）：　　　　　　　　　复核：　　　　　　　　　记账：

(3) 日计表。

日计表（如凭1-27所示）是综合反映当日业务活动状况和轧平当日全部账务的主要工具。日计表的各科目当日发生额和余额，根据总账各科目当日发生额和余额分别填记。如借贷方发生额和借贷方余额的合计数分别相等，则表明商业银行当日账务全部轧平。

凭1-27　　　　　　　　　　　　日计表

年　月　日　　　　　　　　　　　　　　　　　第　页　共　页

科目代码	科目名称	本日发生额		本日余额	
		借　方	贷　方	借　方	贷　方

会计　　　　　　　　　　　　复核　　　　　　　　　　　　制表

【例1-15】 2024年1月1日，鸿雁支行个人业务及其所对应的会计分录如下：

（1）前台柜员为个人客户张大明办理现金活期开户业务，且开户金额为1 000元，其会计分录为：

借：现金——业务现金——营业现金　　　　　　　　　1 000
　　贷：个人活期存款——个人结算存款　　　　　　　　1 000

（2）前台柜员为个人客户张三，办理活期现金取款业务300元，其会计分录为：

借：个人活期存款——个人结算存款　　　　　　　　　300
　　贷：现金——业务现金——营业现金　　　　　　　　300

（3）前台柜员为个人客户李四，办理跨行加急转账汇款业务，金额为1 500元，其会计分录为：

借：个人活期存款——个人结算存款　　　　　　　　　1 500
　　贷：跨行清算资金往来——大额支付　　　　　　　　1 500

根据上述业务，个人活期存款的科目日结单填制如凭1-28所示。

凭1-28　　　　　　　　　科目日结单

科目：个人活期存款　　　　　　2024年01月01日

传票张数	借　方										传票张数	贷　方										附件
	金　额											金　额										
	亿	千	百	十	万	千	百	十	元	角	分		亿	千	百	十	万	千	百	十	元	角	分	
现金1张					3	0	0	0	0		现金1张					1	0	0	0	0	0	
转账1张				1	5	0	0	0	0		转账0张											
合计2张		¥	1	8	0	0	0	0		合计1张			¥	1	0	0	0	0	0	张

会计　　　　　　　　　　　复核　　　　　　　　　　制单　张华

【例 1-16】 2025 年 1 月 1 日各科目余额及发生额分别如下：

科目名称	借方发生额	贷方发生额	期初余额
单位活期存款	32 100	64 000	46 000
个人活期存款	9 200	12 300	49 000
流动资金贷款	11 600	600	77 000
现金	36 000	12 000	18 000

则 2025 年 1 月 1 日，生成的日计表如凭 1-29 所示。

凭 1-29   日计表

2025 年 01 月 01 日   第 1 页 共 1 页

科目代码	科目名称	本日发生额 借方	本日发生额 贷方	本日余额 借方	本日余额 贷方
2205	单位活期存款	32 100	64 000		77 900
2225	个人活期存款	9 200	12 300		52 100
1116	流动资金贷款	11 600	600	88 000	
1001	现金	36 000	12 000	42 000	
合计		88 900	88 900	130 000	130 000

（三）项目活动 3　账务处理程序

1．活动目标

掌握商业银行账务处理过程，能够完成明细核算、综合核算的全部处理过程。

2．知识准备

账务处理程序是指业务发生后，从受理和编制凭证开始，经过账务记载与核对，直至轧平账务编制会计报表的全部过程。账务处理程序包括账务处理过程与账务核对程序。商业银行的账务处理程序包括明细核算和综合核算两个账务系统的全部处理过程。

3．明细核算的账务处理程序

（1）根据发生的经济业务编制或审核凭证。

（2）根据凭证内容逐一登记分户账（或登记簿）和现金收入日记簿、现金付出日记簿。

（3）根据分户账编制余额表。

4．综合核算程序

（1）根据传票按会计科目编制科目日结单，轧平当天所有科目的借方和贷方发生额。

（2）根据科目日结单汇总各科目发生额，据此登记总账。

（3）根据总账各科目当日发生额和余额编制日计表。

综上所述，商业银行的账务处理程序如图 1-1 所示。

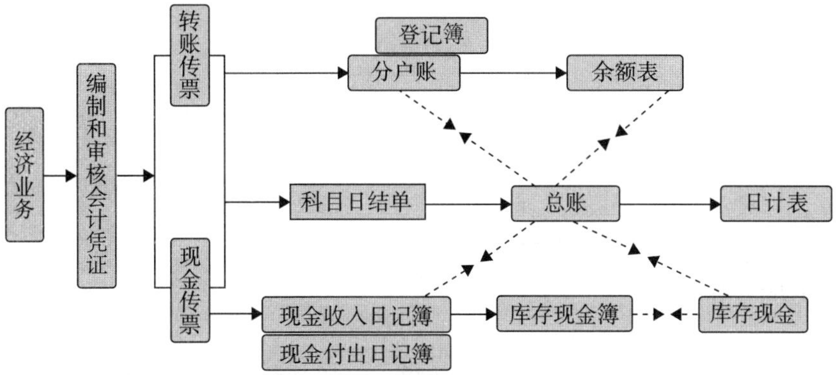

图 1-1　商业银行的账务处理程序

5. 账务核对

账务核对是指为了保证业务处理及会计核算的一致性、准确性，通过一定方法对各类账务进行核查、证实的过程。账务核对是防止账务发生差错，确保账务处理过程及结果准确、真实的重要措施，是保证"账账相符、账据相符、账实相符、账款相符、账表相符、内外账相符"的重要手段。商业银行账务核对分为每日核对和定期核对两种。

（1）每日核对。

①总分核对。

每日营业终了，总账各科目余额与分户账或余额表各账户余额合计数核对相符，确保总分一致。

②账款核对。

普通前台柜员核点实物尾箱现金金额并与系统尾箱进行核对，保证数量和金额一致。轧账成功后，打印"柜员轧账单"，即账款核对一致。

③表外科目核对。

表外科目发生额及余额应与有关登记簿核对相符。每日营业终了，前台柜员对重要空白凭证进行正式轧账，将实物与系统输出的柜员库存量核对，确保数量和起讫编号相符，即表外科目核对一致。

（2）定期核对。

对于仅需要定期核对的账务，应建立定期核对制度。定期核对的主要内容如下：

①使用丁种账记账的应收应付等科目所对应的账户，按旬、月或季度核对未销账的各笔总数，与该科目总账余额核对相符。

②计息积数核对。将计息余额表上的计息积数按旬、按月、按结息期等与总账同期余额累计数核对相符。

③卡片账核对。各类卡片账每月与各该科目分户账或有关登记簿核对相符。

④账实核对。固定资产、库存重要空白凭证及有价单证、低值易耗品等财物应在年终决算前账实核对相符。

⑤内外账务核对。定期与企事业单位对账；定期与央行、同业对账；联行往来的账务核对按联行制度规定办理。

三、任务活动

【任务描述】 邮金银行鸿雁支行2024年7月2日发生下列业务，收付款人均为该行开户单位和个人。

（1）凌家食品有限公司签发现金支票一张，支取现金10 000元，补充备用金，前台柜员审核无误后，办理支付手续。

  借：单位活期存款　　　　　　　　　　　　　　　　10 000
    贷：现金　　　　　　　　　　　　　　　　　　　　10 000

（2）环宇家电有限公司填制现金缴款单，将销货收取的现金12 000元存入银行，前台柜员审核无误后，办理收款手续。

  借：现金　　　　　　　　　　　　　　　　　　　　12 000
    贷：单位活期存款　　　　　　　　　　　　　　　　12 000

（3）东购商厦有限公司签发转账支票给环宇家电有限公司支付货款，金额30 000元，前台柜员审核无误后，办理转账手续。

  借：单位活期存款　　　　　　　　　　30 000（东购商厦）
    贷：单位活期存款　　　　　　　　　　30 000（环宇家电）

（4）东购商厦有限公司填制现金缴款单，送存现金5 000元，前台柜员清点无误后，办理收款手续。

  借：现金　　　　　　　　　　　　　　　　　　　　5 000
    贷：单位活期存款　　　　　　　　　　　　　　　　5 000

（5）个人客户张元持活期储蓄存折要求支取现金2 000元，前台柜员审核无误后，办理支付手续。

  借：个人活期存款——个人结算存款　　　　　　　　2 000
    贷：现金　　　　　　　　　　　　　　　　　　　　2 000

（6）个人客户张元要求将借记卡（绿卡通）里的活期存款10 000元，转存一年期整存整取业务。前台柜员审核无误后，为其办理转存业务。

  借：个人活期存款——个人结算存款　　　　　　　　10 000
    贷：整存整取储蓄存款——一年　　　　　　　　　　10 000

（7）个人客户李斯将活期一本通存折及现金6 000元一并提交给银行，前台柜员审核无误后，为其办理续存手续。

  借：现金　　　　　　　　　　　　　　　　　　　　6 000
    贷：个人活期存款——个人结算存款　　　　　　　　6 000

（8）环宇家电有限公司提交东购商厦有限公司签发的转账支票一张及进账单，金额为20 000元。前台柜员审核无误后，为其办理转账收款业务。

  借：单位活期存款　　　　　　　　　　20 000（东购商厦）

贷：单位活期存款　　　　　　　　　　　　　　　　20 000（环宇家电）

（9）东购商厦有限公司签发现金支票一张，支取备用金6 000元，前台柜员审核无误后，办理支付手续。

借：单位活期存款　　　　　　　　　　　　6 000
　　贷：现金　　　　　　　　　　　　　　　　　　　　6 000

其他账户资料如下：

（1）各分户账余额如凭1-30所示。

凭1-30　　　　　　　　　　活期存款各分户账余额表

2024年7月　　　　　　　　　　　　　　　　　单位：元

项目	凌家食品有限公司	环宇家电有限公司	东购商厦有限公司	张元	李斯
1日	200 000	300 000	350 000	12 860	23 000
2日					

（2）2024年7月1日，相关科目总账余额如下：

科目代码	科目名称	余额	
		借方	贷方
1001	现金	879 860	
2205	单位活期存款		467 950
2225	个人活期存款		286 300
2235	整存整取储蓄存款		125 610

【任务要求】

（1）根据上述业务及其会计分录，填制会计凭证（凭1-31至凭1-42），登记分户账（凭1-43至凭1-48）。

（2）根据会计分录编制科目日结单（凭1-49至凭1-52），登记总账（凭1-53至凭1-56），编制日计表（凭1-57）。

【任务分析】 在经济业务发生后，首先应结合经济业务和相应会计分录，根据科目特点判断所需使用的记账凭证并准确填制；再根据各项业务涉及的资金状况，分别登记各分户账。同时，根据每一会计科目的当日发生额填制科目日结单，登记总账，直到轧平账务，编制日计表，从而完成明细核算和综合核算的全部账务工作。

【任务实施】

（1）填制会计凭证、登记分户账。

①填制会计凭证（凭1-31至凭1-42）：

凭 1-31　　　　　　　　　　现金付出传票
　（借）_____
　（贷）：现金　　　　　　　　年　月　日

户名或账号	摘要	金额 千 百 十 万 千 百 十 元 角 分
	合　计	

附件　　张

凭 1-32　　　　　　　　　　现金付出传票
　（借）_____
　（贷）：现金　　　　　　　　年　月　日

户名或账号	摘要	金额 千 百 十 万 千 百 十 元 角 分
	合　计	

附件　　张

凭 1-33　　　　　　　　　　现金付出传票
　（借）_____
　（贷）：现金　　　　　　　　年　月　日

户名或账号	摘要	金额 千 百 十 万 千 百 十 元 角 分
	合　计	

附件　　张

凭 1-34 现金收入传票

（借）：现金
（贷）_____

年　月　日

户名或账号	摘　要	金　额										附件
		千	百	十	万	千	百	十	元	角	分	
												张
	合　计											

凭 1-35 现金收入传票

（借）：现金
（贷）_____

年　月　日

户名或账号	摘　要	金　额										附件
		千	百	十	万	千	百	十	元	角	分	
												张
	合　计											

凭 1-36 现金收入传票

（借）：现金
（贷）_____

年　月　日

户名或账号	摘　要	金　额										附件
		千	百	十	万	千	百	十	元	角	分	
												张
	合　计											

凭1-37　　　　　　　　　　转账借方传票
　　　　　　　　　　　　　　年　月　日

科目（借）		对方科目（贷）										附件
户名或账号	摘要	金额										
		千	百	十	万	千	百	十	元	角	分	
												张
合　计												

凭1-38　　　　　　　　　　转账贷方传票
　　　　　　　　　　　　　　年　月　日

科目（贷）		对方科目（借）										附件
户名或账号	摘要	金额										
		千	百	十	万	千	百	十	元	角	分	
												张
合　计												

凭1-39　　　　　　　　　　转账借方传票
　　　　　　　　　　　　　　年　月　日

科目（借）		对方科目（贷）										附件
户名或账号	摘要	金额										
		千	百	十	万	千	百	十	元	角	分	
												张
合　计												

凭 1-40　　　　　　　　　　　　转账贷方传票
　　　　　　　　　　　　　　　　年　月　日

科目（贷）		对方科目（借）									附件
户名或账号	摘　要	金　额									
		千	百	十	万	千	百	十	元	角	分
											张
合　计											

凭 1-41　　　　　　　　　　　　转账借方传票
　　　　　　　　　　　　　　　　年　月　日

科目（借）		对方科目（贷）									附件
户名或账号	摘　要	金　额									
		千	百	十	万	千	百	十	元	角	分
											张
合　计											

凭 1-42　　　　　　　　　　　　转账贷方传票
　　　　　　　　　　　　　　　　年　月　日

科目（贷）		对方科目（借）									附件
户名或账号	摘　要	金　额									
		千	百	十	万	千	百	十	元	角	分
											张
合　计											

②登记分户账（凭1-43至凭1-48）：

凭1-43　　　　邮金银行（鸿雁支行）**单位活期存款分户账**

户名：凌家食品有限公司　　　　账号：　　　　　　　　　　利率：0.36%

年		摘要	凭证号码	对方科目代号	借方（位数）	贷方（位数）	借或贷	余额（位数）	日数	积数（位数）	复核盖章
月	日										

凭1-44　　　　邮金银行（鸿雁支行）**单位活期存款分户账**

户名：环宇家电有限公司　　　　账号：　　　　　　　　　　利率：0.36%

年		摘要	凭证号码	对方科目代号	借方（位数）	贷方（位数）	借或贷	余额（位数）	日数	积数（位数）	复核盖章
月	日										

凭1-45　　　　邮金银行（鸿雁支行）**单位活期存款分户账**

户名：东购商厦有限公司　　　　账号：　　　　　　　　　　利率：0.36%

年		摘要	凭证号码	对方科目代号	借方（位数）	贷方（位数）	借或贷	余额（位数）	日数	积数（位数）	复核盖章
月	日										

凭1-46　　　　　　　邮金银行（鸿雁支行）**个人活期存款**分户账

户名：张元　　　　　账号：　　　　　　　　　　　　　　利率：0.36%

年		摘要	凭证号码	对方科目代号	借方（位数）	贷方（位数）	借或贷	余额（位数）	日数	积数（位数）	复核盖章
月	日										

凭1-47　　　　　　　邮金银行（鸿雁支行）**个人活期存款**分户账

户名：李斯　　　　　账号：　　　　　　　　　　　　　　利率：0.36%

年		摘要	凭证号码	对方科目代号	借方（位数）	贷方（位数）	借或贷	余额（位数）	日数	积数（位数）	复核盖章
月	日										

凭1-48　　　　　　　邮金银行（鸿雁支行）**整存整取储蓄存款**分户账

户名：张元　　　账号：　　　　　　存期：　　　　　　　利率：0.72%

年		摘要	凭证号码	对方科目代号	借方（位数）	贷方（位数）	借或贷	余额（位数）	日数	积数（位数）	复核盖章
月	日										

(2) 编制科目日结单，登记总账，编制日计表。

①编制科目日结单（如凭1-49至凭1-52所示）：

凭1-49　　　　　　　　　　科目日结单

科目：现金　　　　　　　　　年　月　日

借方		贷方		附件
传票张数	金额 亿千百十万千百十元角分	传票张数	金额 亿千百十万千百十元角分	
现金　　张		现金　　张		
转账　　张		转账　　张		张
合计　　张		合计　　张		

凭1-50　　　　　　　　　　科目日结单

科目：单位活期存款　　　　　年　月　日

借方		贷方		附件
传票张数	金额 亿千百十万千百十元角分	传票张数	金额 亿千百十万千百十元角分	
现金　　张		现金　　张		
转账　　张		转账　　张		张
合计　　张		合计　　张		

凭1-51　　　　　　　　　　科目日结单

科目：个人活期存款　　　　　年　月　日

借方		贷方		附件
传票张数	金额 亿千百十万千百十元角分	传票张数	金额 亿千百十万千百十元角分	
现金　　张		现金　　张		
转账　　张		转账　　张		张
合计　　张		合计　　张		

凭 1-52　　　　　　　　　　　　　科目日结单
科目：整存整取储蓄存款　　　　　　　　　年　月　日

借　方			贷　方			
传票张数	金　额		传票张数	金　额		附件
	亿千百十万千百十元角分			亿千百十万千百十元角分		
现金　张			现金　张			
转账　张			转账　张			张
合计　张			合计　张			

②登记总账（凭 1-53 至凭 1-56）：

凭 1-53　　　　　　　　　　　　　现金总账
科目代码：　　　　　　　　　　　　　年　月

日期	发生额		余额		核对盖章
	借方	贷方	借方	贷方	复核员
	（位数）	（位数）	（位数）	（位数）	
1					
2					
3					

凭 1-54　　　　　　　　　　　　　单位活期存款总账
科目代码：　　　　　　　　　　　　　年　月

日期	发生额		余额		核对盖章
	借方	贷方	借方	贷方	复核员
	（位数）	（位数）	（位数）	（位数）	
1					
2					
3					

凭 1-55　　　　　　　　　　　　个人活期存款总账

科目代码：　　　　　　　　　　　　年　月

日期	发生额		余额		核对盖章
	借方（位数）	贷方（位数）	借方（位数）	贷方（位数）	复核员
1					
2					
3					

凭 1-56　　　　　　　　　　　　整存整取储蓄存款总账

科目代码：　　　　　　　　　　　　年　月

日期	发生额		余额		核对盖章
	借方（位数）	贷方（位数）	借方（位数）	贷方（位数）	复核员
1					
2					
3					

③编制日计表（凭1-57）：

凭 1-57　　　　　　　　　　　　日　计　表

　　　　　　　　　　　　　　　　年　月　日　　　　　　　　　　第　页共　页

科目代码	科目名称	本日发生额		本日余额	
		借方	贷方	借方	贷方

会计　　　　　　　　　　复核　　　　　　　　　　制表

 知识加油站

　　金融产品是商业银行为客户提供金融服务的载体，随着经济社会和金融科技的发展，商业银行为了满足不断增长的客户需求，不断进行产品创新和设计，推动金融产品持续更新迭代。面对金融产品的不断发展，商业银行是如何进行账务处理的呢？

在市场竞争日益激烈、产品创新节奏加快、产品变化频繁的背景下，一方面，从业务上来说，核算与银行客户的关系不大，属于银行内部的管理需要。另一方面，为了避免因产品变化而频频变更账务体系，所以必须将产品与核算分离。也就是说，通常情况下，不把产品类别或单个产品设置为会计科目，而是通过分户账的设置体现。

 能力拓展

结合我国会计发展史，立足开放、创新、共享的新理念，分析如何加强与国际金融企业的合作和交流，提高我国商业银行的国际竞争力。

模块二　单位存款业务

知识与技能目标

1. 能够按照存款对象、资金性质等的不同，将商业银行存款业务进行准确的分类。
2. 能够根据企事业单位账户资金的增减变化进行准确的会计核算。
3. 掌握利息相关业务规定，根据相应的计算原理和方法，准确进行各类存款利息的计算及账务处理。

素养目标

1. 培养人民至上、客户至上的服务精神。
2. 培养精益求精的工匠精神，不断提高服务能力和服务意愿。

项目一　核算单位活期存款业务

知识目标

1. 了解商业银行企事业单位结算账户的相关规定。
2. 掌握单位活期存款业务的会计科目及会计核算原理。

能力目标

能根据企事业单位结算账户资金的增减变化，对单位活期存款业务进行准确的账务处理。

一、基础知识

(一) 存款的分类

存款业务是商业银行重要的负债业务,是商业银行资金的主要来源。按照存款期限、存款对象等不同的标准,可以将存款划分为不同的种类。

(1) 按照存款期限不同,可以划分为活期存款和定期存款等。

活期存款是指存入时不确定存期,可以随时存取的存款,包括单位活期存款和个人活期存款(也称活期储蓄存款)。定期存款是指存入时约定存期,存款到期时才能支取的存款,包括单位定期类存款和个人定期类存款(也称定期储蓄存款)。

(2) 按照存款对象的不同,可以划分为单位存款、同业存款和个人存款。

单位存款是指各类企事业单位存入的款项,以及个体经营者存入的经营性款项。同业存款是指商业银行因支付结算和业务往来等需要,吸收的金融同业机构(保险、证券、银行等)的存款。个人存款,即个人储蓄存款,是指城乡居民个人存入的款项。

(3) 按照存款性质不同,可以划分为原始存款和派生存款。

原始存款也称现金存款、直接存款,是指企事业单位或个人将现金送存银行形成的存款。派生存款也称转账存款、间接存款,是指商业银行以贷款转存、购买有价证券等方式创造的存款。

(二) 单位结算账户的分类

按照《人民币银行结算账户管理办法》的规定,单位银行结算账户按用途分为基本存款账户、一般存款账户、专用存款账户和临时存款账户。

1. 基本存款账户

基本存款账户是存款人因办理日常转账结算和现金收付需要开立的银行结算账户。单位银行结算账户的存款人只能在银行开立一个基本存款账户,是存款人的主办账户。存款人日常经营活动的资金收付及其工资、奖金和现金的支取,应通过基本存款账户办理。

2. 一般存款账户

一般存款账户是存款人因借款或其他结算需要,在基本存款账户开户银行以外的银行营业机构开立的银行结算账户。一般存款账户主要用于办理存款人的借款转存、借款归还和其他结算的资金收付。存款人通过该账户可以办理结算和现金缴存,但不能办理现金支取业务。

3. 专用存款账户

专用存款账户是存款人按国家法律、行政法规和规章,对其特定用途资金进行专项管理和使用而开立的银行结算账户。该账户用于办理各项专用资金的收付,如财政预算外资金、证券交易结算资金、工会经费等。

4. 临时存款账户

临时存款账户是存款人因临时需要并在规定期限内使用而开立的银行结算账户,

存款人可以通过该账户办理转账结算和根据国家现金管理的规定办理现金支取。临时存款账户一般为外来临时机构或单位注册验资时开立的账户。单位只有将注册验资用的临时存款账户销户后，方可开立基本存款账户。

（三）会计科目设置

为了全面反映企事业单位结算账户资金的存入、支取及结存状态，商业银行需通过设置"单位活期存款""应付单位活期利息""存款利息支出"等会计科目，对相关业务实施规范化核算与管理。

1. 单位活期存款

"单位活期存款"为一级会计科目，用于核算和反映商业银行吸收的企业、事业等单位及个体户经营性资金的活期存款，属于负债类科目，余额反映在贷方。

本科目按照行业类别的不同设置二级科目，如"工业活期存款""农业活期存款""建筑业活期存款""服务业活期存款""行内经费存款"等，并按照存款单位设置分户账进行明细核算。

2. 现金

"现金"为一级会计科目，用于核算和反映商业银行业务经营现金收支的情况，属于资产类科目，余额反映在借方。

本科目根据业务需要可设置"业务现金"为二级会计科目，用于核算和反映商业银行用于对外办理各类金融业务所使用现金的情况。本科目余额反映在借方。同时，设"营业现金""库存现金""自助设备占款"三级科目："营业现金"科目用于核算和反映营业机构用于办理各类金融业务所使用现金的情况，按营业机构设置分户明细核算；"库存现金"科目用于核算和反映业务出纳库存的现金情况，按出纳人员设置分户明细核算；"自助设备占款"科目用于核算和反映自助设备内的现金情况，按机具设置分户明细核算。

二、项目活动

单位活期存款的核算内容包括单位活期存款的开户、存入、支取、计提利息、支付利息、销户等内容。由于单位活期存款在开户时无资金流入，因此不涉及账务处理。

单位活期存款存入和支取又分为现金存取和转账收付两种形式，本模块只讲述现金存取，转账收付在资金汇划业务、电子支付渠道、支付结算业务等模块讲述。

（一）项目活动1　存入现金的核算

1. 活动目标

按照业务流程进行业务操作及单证审核，并能够进行准确的会计处理。

2. 知识准备

（1）单位结算账户存入现金的思维导图（如图2-1所示）。

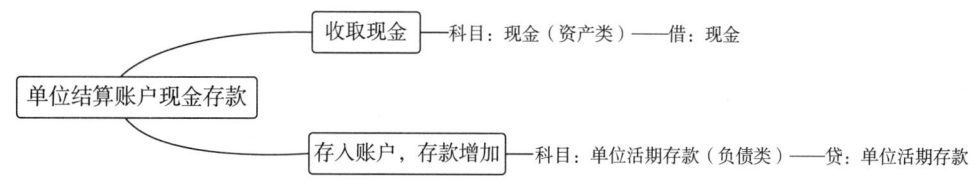

图 2-1 单位结算账户存入现金的思维导图

(2) 单位结算账户存入现金的会计分录：

借：现金——业务现金——营业现金

贷：单位活期存款——××活期存款

【例 2-1】2024 年 7 月 2 日，邮金银行鸿雁支行的开户单位：长城集团股份有限公司（001020100268），缴存销售收入现金 65 000 元。鸿雁支行为其办理入账手续。

工作步骤 1：受理及审核

前台柜员接收客户提交的一式三联现金缴款单（如凭 2-1 所示）及现金，审核凭证并清点现金。

凭证审核内容包括：

(1) 现金缴款单填写日期、户名、账号和款项来源是否填写齐全。

(2) 大小写金额填写是否准确相符。

凭 2-1

收款单位	全称								款项来源									此联是收款人开户行交给收款人的收账通知
	账号								缴款部门									
										千	百	十	万	千	百	十	元	角	分	
人民币（大写）																		
券别	张数	十万	千	百	十	元	角	分	券别	张数	千	百	十	元	角	分		
壹佰元									伍角									
伍拾元									贰角									
贰拾元									壹角									
壹拾元									伍分									
伍元									贰分									
贰元									壹分									
壹元																		

工作步骤 2：录入系统

前台柜员调用"现金收款"交易，将该笔业务录入系统，生成会计分录及会计凭证，同时登记现金收入日记簿和分户账。会计分录如下：

借：现金——业务现金——营业现金　　　　　　　　　　65 000

贷：单位活期存款——工业活期存款　　　　　　　　　65 000

生成收款凭证（如凭 2-2 所示）：

凭2-2　　　　　　　　　　　现金收入传票

（借）：现金
（贷）单位活期存款　　　　　　2024年07月02日

账　号	摘　要	金　额								
		千	百	十	万	千	百	十	元	角	分
长城集团股份有限公司 001020100268	现金存款				¥	6	5	0	0	0	0
合计					¥	6	5	0	0	0	0

附件　　张

登记现金收入日记簿（如凭2-3所示）：

凭2-3　　　　　　　　　　　现金收入日记簿

凭证编号	科目代码	账号或户名	摘要	金额
0001	1001	长城集团股份有限公司	销售收入	65 000

登记分户账（如凭2-4所示）：

凭2-4　　　　　邮金银行（鸿雁支行）**单位活期存款**分户账

户名：长城集团股份有限公司　　　账号：001020100268　　　利率：0.36%

| 2024年 || 摘要 | 凭证号码 | 对方科目代号 | 借方（位数） | 贷方（位数） | 借或贷 | 余额（位数） | 日数 | 积数（位数） | 复核盖章 |
月	日										
7	1	承前页					贷	185 210	1	185 210	张 明
7	2	现收	0001	1001		65 000	贷	250 210			

工作步骤3：后续处理

前台柜员打印通用凭证，并在凭证和现金缴款单上盖章，现金缴款单第二联、第三联交客户，第一联及通用凭证上交会计稽核。

（二）项目活动2　支取现金的核算

1. 活动目标

按照业务流程进行合规业务操作及单证审核，并能够做出正确的会计处理。

2. 知识准备

（1）单位结算账户支取现金的思维导图（如图2-2所示）。

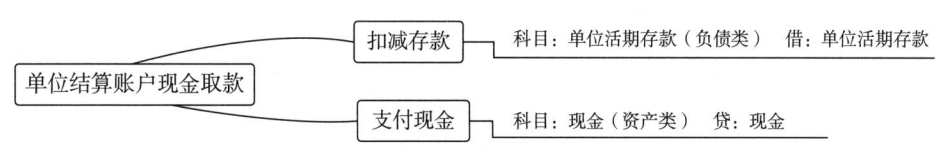

图 2-2 单位结算账户支取现金的思维导图

（2）单位结算账户现金支取的会计分录：

借：单位活期存款——××活期存款

　　贷：现金——业务现金——营业现金

【例 2-2】2024 年 7 月 2 日，邮金银行鸿雁支行的开户单位：长城集团股份有限公司（0010201002680），签发现金支票，支取差旅费 15 000 元。鸿雁支行审核后为其办理支取手续。

工作步骤 1：受理及审核

前台柜员接收长城集团股份有限公司现金支票（如凭 2-5 所示），柜员进行合规性审核。

凭 2-5

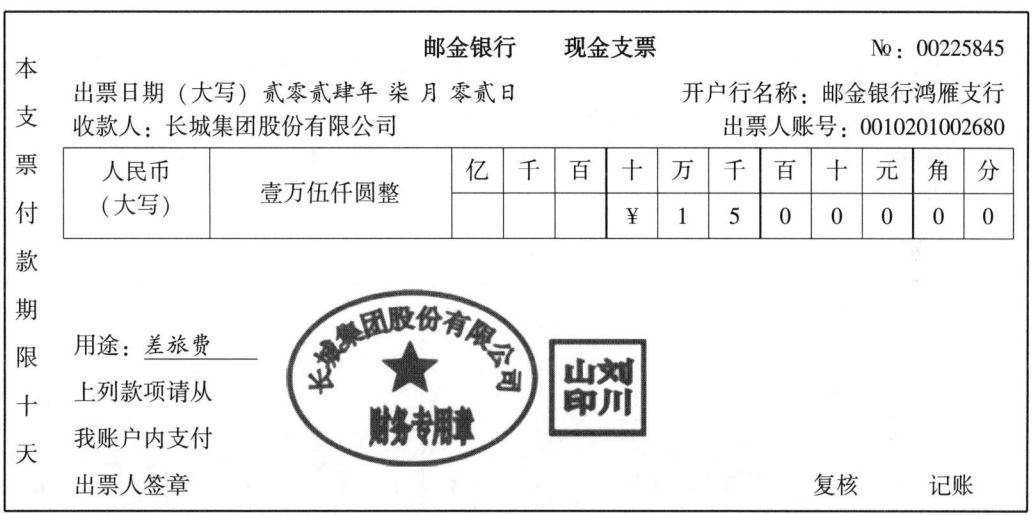

现金支票审核内容包括：

（1）支票是否在提示付款期内，金额大小写是否一致；

（2）支票记载事项是否齐全，出票日期及金额是否书写规范；

（3）款项用途是否符合相关规定；

（4）收款人为个人的，应核对其证件名称、号码及发证机关，并进行联网核查。

工作步骤 2：录入系统

凭证审核无误后，前台柜员调用"现金付款"交易，将业务录入系统，生成现金付出传票，登记分户账（如凭 2-6 所示），减少单位客户结算账户余额，并填制现金付出日记簿，会计分录如下：

借：单位活期存款——工业活期存款　　　　　　　　　　　　15 000
　　贷：现金——业务现金——营业现金　　　　　　　　　　　15 000

凭2-6　　　　　邮金银行（鸿雁支行）**单位活期存款分户账**

户名：长城集团股份有限公司　　　账号：001020100268　利率：0.36%

2024年		摘要	凭证号码	对方科目代码	借方（位数）	贷方（位数）	借或贷	余额（位数）	日数	积数（位数）	复核盖章
月	日										
7	1						贷	185 210	1	185 210	张明
7	2	现收	0001	1001		65 000	贷	250 210			
7	2	现付	0002	1001	15 000		贷	235 210			

工作步骤3：后续处理

前台柜员打印通用凭证，并在现金支票上盖章，将通用凭证及现金交付客户。现金支票连同通用凭证作为附件上交会计稽核。

三、任务活动

【任务描述】建通三局建设有限公司（0020202003281）为邮金银行鸿雁支行临时账户开户企业，银行预留印鉴为公章和人名章（李大力）。2024年7月3日，签发00222456#现金支票（如凭2-7所示），支付工人工资132 820元整。银行为该单位客户办理现金支取业务后，进行了相关会计处理。

凭2-7

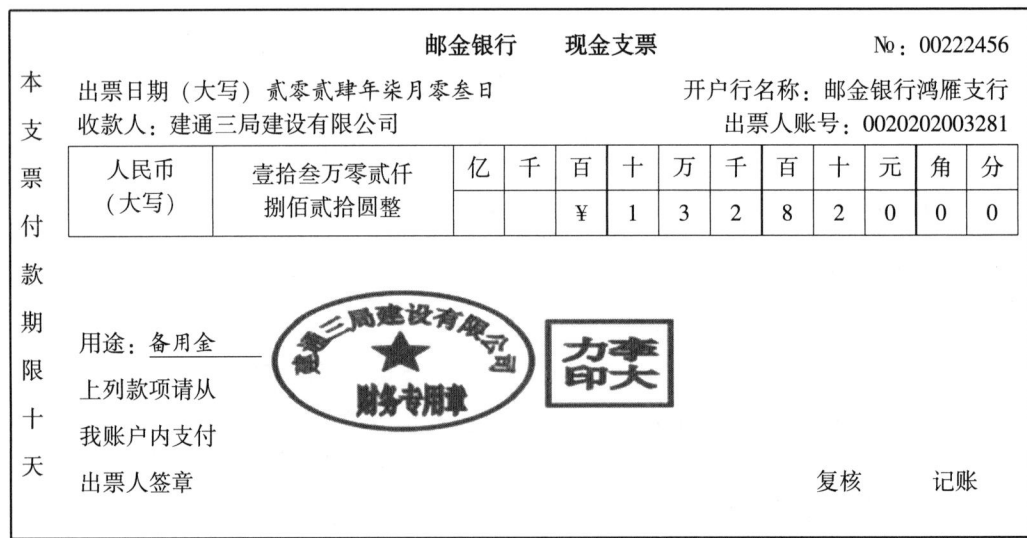

请根据所给业务内容，判断该现金支票是否合规，并将不符合规定的地方一一改正。

【任务分析】根据所给经济业务及现金支票，按照支票审核要点，先要辨析该现金支票是否合规，若不合规，应如何更正。再根据更正后的现金支票为客户办理现金支取业务，同时进行会计处理，生成会计分录，并填制分户账、现金付出日记簿和现金付出传票（凭2-8至凭2-10）。

【任务实施】

（1）差错内容及要素：

① _____

② _____

③ _____

（2）正确的要素填写：

① _____

② _____

③ _____

（3）填制各项凭证（凭2-8至凭2-10）：

凭2-8   现金付出传票

（借）_____

（贷）现金   年　月　日

户名或账号	摘　要	金　额									附件
		千	百	十	万	千	百	十	元	角	分	
合　计												张

凭2-9   邮金银行（鸿雁支行）　　　　　　　分户账

户名：　　　　　　　　　　账号：　　　　　　　　　　利率：0.36%

2024年		摘要	凭证号码	对方科目代码	借方（位数）	贷方（位数）	借或贷	余额（位数）	日数	积数（位数）	复核盖章
月	日										
7	2	上日余额					贷	233 432			

· 53 ·

凭2-10   现金付出日记簿

凭证编号	科目代码	账号或户名	摘要	金额（位数）	凭证编号	科目代码	账号或户名	摘要	金额（位数）

知识加油站

随着云计算、大数据和互联网的发展，财务管理与数字化建设相结合是现代企业运营的必然趋势。银行业的数字化建设最为突出，我国商业银行，尤其是全国性的大型商业银行，每天经营着数以万计的业务，甚至更多，数字化建设的开展，不仅可以大大减少运营成本，而且能够提升商业银行的经营效率。也就意味着，在数字化背景下，商业银行不需要再打印大量的会计凭证、账簿等，只需要以数字的形式将其储存在一定的存储介质中即可。

项目二　核算单位定期业务

知识目标

1．了解商业银行单位定期存款业务的相关规定及业务流程。
2．掌握单位定期存款业务的会计科目及会计处理过程。

能力目标

能按照单位定期存款业务规定进行正确的开户、销户等环节的业务处理和会计核算。

一、基础知识

（一）单位定期存款概述

单位定期存款是指企业、事业、机关、部队和社会团体等单位与银行在存款时事先约定期限、利率，到期后支取本息的存款。计息方式按中国人民银行挂牌公告的定期存款利率计付利息，不同档次执行不同利率，遇利率调整，不分段计息。目前，单位定期存款的期限分为三个月、半年、一年、二年、三年、五年共六个档次。单位定期存款只能以转账方式转入单位的结算账户，到期办理支取时，存款单位不能从定期存款账户中直接支取现金，也不能用于结算。

按照币种的不同，单位定期存款可以分为人民币单位定期存款和外币单位定期存款。人民币定期存款是单位客户存入人民币存款时与银行约定存期，在存款到期支取时，商业银行按存入日约定利率计付利息的一种存款。人民币单位定期存款起存金额为人民币 10 000 元，须一次性存入，其资金应从人民币结算账户内转入。人民币单位定期存款账户内的资金支取时，应以转账的方式转入同名结算存款账户后使用，不得直接对外支付结算或提取现金。

外币单位定期存款是单位客户存入外币存款时与银行约定存期，在存款到期支取时，银行按存入日约定的利率计付利息的一种存款。外币单位定期存款的起存金额为人民币 10 000 元的等值外汇，存款到外币单位定期账户内的资金也应以转账方式转入外币单位活期存款账户后使用，不得直接对外支付或提取外币现钞。

（二）会计科目设置

为了反映单位定期存款的存入、支取和结存情况，商业银行需要设置单位定期存款、应付单位定期利息、存款利息支出等科目进行业务核算。

1. 单位定期存款

"单位定期存款"为一级会计科目，用于核算和反映商业银行吸收的企事业单位等客户的定期存款资金的增减变化情况，属于负债类科目，余额应反映在贷方。本科目按照存款期限设置二级科目（如三个月、六个月、一年等），并按照存款单位设置分户账进行明细核算。

2. 应付单位定期利息

"应付单位定期利息"为一级会计科目，用于核算和反映商业银行应付而未付的单位定期存款利息，属于负债类科目，余额反映在贷方。本科目按照存款期限设置二级科目（同单位定期存款的二级会计科目设置），并按照存款单位设置分户账进行明细核算。

二、项目活动

单位定期存款的核算内容包括开户、存入、计息、结息、转存、支取、过户和分户，其中计息和结息的核算将在本模块的项目三中讲述。

（一）项目活动 1　吸收定期存款的核算

1. 活动目标

能够按照单位定期存款的业务流程，准确进行人民币单位定期存款业务的开户业务操作和会计处理。

2. 知识准备

（1）单位定期存款存入的思维导图如图 2-3 所示。

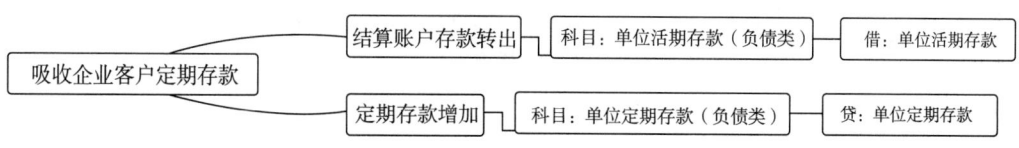

图 2-3　单位定期存款存入的思维导图

（2）单位定期存款存入的会计分录：

①生成单位定期存款开户证实书时的会计分录：

付：证明——单位定期存款开户证实书

②单位定期存款开立的会计分录如下：

借：单位活期存款——××活期存款

　　贷：单位定期存款——××存期

【例 2-3】2024 年 8 月 1 日，邮金银行鸿雁支行的开户单位：长城集团股份有限公司（0010201002680），签发转账支票一张，金额为 600 000 元，要求办理两年期定期存款。约定存款利率为 4.2%，鸿雁支行审核后为其办理开户手续。

工作步骤 1：受理及审核

前台柜员接收单位客户签发的转账支票、一式三联进账单及定期存款申请书一式三份（如凭 2-11 至凭 2-15 所示）并审核单据，审核内容包括：

（1）是否为本行开立的账户；

（2）票据的相关要素填写是否正确、完整，有无涂改，是否在有效期内；

（3）预留银行印鉴是否清楚合规，并验印。

凭 2-11

人民币单位定期存款开户申请书

申请日期：2024 年 08 月 01 日
致：邮金银行鸿雁支行
我们申请存放存款（"存款"）如下：

存款人名称：	长城集团股份有限公司	
存款金额：	大写：陆拾万元整	
存期：	二年	
起息日：	2024 年 08 月 01 日	
本金借记账户：	账号：0010201002680　　户名：长城集团股份有限公司	
利息支付：	√ 存款到期日	□ 每年
结息账户：	□ 与上述本金借记账号一致	□ 其他账户：
续存安排：	□ 本金和利息； □ 仅本金，利息存放至上述结息账户； □ 不续存，本金和利息存放至上述本金借记账户和结息账户。	
联系人：	联系电话：　　　　　　传真：	
注释：对于要求不开结算账户而存放人民币定期存款的客户，本金和利息在存款到期日将全额转入上述本金借记账户。		

1. 为存放存款，请贵行扣划上述借记账户。尽管我们与贵行签订了其他协议，我们确认并接受任何根据本申请进行的扣划行为。
2. 在存款到期日，请根据我们的授权，按上述续存安排处理存款。
3. 此续存安排将持续有效，直至贵行收到我们的书面通知或款项被全部提取。
4. 我们特此确认，我们接受本申请表所附的适用服务条款。

客户印鉴：

（长城集团股份有限公司 财务专用章）	（刘川印）	

凭 2-12

邮金银行　现金支票　No：4621960

出票日期（大写）贰零贰肆年捌月零壹日　　开户行名称：邮金银行鸿雁支行
收款人：长城集团股份有限公司　　　　　　出票人账号：0010201002680

人民币（大写）	陆拾万元整	亿	千	百	十	万	千	百	十	元	角	分
				¥	6	0	0	0	0	0	0	0

用途：转存定期
上列款项请从
我账户内支付
出票人签章

本支票付款期限十天

复核　　记账

凭 2-13

邮金银行进账单（回单）1
2024 年 08 月 01 日

出票人	全　称	长城集团股份有限公司	收款人	全　称	长城集团股份有限公司
	账　号	0010201002680		账　号	8310130101116
	开户银行	邮金银行鸿雁支行		开户银行	邮金银行鸿雁支行

人民币（大写）陆拾万元整	万	千	百	十	万	千	百	十	元	角	分
				¥	6	0	0	0	0	0	0	0

票据种类	转账支票	票据张数	1 张
票据号码	4621960		

备注：

收款人开户银行盖章
2024 年 08 月 01 日

此联是收款人的开户银行交给出票人的回单

凭 2-14

邮金银行进账单（贷方凭证）2

2024 年 08 月 01 日

出票人	全 称	长城集团股份有限公司	收款人	全 称	长城集团股份有限公司
	账 号	0010201002680		账 号	8310130101116
	开户银行	邮金银行鸿雁支行		开户银行	邮金银行鸿雁支行

人民币（大写）陆拾万元整	万	千	百	十	万	千	百	十	元	角	分
				¥	6	0	0	0	0	0	0

票据种类	转账支票	票据张数	1 张
票据号码	4621960		

备注：

（长城集团股份有限公司财务专用章、刘川印章）

单位主管　　　会计
复核　　　　　记账

此联是收款人的开户银行交作贷方凭证

凭 2-15

邮金银行进账单（收账通知）3

2024 年 08 月 01 日

出票人	全 称	长城集团股份有限公司	收款人	全 称	长城集团股份有限公司
	账 号	0010201002680		账 号	8310130101116
	开户银行	邮金银行鸿雁支行		开户银行	邮金银行鸿雁支行

人民币（大写）陆拾万元整	万	千	百	十	万	千	百	十	元	角	分
				¥	6	0	0	0	0	0	0

票据种类	转账支票	票据张数	1 张
票据号码	4621960		

单位主管　　　会计
复核　　　　　记账

收款人开户银行盖章
2024 年 08 月 01 日

此联是收款人的开户银行交给收款人的收账通知

工作步骤 2：系统录入

凭证审核无误后，前台柜员调用"本币定期存入"交易，按照凭证信息将其录入系统，系统自动登记开户登记簿和分户账，并生成"定期存款开户证实书"。同时生成如下会计分录：

(1) 生成单位定期存款开户证实书时，会计分录为：
付：证明——单位定期存款开户证实书 1
单位定期存款开户证实书仅对存款单位开户作证实，不得作为质押的权利凭证。
(2) 单位定期存款开立的会计分录：
借：单位活期存款——工业活期存款　　　　　　　　　　600 000
　　贷：单位定期存款——二年　　　　　　　　　　　　　　600 000

工作步骤 3：后续处理
(1) 按系统提示打印内部通用凭证、存款证实书和客户回单，并加盖印章；
(2) 将存款证实书第一联和进账单第一联及第三联退还给客户；
(3) 将存款证实书第三联（卡片联）专夹保管；
(4) 将进账单第二联、通用凭证及转账支票上交会计稽核。

（二）项目活动 2　支取单位定期存款的核算

在约定存期内，单位定期存款可以全部或部分提前支取，但只能提前支取一次。部分提前支取后，留存金额如不低于起存金额，按原存款证实书存入日、约定的存期、利率，开立新的存款证实书，并注明"部分支取留存"字样，加盖银行业务公章。不足起存金额予以清户。

1. 活动目标
能够按照单位定期存款的支取业务流程和业务要领，准确进行单位定期存款业务的支取业务操作和会计处理。

2. 知识准备
(1) 单位定期存款到期支取及全部提前支取。
①单位定期存款到期支取及全部提前支取的思维导图如图 2-4 所示。

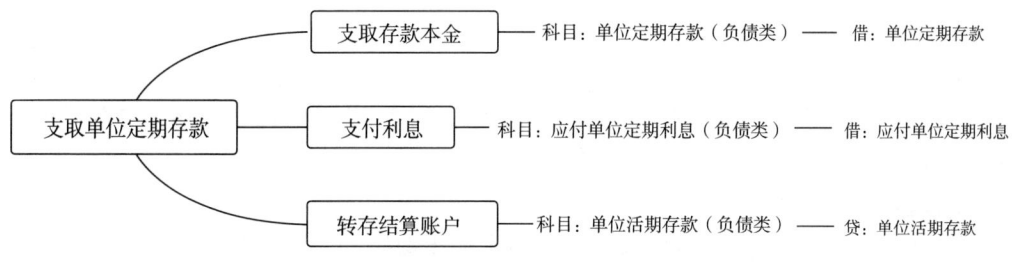

图 2-4　单位定期存款到期支取及全部提前支取的思维导图

②单位定期存款到期支取和全部提前支取的会计分录：
借：单位定期存款——××存期　（本金）
　　贷：单位活期存款——××活期存款
借：应付单位定期利息——××存期（利息）
　　贷：单位活期存款——××活期存款

（2）单位定期存款部分提前支取。

①单位定期存款部分提前支取的思维导图如图 2-5 所示。

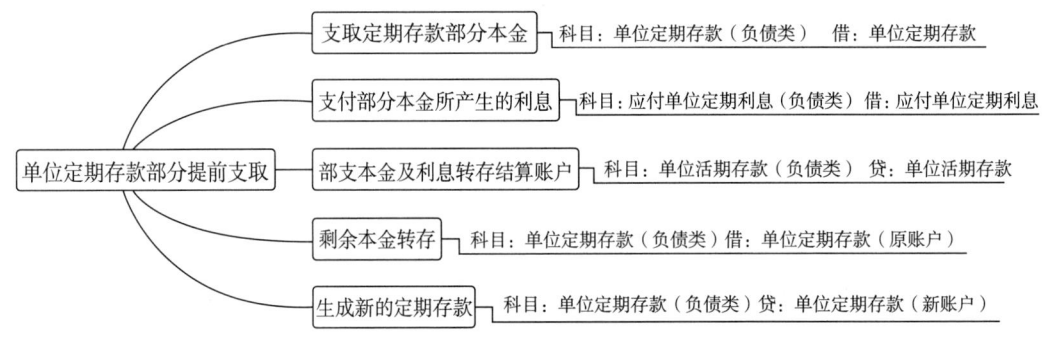

图 2-5　单位定期存款部分提前支取的思维导图

②单位定期存款部分提前支取的会计分录：

借：单位定期存款——××存期　　（部支本金）
　　贷：单位活期存款——××活期存款
借：应付单位定期利息——××存期　　（部支利息）
　　贷：单位活期存款——××活期存款
借：单位定期存款——××存期（原账户剩余本金）
　　贷：单位定期存款——××存期（新账户）

出具新的单位定期存款证实书，会计分录为：

付：证明——单位定期存款开户证实书　　1

【例 2-4】2024 年 8 月 1 日，邮金银行鸿雁支行的开户单位：长城集团股份有限公司（0010201002680），金额为 600 000 元的两年期定期存款到期，客户要求办理支取。假设开户日的挂牌的同档次利率为 4.2%，支取日的挂牌利率为 5.2%，鸿雁支行审核后为其办理开户手续。

工作步骤 1：受理及审核

前台柜员接收客户出具的"单位定期存款证实书"及"单位定期存款支取凭证"，同时审核开户证实书及相关资料是否合规。

工作步骤 2：系统录入

凭证审核无误后，前台柜员调用"本币定期支取"交易，将信息录入系统，系统根据相关信息进行到期支取业务处理，并计算存期内的利息，同时登记销户登记簿及相应的分户账。

本案例为到期支取，因此生成会计分录如下：

借：单位定期存款——二年　　　　　　　　　　　　　　　　600 000
　　贷：单位活期存款——工业活期存款　　　　　　　　　　　　600 000
借：应付单位定期利息——二年　　　　　　　　　　　　　　 50 400
　　贷：单位活期存款——工业活期存款　　　　　　　　　　　　 50 400

工作步骤 3：后续处理

前台柜员将打印完毕并盖章的利息回单和进账凭据交付客户，同时把开户证实书第三联及通用凭证上交会计稽核。

三、任务活动

【任务描述】建通三局建设有限公司（0020202003281）为邮金银行鸿雁支行临时账户开户企业。2024 年 7 月 3 日，存入一个月定期 200 000 元，假设年利率为 1%，签发 00268457#转账支票（如凭 2-16 所示）办理。2024 年 8 月 3 日来开户行支取。

要求：以柜员身份进行相应业务的处理，包括凭证填制、审核、计息及会计核算等。

【任务分析】根据所给经济业务及相关票据填制支票，审核相关凭证是否合规，同时进行相应的会计处理，生成会计分录并填制分户账（如凭 2-17 所示）。

【任务实施】
（1）填制各项凭证：

凭 2-16

		邮金银行　转账支票　　　　　　　No：											
本支票付款期限十天	出票日期（大写）　　年　月　日　　　　开户行名称： 收款人：　　　　　　　　　　　　　　出票人账号：												
	人民币 （大写）		亿	千	百	十	万	千	百	十	元	角	分
	用途：_____												
	上列款项请从 我账户内支付 出票人签章								复核　　　记账				

凭 2-17　　　　邮金银行（鸿雁支行）**单位活期存款**分户账

户名：　　　　　　　　　　账号：　　　　　　　　　　　　　利率：0.36%

2024 年		摘要	凭证号码	对方科目代号	借方（位数）	贷方（位数）	借或贷	余额（位数）	日数	积数（位数）	复核盖章
月	日										
8	1	承上页					贷	343 721			

（2）编制会计分录。

①定期存入时的会计分录：

②定期支取时的会计分录：

知识加油站

一般来说，活期存款利率采用相应挂牌公告的活期存款利率，计息期间遇利率调整分段计息。但是，基本养老保险基金活期存款按 3 个月整存整取存款利率计息，其他社保类基金的计息按当地中国人民银行或财政部门的要求计息。基本医疗保险基金当年筹集的部分，按活期存款利率计息；上年结转的基金本息，按 3 个月期整存整取银行存款利率计息；存入社会保障财政专户的沉淀资金，比照 3 年期零存整取储蓄存款利率计息，并不低于该档次利率水平。其他社会保险基金存款按当地中国人民银行、财政部门的规定决定是否执行优惠利率。

项目三 核算存款利息

知识目标

1. 了解商业银行关于存款利息的相关业务规定及利息计算方法。
2. 掌握核算存款利息的会计科目及会计处理过程。

能力目标

能按照业务规定及存款类别，对不同种类的存款业务进行准确的利息计算和会计处理。

一、基础知识

利息是债务人为取得货币使用权而向债权人支付的超过本金的部分，是金融机构支付给客户超过存款金额（本金）的部分（即本金的增值金额），它是在信用基础上产生的一个经济范畴。

本金、存期和利率称为计算利息的"三要素",它们与利息成正比,当本金越大,存期越长,利率越高时,利息也就越多。

利息计算公式为:利息＝本金×存期×利率

(一) 利息计算的一般规定

存款利息的计算要坚持"存款有息"的原则。本金一律以"元"为计息单位,"元以下角分"不计利息,利息金额算至厘位,分以下四舍五入。计算积数时,积数保留至厘位。如遇利率调整需分段计息时,各段利息保留至厘位(计算至毫位,四舍五入后舍去),各段加总后一次四舍五入至分位。

1. 存期计算

活期存款按照实际天数计算利息,采用"算头不算尾"的方法,即从存入日起算至支取前一日止。全年为365天(闰年366天),每月为当月公历实际天数。

定期存款的到期日以对年、对月、对日为准。存入日为到期月份没有的,以到期月份的月末日为到期日。

2. 各种利率的符号及利率换算

存款利率可分为年利率(%)、月利率(‰)与日利率(‰₀)三种,它们之间的关系可以表示为:

年利率÷12＝月利率

月利率÷30＝日利率

年利率÷360＝日利率

年利率＝月利率×12＝日利率×360

3. 利息计算规定

目前,《中国人民银行关于人民币存贷款计结息问题的通知》规定,个人活期存款按季结息,按结息日挂牌活期利率计息,每季末月的20日为结息日。未到结息日清户时,按清户日挂牌公告的活期利率计息到清户前一日为止。单位活期存款按日计息,按季结息,计息期间遇利率调整分段计息,每季度末月的20日为结息日。

定期存款按照支取方式的不同使用不同的利率计算规则:

(1) 到期支取。按定期存款开户日所约定的利率计付利息,在存期内如遇利率调整,不论调高或调低,均按存单开户日所约定的利率计付利息。

(2) 提前支取。不论存期长短,均以支取日挂牌活期利率计息。

(3) 逾期支取。到期部分计息规定同到期支取;过期部分(除转存外)不论存期长短均以支取日活期利率计算过期利息。

(4) 转存利息计算公式:

利息＝(本金×约定存期×原存款开户日利率＋本金)×约定存期×原存款到期日转存的同档次利率

转存后,客户提前支取的利息计算按定期存款利息计算的有关规定执行。

4. 定活两便利息计算规定

存期三个月以上（含三个月）一年期以下的存款，按支取日整存整取一年期以下同档次利率打六折计算利息，若利率打六折后低于活期利率，则按活期利率计付利息。如存期一年以上（含一年），无论存期多长，整个存期一律按支取日整存整取一年期利率打六折计算利息。存期内遇利率调整，无论调高或调低，均不分段计息。

（二）存款利息的计算方法

商业银行主要采用积数计息法和逐笔计息法计算利息。积数计息法多用于计息期间账户余额可能会发生变化的活期存款利息的计算。而对于定期性质的存款，包括单位定期存款和个人定期存款等存款种类，商业银行采用逐笔计息法计算利息。

1. 积数计息法

所谓"积数"是指计息期间经常变动的存款余额按日累加的和。计息时把计息期间的累计"积数"作为一天的存款金额，所以按实际天数每日累计账户余额，以累计积数乘以日利率计算利息。计算公式如下：

应付存款利息 = $\sum$积数×日利率

按照计息工具的不同，积数计息法分为分户账计息法和余额表计息法两种方式。分户账计息法适用于存款余额变动不多的存款账户，该计息方法主要适用于采用乙种账的存款类、贷款类账户，账页上设有"日数"和"积数"两栏。

余额表计息法适用于存款余额变动频繁的存款账户，该计息方法适用于采用计息余额表登记的账户。每日营业终了，需根据各计息分户账登记计息余额表，如发生错账更正，需及时在"应加积数"或"应减积数"栏内进行调整。

2. 逐笔计息法

逐笔计息法"是按预先确定的计息公式逐笔计算利息的方法。采用逐笔计息法时，银行在不同情况下可选择不同的计息公式。

（1）计息期为整年（月）的：

应付存款利息 = 本金×年（月）数×年（月）利率

（2）计息期有整年（月）又有零头天数的：

利息 = 本金×年（月）数×年（月）利率+本金×零头天数×日利率。

（3）银行也可以选择将计息期全部转化为实际天数计算利息，即，每年为365天（闰年366天），每月为当月公历实际天数，计息公式为：

利息 = 本金×实际天数×日利率

（三）会计科目的设置

1. 应付个人活期利息

"应付个人活期利息"属于负债类科目，用于核算和反映商业银行应付而未付的个人活期存款的利息，余额反映在贷方。

2. 应付个人定期利息

"应付个人定期利息"属于负债类科目，用于核算和反映商业银行应付而未付的个人定期存款的利息，余额反映在贷方。

本科目为一级会计科目，根据储种不同设置二级会计科目。例如，二级会计科目设置"整存整取储蓄存款利息"用于核算和反映个人定期存款-整存整取的利息。同时，为了反映不同存期的整存整取存款，按照存期的不同可以设置三级会计科目，如一个月、三个月等。

3. 应付单位活期利息

"应付单位活期利息"属于负债类科目，用于核算和反映商业银行应付而未付的单位活期存款的利息，余额反映在贷方。

本科目为一级会计科目，按照开户单位所属行业不同设置二级会计科目，如"商业活期存款""房地产业活期存款"等。

4. 应付单位定期利息

"应付单位定期利息"属于负债类科目，用于核算和反映商业银行应付而未付的单位定期存款利息，余额反映在贷方。

本科目为一级会计科目，按照存款期限设置二级会计科目（同单位定期存款的二级会计科目设置），并按照存款单位设置分户账进行明细核算。

5. 存款利息支出

"存款利息支出"属于损益类科目，用于核算和反映商业银行吸收各种存款应当计付的利息支出情况，余额应反映在借方，期末结转后无余额。

本科目为一级会计科目，按照存款类别的不同设置二级会计科目（如"单位活期利息支出""单位定期利息支出""个人活期存款利息支出""整存整取利息支出"等），并按存款单位设置分户账进行明细核算。

二、项目活动

存款利息核算包括账户计息、账户结息、补计提/冲多计提存款利息、利息结转。

（一）项目活动1　存款账户利息计提

1. 活动目标

能够根据存款类型的不同，采用合适的利息计算方法计算利息，并进行准确的利息计提核算。

2. 知识准备

（1）活期存款按月计提利息，会计分录为：

借：存款利息支出——××活期利息支出
　　贷：应付单位活期利息
（或）贷：应付个人活期利息

（2）定期存款按月计提利息。

定期存款在存期内按存入日挂牌公告的定期存款利率计提应付存款利息，遇利率调整不分段计息。计息日会计分录为：

借：存款利息支出——××利息支出

贷：应付单位定期利息

（或）贷：应付个人定期利息

【例2-5】 分户账页计息法：2024年8月1日，长城集团股份有限公司到邮金银行鸿雁支行开立活期结算账户（0010201002680），8月份的分户账如凭2-18所示。

凭2-18　　　　　　　　　　单位活期存款分户账

户名：长城集团股份有限公司　　账号：0010201002680　　单位：元　　　利率：0.36%

2024年		凭证号码	摘要	对方科目代码	借方（位数）	贷方（位数）	借或贷	余额（位数）	日数	积数（位数）
月	日									
8	1	0007	开户	3105		8 0000	贷	80 000		
8	8	0126	转付	2205	5 000		贷	75 000		
8	13	0342	转收	3105		15 000	贷	90 000		
8	20	0035	转付	2280	3 0000		贷	60 000		
8	26	0479	转付	2281	2 0000		贷	40 000		
9	1	0070	转收	2205		15 000	贷	55 000		

工作步骤1：计算应计提利息

在登记存款余额变动时，需计算该余额变动前产生的存款积数，即变动前的余额×存期（日数），并填入分户账的"日数"和"积数"栏内。计息期间的各个存款积数相加即为计息积数（如凭2-19所示）。

凭2-19　　　　　　　　　　活期存款分户账

户名：长城集团股份有限公司　　账号：0010201002680　　单位：元　　　利率：0.36%

2024年		凭证号	摘要	对方科目代码	借方（位数）	贷方（位数）	借或贷	余额（位数）	日数	积数（位数）
月	日									
8	1	0007	开户	3105		8 0000	贷	80 000	7	560 000
8	8	0126	转付	2205	5 000		贷	75 000	5	375 000
8	13	0342	转收	3105		15 000	贷	90 000	7	630 000
8	20	0035	转付	2280	3 0000		贷	60 000	6	360 000
8	26	0479	转付	2281	2 0000		贷	40 000	6	240 000
9	1	0070	转收	2205		15 000	贷	55 000		

2024年8月累计计息积数 = 560 000+375 000+630 000+360 000+240 000

= 2 165 000

2024年8月份应计提长城集团股份公司利息 = 2 165 000×（0.36%÷360）

= 21.65（元）

工作步骤2：交易处理

8月份应计提长城集团股份有限公司存款利息21.65元，前台柜员在系统进行利息计提操作，生成会计分录如下：

借：存款利息支出——单位活期利息支出　　　　　　　　　　　21.65
　　贷：应付单位活期利息　　　　　　　　　　　　　　　　　　21.65

（二）项目活动 2　存款账户付息

1. 活动目标

能够根据存款类型的不同，采用合适的利息计算方法计算利息，并准确进行存款账户付息的核算。

2. 知识准备

（1）活期存款付息。

①单位活期存款付息，付息日编制会计分录：

借：应付单位活期利息——××活期存款利息
　　贷：单位活期存款——××活期存款

②个人活期存款付息，付息日编制会计分录：

借：应付个人活期利息
　　贷：个人活期存款

（2）定期存款付息。定期存款到期时或提前支取时一次性结息。

①单位定期存款付息，编制会计分录：

借：应付单位定期利息
　　贷：单位活期存款——××活期存款
　　（或）贷：应解汇款及临时存款（无活期账户）

②个人定期存款付息，编制会计分录：

借：应付个人定期利息
　　贷：个人活期存款
　　（或）贷：现金

【例 2-6】2024 年 9 月，长城集团股份有限公司的分户账如凭 2-20 所示。

凭 2-20　　　　　　　　　　　　　活期存款分户账

户名：长城集团股份有限公司　　账号：0010201002680　　单位：元　　　　利率：0.36%

2024 年		凭证号	摘要	对方科目代码	借方（位数）	贷方（位数）	借或贷	余额（位数）	日数	积数（位数）
月	日									
9	1	0056	转收	2210		15 000	贷	55 000	9	495 000
9	10	0256	现付	1001	15 000		贷	40 000	5	200 000
9	15	0046	转收	2720		20 000	贷	60 000	3	180 000
9	18	0387	转付	2281	30 000		贷	30 000	3	90 000
9	21	0009	转息	2515		29.2	贷	30 029.2		

工作步骤 1：计算至结息日应计提利息

9 月 1 日至 20 日累计计息积数 = 495 000+200 000+180 000+90 000
$$= 965\ 000$$

9 月 1 日至 20 日计提应付利息 = 965 000×（0.36%÷360）= 9.65（元）

工作步骤 2：计提应付利息

9 月 1 日至 20 日应付利息的会计核算为：

借：存款利息支出——单位活期利息支出　　　　　　　　　　　　9.65
　　贷：应付单位活期利息——单位活期存款利息　　　　　　　　9.65

工作步骤 3：利息入账的核算

9 月 21 日，系统自动将该企业自 8 月 1 日开户起到本季度结息日（9 月 20）期间的利息（21.65+9.65=31.30）转入客户账户，会计分录为：

借：应付单位活期利息——单位活期存款利息　　　　　　　　　31.30
　　贷：单位活期存款——工业活期存款　　　　　　　　　　　　31.30

【例 2-7】2024 年 6 月，凌家食品有限公司活期存款结算账户（001020100122）所对应余额表如凭 2-21 所示。邮金银行鸿雁支行 6 月 20 日在核对账务时发现，漏记 6 月 5 日凌家食品有限公司转收款项一笔，金额为 15 000 元，计算银行第二季度应付凌家食品有限公司活期利息，并进行账务核算。

凭 2-21　　　　　　　　　　　　计息余额表

2024 年 6 月

科目名称：单位活期存款　　　利率：0.36%　　　　　　　　　单位：元

项目	凌家食品有限公司余额（001020100122）	复核
至上月底累计未计息积数	22 000 000	
1 日	73 000	
2 日	45 000	
3 日	56 000	
4 日	56 000	
5 日	56 000	
6 日	82 000	
7 日	48 000	
8 日	48 000	
9 日	89 000	
10 日	89 000	
10 天小计	642 000	
11 日	93 000	

(续表)

项目	凌家食品有限公司余额 （001020100122）	复核
……		
20 日		
20 天小计	1 572 000	
21 日	93 475.04	
……		
31 日		
本月合计	2 506 750.4	
应减积数		
应加积数		
至结息日累计应计息积数		
至本月底未计息积数		

工作步骤 1：计算应调积数

由于银行漏记 6 月 5 日凌家食品有限公司应转收的金额为 15 000 元的款项一笔，造成凌家食品有限公司计息积数减少，因此应调增该公司积数。

应调增积数 = 15 000×15 = 225 000

工作步骤 2：计算第二季度累计计息积数及利息

（1）至结息日累计应计息积数 = 至上月底累计未计息积数+20 日小计+应加积数

$$= 22\ 000\ 000+1\ 572\ 000+225\ 000$$
$$= 23\ 797\ 000$$

（2）第二季度应付利息 = 至结息日累计应计息积数×日利率

$$= 23\ 797\ 000×（0.36\%÷360）$$
$$= 237.97（元）$$

工作步骤 3：利息入账的核算

6 月 21 日，系统自动将结计的利息转入客户账户，会计分录为：

借：应付单位活期利息——单位活期存款利息　　　　237.97
　　贷：单位活期存款——商业活期存款　　　　　　237.97

【例 2-8】 2023 年 3 月 2 日，环宇家电有限公司（001020100133）在邮金银行鸿雁支行存入一年期定期存款 800 000 元，假设利率为 2.14%，于 2024 年 6 月 22 日来行支取。邮金银行鸿雁支行为其办理销户手续。假设支取日挂牌公告的活期存款利率为 0.36%。

工作步骤 1：计算利息

单位定期存款到期不取，视为逾期，逾期部分按支取日挂牌公告的活期存款利率，单利计付利息。

到期利息=800 000×1×2.14%=17 120（元）

逾期利息=800 000×112×（0.36%÷360）=896（元）

利息总额=17 120+896=18 016（元）

工作步骤2：账务处理

单位定期存款利息的支付采用利随本清的方式，其会计分录为：

借：应付单位定期利息　　　　　　　　　　　　　　　　　　18 016

　　贷：单位活期存款——工业活期存款　　　　　　　　　　18 016

工作步骤3：交付客户

将打印完毕并盖章的利息回单和进账单回单交付客户。

(三) 项目活动3　存款账户补计提/冲多计提存款利息

1. 活动目标

能够根据利息计算的相关规定准确计算存款利息，并对已计提利息进行正确的补计提或冲多计提。

2. 知识准备

应付存款利息与实付存款利息不相等时，应进行补计提或冲多计提处理。

(1) 需补计提利息的，会计分录为：

借：存款利息支出——××存款利息支出

　　贷：应付单位活期利息

　　　（或）贷：应付单位定期利息

　　　（或）贷：应付个人活期利息

　　　（或）贷：应付个人定期利息

(2) 需冲多计提利息的，会计处理为补计提利息同方向负数记账。

借：存款利息支出——××存款利息支出（红字）

　　贷：应付单位活期利息（红字）

　　　（或）贷：应付单位定期利息（红字）

　　　（或）贷：应付个人活期利息（红字）

　　　（或）贷：应付个人定期利息（红字）

【例2-9】2024年6月8日，邮金银行个人活期存款利率由0.20%调整为0.1%。2024年3月21日至2024年5月31日，个人活期存款累计未计息积数为653 298 200，并计提应付个人活期存款利息3629.43元。6月1日至6月20日，个人活期存款累计未计息积数为1 260 800。试计算第二季度邮金银行应付个人活期存款利息金额，并做出第二季度个人活期存款利息调整的会计分录。

工作步骤1：计算利息

(1) 由于2024年6月8日，个人活期存款利率由0.2%调整为0.1%，因此，6月20日结息时，应按照0.1%的利率计算利息。

邮金银行第二季度个人活期存款累计积数

=2024年3月21日至2024年5月31日累计积数+6月1日至6月20日累计积数
=653 298 200+1 260 800
=654 559 000

（2）第二季度实际应付个人活期存款利息
=计息期间累计积数×日利率 =654 559 000×（0.1%÷360）=1818.22（元）

（3）至5月底银行已经计提个人活期存款利息3629.43元，需对利息进行冲多计提。

冲多计提金额=3629.43－1818.22=1811.21（元）

工作步骤2：账务处理

冲多计提利息的会计分录为：

借：存款利息支出——单位活期利息支出　　　　　　　－1818.22
　　贷：应付个人活期利息　　　　　　　　　　　　　　　－1818.22

三、任务活动

【任务描述】邮金银行鸿雁支行在12月20日账户核对时，发现12月1日东购商厦有限公司转付一笔金额为300元的款项，由于柜员差错导致漏记，请结合所给信息，根据凭2-22所示的分户账计算第四季度该存款户的存款利息并做出结转利息的会计分录。

凭2-22　　　　　　　　　单位活期存款分户账

户名：东购商厦有限公司　　账号：001020100187　　单位：元　　利率：0.36%

2024年		凭证号码	摘要	对方科目	借方（位数）	贷方（位数）	借或贷	余额（位数）	日数	积数（位数）
月	日									
9	21		承前页				贷	3 200		
9	30	0067	转收	3105		3 000	贷			
10	25	0109	现支	1001	1 000		贷			
11	3	0034	现收	1001		8 000	贷			
11	25	0895	转支	2705	2 500		贷			
12	18	0376	转支	2205	500		贷			

【任务分析】根据所给信息，首先，计算出相应日期下的账户余额，然后，计算出变动余额各期间的积数，根据计息期间累计存款积数及日利率计算应支付给该企业的存款利息。

【任务实施】
（1）计算各期间存款余额。
9月30日存款余额：_____
10月25日存款余额：_____

11月3日存款余额：_____

11月25日存款余额：_____

12月18日存款余额：_____

（2）计算各期间积数：

将计算出来的积数和日数填到凭2-22中。

（3）计算应调积数：

_____

（4）计算第四季度累计未计息积数：

_____

（5）计算第四季度应付存款利息：

_____

（6）写出结息日支付该存款利息的会计分录：

_____

_____

 知识加油站

对单位活期存款而言，若当月活期存款利率发生变动，计提日按调整后的利率计提应付活期利息后，需进行冲转和补提。若属利率调高，将上一活期结息日至本计提日应付活期利息少提部分进行补提；若属利率调低，将上一活期结息日至本计提日应付活期利息多提部分进行冲销。

 能力拓展

基于精益求精和客户至上视角，探讨学习存款利息计算的必要性。

模块三　个人存款业务

知识与技能目标

1. 了解个人存款的种类、账户类型及相关业务规定，掌握个人存款业务的会计核算及处理过程。
2. 能够用会计知识解决工作中遇到的问题，减少业务操作差错。

素养目标

1. 培养安全意识，提高对金融安全、经济安全、国家安全稳定的维护意识。
2. 培养合规意识，提高对风险的识别、判断及处理能力。

个人存款也称储蓄存款，根据《储蓄管理条例》的规定，储蓄是指个人将属于其所有的人民币或者外币存入储蓄机构，储蓄机构开具存折或者存单作为凭证，个人凭存折或者存单可以支取存款本金和利息，储蓄机构依照规定支付存款本金和利息的活动。因明确储蓄的对象是个人，故任何单位和个人不得将公款以个人名义转为储蓄存款。

个人存款业务基本种类包括个人活期存款、个人定期存款、定活两便储蓄存款、通知存款、小额支付账户等。

项目一　核算个人活期存款业务

 知识目标

1. 了解商业银行个人活期存款业务的相关规定及业务处理流程。
2. 掌握个人存款业务的会计科目及会计核算过程。

能力目标

能根据客户的需求进行活期存款业务的操作，并能用会计知识解决工作中存在的问题。

一、基础知识

(一) 个人活期存款概述

个人活期存款是一种存款时不限存期，可随时存取的业务。该存款的特点是灵活方便，但利息收益低，适用于经常存取的账户。

商业银行在客户开立实体介质的活期存款账户后应为客户签发存折、银行卡。存折和银行卡都是账户办理存款、取款、汇款等交易的凭证。

个人活期存款账户按签发的存款凭证可分为单折户、单卡户、卡折合一户，可通过柜面、自助渠道、行内、跨行等多种渠道办理业务。

(二) 账户类型

客户在商业银行开立的个人存款账户分为个人结算账户和个人储蓄账户两大类。

1. 个人结算账户

个人结算账户是自然人因投资、消费、结算等需要，凭个人有效实名证件以自然人名称在商业银行开立的办理资金收付结算业务的活期存款账户。商业银行本外币活期一本通、绿卡等账户纳入个人结算账户管理。个人结算账户用于办理个人转账、收付和现金存取。

2. 个人储蓄账户

个人储蓄账户是指自然人凭个人有效实名证件以自然人名称在商业银行开立的办理存取存款本金和支取利息业务的人民币储蓄存款账户。活期储蓄账户、本外币定期一本通、整存整取、零存整取、整存零取、存本取息、定活两便、通知存款账户均纳入个人储蓄账户管理。个人储蓄账户仅限于办理现金存取业务，不得办理结算业务，不得加办绿卡。

(三) 会计科目设置

1. 个人活期存款

"个人活期存款"属于负债类科目，用于核算和反映商业银行吸收的个人可以随时存取的储蓄存款和用于结算方面的款项，余额应反映在贷方。

本科目为一级会计科目，按照账户类型设置二级会计科目（如"活期储蓄存款""个人结算存款"），并按存款人设分户进行明细核算。

2. 应付个人活期利息

"应付个人活期利息"属于负债类科目，用于核算和反映商业银行应付而未付的个人活期存款利息，余额反映在贷方。

3. 卡

"卡"为表外科目，用于核算和反映商业银行的各类空白卡（如信用卡、储蓄卡、

IC 卡等)。所有卡类均以每套一元的假定价格记账。本科目设有"复合联名卡""复合绿卡通卡""IC 绿卡通卡"等二级科目。

4. 存折

"存折"为表外科目,用于核算和反映商业银行的无票面金额的各种存折。所有存折均以每份一元的假定价格记账。本科目设有"本外币活期一本通""本外币定期一本通""整存零取存折""零存整取存折""存本取息存折"等二级科目。

二、项目活动

个人活期存款的核算内容包括个人活期存款的开户、续存、支取、清户、计提利息、结息。

个人活期存款开户包括现金开户、支票开户、转存开户、来账通知开户,本项目以现金开户为例进行讲述,其他开户方式在支票项目、同城票据交换和大小额支付项目中进行讲解。

(一)项目活动 1 开户的核算

1. 活动目标

能够按照业务流程进行个人活期存款业务开户的业务操作及审核,并能够进行会计核算。

2. 知识准备

(1)个人活期存款开户的思维导图如图 3-1 所示。

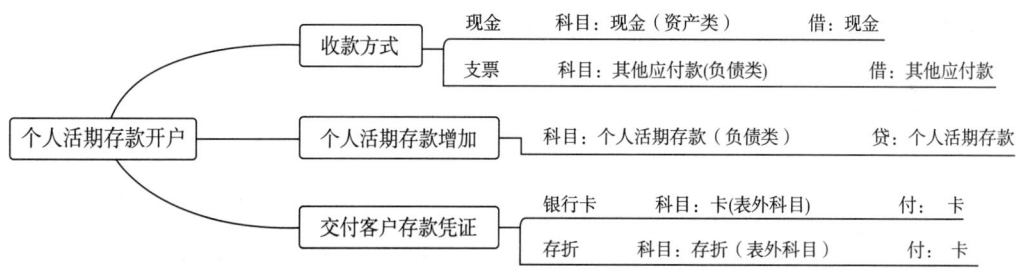

图 3-1 个人活期存款开户的思维导图

(2)个人活期存款开户的会计分录。

借:现金——业务现金——营业现金 (现金开户)

(或)借:其他应付款——应付客户资金(支票开户)

  贷:个人活期存款——活期储蓄存款

    (或)贷:个人活期存款——个人结算存款

同时,编制表外凭证,会计分录为:

付:卡——××储蓄卡

(或)付:卡——××绿卡通卡

(或)付:卡——××小额支付卡

(或)付:存折——本外币活期一本通

【例 3-1】 2024 年 6 月 2 日，邮金银行鸿雁支行收到个人客户张元的开户申请书、身份证件及现金 5 000 元，该客户申请开立活期存款账户用于日常消费、网上购物及转账等业务，且申请开立银行卡一张，柜员审核无误后为其办理开户手续。

工作步骤 1：受理及审核

前台柜员接收客户提交的开户申请书、有效实名证件及现金，并对单据进行审核，对现金进行清点。凭证审核内容包括但不限于：

（1）开户申请书日期是否正确，必须与业务办理日期一致，证件信息是否一致；

（2）联网核查身份证件是否合规；

（3）清点现金并核对。

工作步骤 2：录入系统

前台柜员调用活期存款开户交易，根据客户开户申请书及证件资料，将相关信息录入系统，客户在柜面清设备上签字确认开户信息后，会计系统生成会计分录及会计凭证，同时登记现金收入日记簿、分户账和表外科目登记簿。

录入系统后，生成如下会计分录。

（1）个人活期存款现金开户的会计分录：

借：现金——业务现金——营业现金　　　　　　　　　　　　5 000
　　贷：个人活期存款——个人结算存款　　　　　　　　　　　　5 000

（2）同时，对开立的银行卡进行表外核算，会计分录为：

付：卡——××绿卡通卡　　　　　　　　　　　　　　　　　　1

生成现金收入传票（如凭 3-1 所示）：

凭 3-1　　　　　　　　　　　现金收入传票

（借）：现金
（贷）个人活期存款　　　　　　2024 年 06 月 02 日

户名或账号	摘要	金额										附件
		千	百	十	万	千	百	十	元	角	分	
张元 601103100104 22	个人活期存款现金开户					5	0	0	0	0	0	张
合计					¥	5	0	0	0	0	0	

登记现金收入日记簿（如凭 3-2 所示）：

凭 3-2　　　　　　　　　　　现金收入日记簿

凭证编号	科目代码	账号或户名	摘要	金额（位数）
0201	1001	张元	现金开户	5 000

登记分户账（如凭 3-3 所示）：

凭 3-3　　　　邮金银行（鸿雁支行）个人活期存款分户账

户名：张元　　　　账号：60110310010422　　　　利率：0.36%

2024 年		摘要	凭证号码	对方科目代码	借方（位数）	贷方（位数）	借或贷	余额（位数）	日数	积数（位数）	复核盖章
月	日										
6	2	现开	0865	1001		5 000	贷	5 000			

登记表外科目（如凭 3-4 所示）：

凭 3-4　　　　　　绿卡通登记簿

科目名称：卡-绿卡通

2024 年		摘要	编号	数量	起止号码	收入	付出	余额
月	日					金额（位数）	金额（位数）	金额（位数）
6	02	领入	B0001	20	001-020	20		20
6	02	开户	B0002	1	001		1	19

工作步骤 3：后续处理

前台柜员在开户申请书的各联上加盖业务专用章，并将开户申请书回单和银行卡交付客户，同时将开户申请书银行留存联、联网核查结果连同通用凭证一起交会计稽核。

（二）项目活动 2　续存的核算

1. 活动目标

能够按照活期续存的业务流程和业务规定进行相关业务操作及审核，并能够进行会计核算。

2. 知识准备

（1）个人活期存款续存的思维导图如图 3-2 所示。

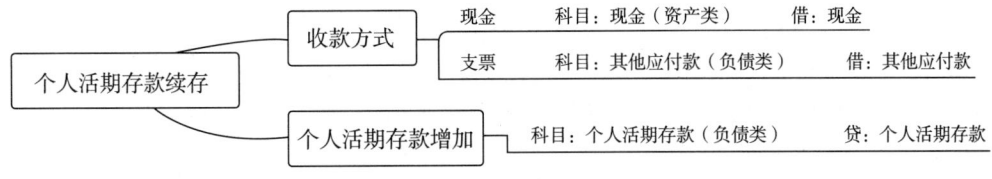

图 3-2　个人活期存款续存的思维导图

（2）个人活期存款续存的会计分录。

①柜台续存业务的会计分录：

借：现金——业务现金——营业现金　（现金续存）

（或）借：其他应付款——应付客户资金　（支票续存）
　　　贷：个人活期存款——活期储蓄存款
　　（或）贷：个人活期存款——个人结算存款
②自助设备（如ATM）现金续存业务的会计分录：
　借：现金——业务现金——自助设备占款
　　　贷：个人活期存款——活期储蓄存款
　　（或）贷：个人活期存款——个人结算存款

【例3-2】2024年6月5日，张元到邮金银行鸿雁支行办理现金续存业务，存款金额为6 000元，将银行卡和现金一并提交银行柜员，柜员审核无误后为其办理续存手续。

工作步骤1：受理及审核

前台柜员接收客户提交的存款凭证及现金，按照"先收款，后记账"的原则，清点现金并核对，审核无误后录入系统。若为大额存款，存款人需提供实名证件，柜员对身份证件进行联网核查；同时，大额现金应双人复核并授权。

【小提示】当客户凭卡/折在银行网点办理存取款业务时，无须填写存取款凭单，只需出示相关的存款凭证，并告知银行柜员存取款金额，由银行柜员打印凭单，客户核对打印内容并签名确认的业务称为免填单。

工作步骤2：录入系统

前台柜员调用"个人活期存款"交易，将客户信息录入系统，客户在柜面清设备上对存款信息确认无误后，系统生成现金传票，登记分户账和现金日记簿。

会计分录如下：

　借：现金——业务现金——营业现金　　　　　　　　　　　6 000
　　　贷：个人活期存款——个人结算存款　　　　　　　　　　6 000

工作步骤3：后续处理

前台柜员打印相关单据（如果为存折续存业务，则需打印存折），将存款凭证还给客户，把联网核查结果（大额存款）连同相关凭证上交会计稽核。

（三）项目活动3　支取的核算

1. 活动目标

能够按照活期支取的业务流程和业务规定进行相关业务操作及审核，并能够进行会计核算。

2. 知识准备

（1）个人活期存款支取的思维导图如图3-3所示。

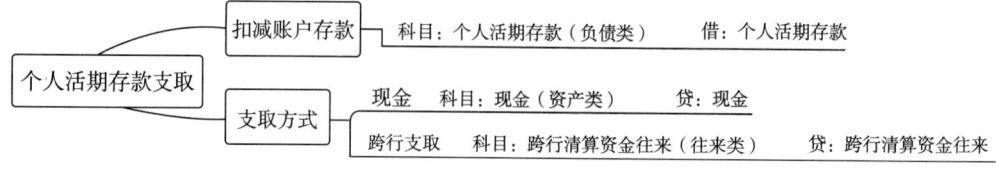

图3-3　个人活期存款支取的思维导图

(2) 个人活期存款支取的会计分录。

①柜台现金支取业务的会计分录：

借：个人活期存款——个人结算存款

　　贷：现金——业务现金——营业现金（现金支取）

②自助设备（如 ATM）支取业务的会计分录：

借：个人活期存款——个人结算存款

　　贷：现金——业务现金——自助设备占款

　　（或）贷：跨行清算资金往来——银联跨行清算（跨行支取）

【例3-3】2024 年 6 月 10 日，张元到邮金银行鸿雁支行办理现金支取业务，金额为 2 000 元，将银行卡提交给银行柜员，柜员审核无误后为其办理支取手续。

工作步骤 1：受理及审核

前台柜员接收客户提交的取款凭证及有效实名证件，审核存折/卡相关信息与账户信息是否相符。

工作步骤 2：录入系统

前台柜员调用活期存款支取交易，将客户取款信息输入系统，审核无误后，办理存款支取业务。客户对取款信息确认后，系统自动生成现金传票，登记分户账和现金日记簿并生成如下会计分录：

借：个人活期存款——个人结算存款　　　　　　　　　　　2 000

　　贷：现金——业务现金——营业现金　　　　　　　　　　2 000

工作步骤 3：后续处理

前台柜员将存款凭证和现金一并交还客户，同时把联网核查结果（大额存款）及相关凭证交会计稽核。

(四) 项目活动 4 利息核算

1. 活动目标

能够采用正确的利息计算方法，按照业务规定计算活期存款利息并进行会计核算。

2. 知识准备

(1) 个人活期存款计提利息的会计分录为：

借：存款利息支出——个人活期利息支出

　　贷：应付个人活期利息

(2) 支付个人活期存款的会计分录为：

借：应付个人活期利息

　　贷：现金——业务现金——营业现金

　　（或）贷：个人活期存款——个人结算存款

【例3-4】张元在邮金银行鸿雁支行 2024 年 6 月的分户账如凭 3-5 所示，6 月 20 日，银行核对账务时发现，6 月 12 日张元支取金额为 1 500 元的业务被漏记，银行纠正错误并予以结息。试计算第二季度银行应付张元的存款利息并进行会计核算。

凭3-5 邮金银行（鸿雁支行）**个人活期存款**分户账

户名：张元　　　账号：60110310010422　　　利率：0.36%

2024年		摘要	凭证号码	对方科目代码	借方（位数）	贷方（位数）	借或贷	余额（位数）	日数	积数（位数）	复核盖章
月	日										
6	2	现开	0865	1001		5 000	贷	5 000			
6	5	现存	0075	1001		6000	贷	11 000			
6	10	现付	0147	1001	2 000		贷	9 000			
6	13	转付	0528	2705	1 000		贷	8 000			
6	18	转收	0419	2625		4 000	贷	12 000			

工作步骤1：计算应调积数

由于6月12日张元支取金额为1 500元的业务被漏记，造成张元分户账计息积数增加，因此计算利息时应调减该分户账积数。

应调减积数=15 00×9=13 500

工作步骤2：计算第二季度累计计息积数及利息（如凭3-6所示）

至结息日累计应计息积数=5 000×3+11 000×5+9 000×3+8 000×5+12 000×3-13 500
　　　　　　　　　　=159 500

第二季度应付利息=至结息日累计应计息积数×日利率
　　　　　　　=159 500×（0.36%÷360）
　　　　　　　=1.595≈1.60（元）

凭3-6 邮金银行（鸿雁支行）**个人活期存款**分户账

户名：张元　　　账号：60110310010422　　　利率：0.36%

2024年		摘要	凭证号码	对方科目代码	借方（位数）	贷方（位数）	借或贷	余额（位数）	日数	积数（位数）	复核盖章
月	日										
6	2	现开	0865	1001		5 000	贷	5 000	3	15 000	张明
6	5	现存	0075	1001		6000	贷	11 000	5	55 000	李辉
6	10	现付	0147	1001	2 000		贷	9 000	3	27 000	朱志军
6	13	转付	0528	2705	1 000		贷	8 000	5	40 000	朱志军
6	18	转收	0419	2625		4 000	贷	12 000	3	36 000	张明
6	21	转息	0723	2522		1.60	贷	12 001.60			

工作步骤 3：利息入账的核算

6 月 21 日，系统自动将结计的利息转入客户账户，会计分录为：

借：应付个人活期利息——个人活期存款利息　　　　　　　　　　1.60

　　贷：个人活期存款——个人结算存款　　　　　　　　　　　　1.60

（五）项目活动 5　活期销户

1. 活动目标

能够按照活期存款清户业务流程办理业务，并掌握相应的会计核算。

2. 知识准备

客户要求支取全部存款余额，不再续存，称为销户（或清户）。销户时银行根据当日挂牌的活期存款利率计息，利息算至清户前一日止，同时将存折上加盖"注销"戳记，存折作为取款凭条的附件，生成利息清单。其余手续同取款。

（1）个人活期存款销户的思维导图如图 3-4 所示。

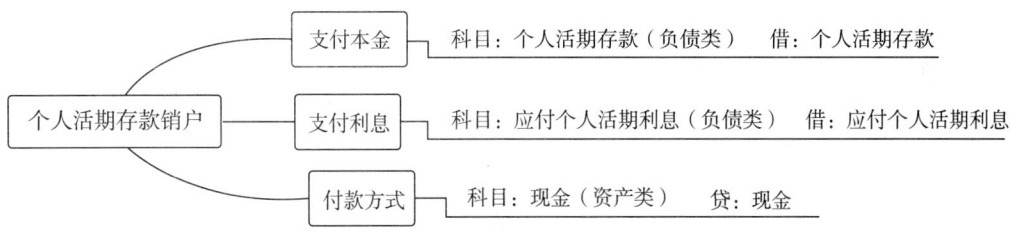

图 3-4　个人活期存款销户的思维导图

（2）个人活期存款销户，利息计提和支付的会计分录。

销户利息计提，会计分录为：

借：存款利息支出——个人活期利息支出

　　贷：应付个人活期利息

销户利息支付，会计分录为：

借：应付个人活期利息

　　贷：现金——业务现金——营业现金

（3）个人活期存款销户，会计分录为：

借：个人活期存款——活期储蓄存款

（或）借：个人活期存款——个人结算存款

　　贷：现金——业务现金——营业现金

【例 3-5】如凭 3-7 所示，2024 年 7 月 1 日，邮金银行鸿雁支行个人客户张元到网点办理销户业务，柜员审核后予以办理相关业务。请结合所给信息计算清户利息并对该业务进行相应的会计核算。

凭 3-7　　　　邮金银行（鸿雁支行）**个人活期存款**分户账

户名：张元　　　　　账号：601103100104422　　　　利率：0.36%

2020年		摘要	凭证号码	对方科目代码	借方（位数）	贷方（位数）	借或贷	余额（位数）	日数	积数（位数）	复核盖章
月	日										
6	2	开户现收	0865	1001		5 000	贷	5 000	3	15 000	张 明
6	5	现存	0075	1001		6000	贷	11 000	5	55 000	李 辉
6	10	现付	0147	1001	2 000		贷	9 000	3	27 000	朱志军
6	13	转付	0528	2705	1 000		贷	8 000	5	40 000	朱志军
6	18	转收	0419	2625		4 000	贷	12 000	3	36 000	张 明
6	21	转息	0723	2522		1.60	贷	12 001.60			
7	1	清户									

工作步骤1：受理及审核

前台柜员接收客户提交的有效身份证件及存款凭证，审核无误后，录入系统。

工作步骤2：录入系统

前台柜员调用活期销户交易，进入储蓄销户交易界面。信息录入完毕，由客户对销户信息确认无误后，系统自动结计利息并生成现金传票，登记分户账和现金日记簿。

销户日按照挂牌利率0.36%计提应付利息：12001.60×10×（0.36%÷360）= 1.20（元）

计提应付利息的会计分录为：

借：存款利息支出——个人活期利息支出　　　　　　　　　　1.20
　　贷：应付个人活期利息　　　　　　　　　　　　　　　　1.20

支付利息的会计分录为：

借：应付个人活期利息　　　　　　　　　　　　　　　　　　1.20
　　贷：现金——业务现金——营业现金　　　　　　　　　　1.20

支付本金的会计分录为：

借：个人活期存款——个人结算存款　　　　　　　　　　12 001.60
　　贷：现金——业务现金——营业现金　　　　　　　　12 001.60

工作步骤3：后续处理

前台柜员打印利息清单及存折，将利息清单回执加盖"业务专用章"，连同现金、有效身份证件及其他资料一起交客户，同时将利息清单、大额取款联网核查结果等凭证上交会计稽核。

三、任务活动

【任务描述】 如凭3-8所示，如果2024年7月30日，邮金银行鸿雁支行个人客户张元到网点办理清户业务，柜员审核后予以办理相关业务。请结合所给信息计算清户利息并对该业务进行相应的会计核算。

凭 3-8　　　　　　　邮金银行（鸿雁支行）**个人活期存款**分户账

户名：张元　　　　　　　　　账号：601103100010422　　　　　　　利率：0.36%

2024年		摘要	凭证号码	对方科目代码	借方（位数）	贷方（位数）	借或贷	余额（位数）	日数	积数（位数）	复核盖章
月	日										
6	2	现开	0865	1001		5 000	贷	5 000	3	15 000	张　明
6	5	现存	0075	1001		6000	贷	11 000	5	55 000	李　辉
6	10	现付	0147	1001	2 000		贷	9 000	3	27 000	朱志军
6	13	转付	0528	2705	1 000		贷	8 000	5	40 000	朱志军
6	18	转收	0419	2625		4 000	贷	12 000	3	36 000	张　明
6	21	转息	0723	2522		1.60	贷	12 001.60			
7	30	清户									

【任务分析】根据分户账信息，先确定利息计算期间，再计算该期间的利息，最后根据业务流程及资金流向做出清户业务相应的会计分录。

【任务实施】

1. 计算清户利息：

_____

_____

2. 写出清户业务的会计分录。

（1）利息计提的会计分录：

_____

_____

（2）存款本金支付的会计分录：

_____

_____

（3）存款利息支付的会计分录：

_____

_____

知识加油站

1999年经国务院批准，颁布实施《对储蓄存款利息所得征收个人所得税的实施办法》，根据该办法的规定，1999年11月1日以后储蓄存款所孳生的利息所得，应当按照20%的税率征收个人所得税，由结付利息的储蓄机构代扣代缴。2007年8月15日，国务院发布决定，将储蓄存款利息所得的个人所得税税率下调为5%。2008年10月9日，财政部、国家税务总局经国务院批准发布通知，对储蓄存款利息所得暂免征收个人所得税。因此，目前商业银行储蓄存款利息核算不涉及利息税的核算。商业银行核算利息税时的会计分录如下。

（1）税后利息的会计分录为：

借：应付个人活期利息

　　贷：现金——业务现金——营业现金

（2）需要代扣代缴利息税的会计分录为：

借：应付个人活期利息

　　贷：应交税费——应交代扣代缴税金——代扣代缴利息税

项目二　核算个人定期存款业务

知识目标

1. 了解商业银行个人定期存款业务的种类及业务处理流程。
2. 掌握个人定期存款业务的会计科目及会计核算原理。

能力目标

能根据客户的需求，准确办理各类定期存款业务，并能用会计知识解决工作中遇到的问题。

一、基础知识

（一）个人定期存款概述

个人定期存款是指储户个人在第一次办理存款业务时，事先约定存款期限，一次或分次存入本金，到期支取本金和利息的储蓄存款。个人定期存款的优点是存期长，有利于商业银行长期使用资金，储户也可获得较高的存款利息。一般来说，个人定期存款主要包括整存整取、零存整取、存本取息、整存零取、保值储蓄、定额定期六大类。本项目将讲述在日常生活中最常见的整存整取、零存整取两类。

（二）会计科目设置

1. 整存整取储蓄存款

"整存整取储蓄存款"属于负债类科目，用于核算和反映居民个人存款时约定存款期限、一次整笔存入、到期后一次支取本息的储蓄存款情况，余额反映在贷方。

本科目为一级会计科目，按照存款期限设置二级会计科目，如三个月、六个月、一年、两年、三年、五年等，同时按存款人设分户进行明细核算。

2. 零存整取储蓄存款

"零存整取储蓄存款"属于负债类科目，用于核算商业银行吸收的居民个人存款时按月定期存储、到期后一次支取本息的储蓄存款情况，余额反映在贷方。

本科目为一级会计科目，按照存款期限设置二级会计科目，如一年、三年、五年等，同时按存款人设分户进行明细核算。

3. 应付个人定期利息

"应付个人定期利息"属于负债类科目，用于核算和反映商业银行应付而未付的个人定期存款利息，余额反映在贷方。

本科目为一级会计科目，按储种不同设置二级会计科目。例如，二级会计科目设置"整存整取储蓄存款利息"用于核算和反映个人定期存款-整存整取的利息。同时，为了反映不同存期的整存整取存款，按照存期的不同可以设置三级会计科目，如一个月、三个月等。

二、整存整取项目活动

个人人民币整存整取定期存款，起存金额为50元，多存不限，约定存期，到期一次支取本息，存期分为三个月、六个月、一年、二年、三年、五年、其他。个人外币整存整取定期存款，起存金额为等值10美元，本金一次存入，到期支取本息，存期分为一个月、三个月、六个月、一年、二年。整存整取定期存款的核算包括开户、到期清户、提前或逾期清户、部分提前支取、自动转存。

（一）项目活动1 整存整取开户

1. 活动目标

能够根据客户需求，按照业务规定，准确进行整存整取开户业务操作及会计核算。

2. 知识准备

（1）整存整取储蓄存款开户的思维导图如图3-5所示。

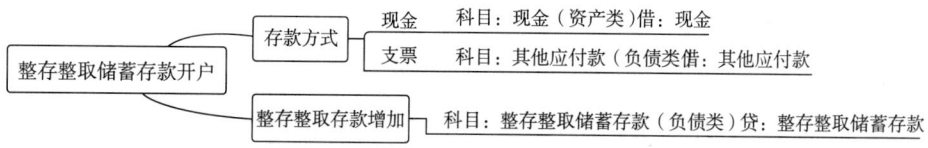

图3-5 整存整取储蓄存款开户的思维导图

（2）整存整取开户，会计分录为：

借：现金——业务现金——营业现金　（现金开户）

（或）借：其他应付款——同城票据款项　（支票开户）

　　贷：整存整取储蓄存款——××存期

（3）付出重要空白凭证，会计分录为：

付：存折——本外币定期一本通

（或）付：存单——整存整取存单

（或）付：存单——定期特种存单

【例3-6】2024年9月1日，邮金银行鸿雁支行收到储户孙大力交来的现金30 000元，申请办理整存整取储蓄存款，存期为一年，并约定转存。假设当日银行一年期定期存款挂牌利率为1.72%，柜员为客户办理存款手续并出具存单一张。

工作步骤1：受理及审核

前台柜员接收客户提交的客户申请书、有效身份证件及现金，审核无误后录入系统。

工作步骤2：录入系统

前台柜员调用定期开户交易，按照客户需求和系统提示录入要素。客户对存款信息确认无误后，系统自动生成现金收入传票（如凭3-9所示），登记分户账（如凭3-10所示）、现金日记簿（如凭3-11所示）和整存整取存单登记簿（如凭3-12所示），并生成如下会计分录：

(1) 整存整取现金开户，会计分录为：

借：现金——业务现金——营业现金　　　　　　　　　30 000
　　贷：整存整取储蓄存款——一年　　　　　　　　　　30 000

(2) 付出重要空白凭证，会计分录为：

付：存单——整存整取存单　1

生成现金收入传票：

凭3-9　　　　　　　现金收入传票

(借)：现金
(贷)：整存整取储蓄存款　　　　　2024年09月01日

户名或账号	摘要	金额									附件
		千	百	十	万	千	百	十	元	角	分
孙大力 0303130110012	整存整取存款一年现金开户				3	0	0	0	0	0	0
合计					¥3	0	0	0	0	0	0

附件：张

登记分户账：

凭3-10　　邮金银行（鸿雁支行）整存整取储蓄存款分户账

户名：孙大力　　　　账号：0303130110012　　　　利率：1.72%

2024年		摘要	凭证号码	对方科目代码	借方（位数）	贷方（位数）	借或贷	余额（位数）	日数	积数（位数）	复核盖章
月	日										
9	1	开户	1023	1001		30 000	贷	30 000			

登记现金收入日记簿：

凭3-11　　　　　　　现金收入日记簿

凭证编号	科目代码	账号或户名	摘要	金额（位数）
0302	1001	孙大力 0303130110012	现金存款	30 000

登记表外科目：

凭3-12　　　　　　　　　　　**整存整取存单**登记簿

科目名称：整存整取存单

2024年		摘要	编号	数量	起止号码	收入	付出	余额
月	日					金额（位数）	金额（位数）	金额（位数）
9	01	开户	ZZ001	1	001~200		1	199

工作步骤3：后续处理

打印开户申请书、整存整取存单。将开户申请书回执加盖"业务专用章"，连同存单、有效身份证件一起交客户。同时，将开户申请书留存联、联网核查结果及身份证复印件连同其他凭证交会计稽核。

（二）项目活动2　整存整取到期清户

储户持到期存单取款，柜员首先将存单与分户账进行核对。核对相符后，按原定存期和利率计算利息，生成利息清单，并将本金、利息及利息清单一同交给储户。

1. 活动目标

能够根据客户需求，按照业务规定准确进行整存整取清户业务操作及会计核算。

2. 知识准备

（1）整存整取储蓄存款清户思维导图如图3-6所示。

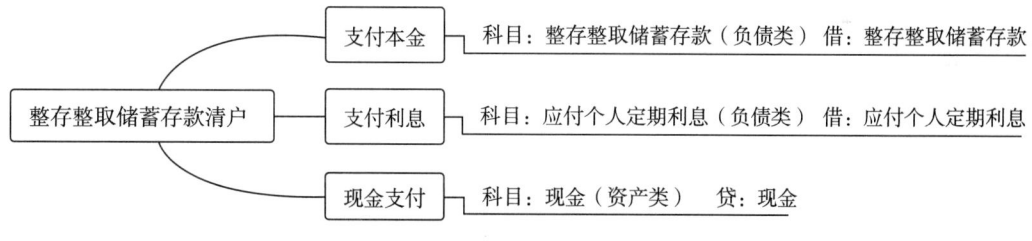

图3-6　整存整取储蓄存款清户思维导图

（2）整存整取储蓄存款本金清户，会计分录为：

借：整存整取储蓄存款——××存期
　　贷：现金——业务现金——营业现金

（3）支付清户利息，会计分录为：

借：应付个人定期利息——整存整取储蓄存款利息——××存期
　　贷：现金——业务现金——营业现金

【例3-7】 2024年9月1日，储户孙大力持邮金银行鸿雁支行30 000元到期存单到网点，办理清户手续。该存单为整存整取储蓄存款，存期为一年，利随本清。假设开户日银行挂牌利率为1.72%，清户当天银行挂牌利率为1.32%。柜员为客户办理办理清户手续，并支付现金。

工作步骤1：受理及审核

前台柜员接收客户提交的存款凭证，审核其真伪。若为大额支取，需客户提供相应的实名证件，并进行联网核查，核对客户的身份信息是否真实、合法、有效，并打印联网核查结果；

工作步骤2：录入系统

前台柜员调用定期清户交易，录入相关信息。客户对取款信息确认无误后，系统自动生成现金传票，登记分户账、现金日记簿并生成如下会计分录：

(1) 现金清户，会计分录为：

借：整存整取储蓄存款——一年　　　　　　　　　　　　　　30 000
　　贷：现金——业务现金——营业现金　　　　　　　　　　30 000

(2) 清户利息支付，会计分录为：

借：应付个人定期利息——整存整取储蓄存款利息——一年　　516
　　贷：现金——业务现金——营业现金　　　　　　　　　　516

工作步骤3：后续处理

前台柜员将现金、利息清单，连同有效身份证件一起交客户，同时将整存整取存单、联网核查结果及利息清单等凭证上交会计稽核。

(三) 项目活动3　整存整取部分支取

储户持未到期的存单要求提前支取一部分金额。银行前台柜员按部分提前支取计算支取部分存款的利息，未支取部分按原开户日、原存期另开新户。

1. 活动目标

能够按照业务规定办理整存整取部分支取业务操作，并准确写出会计分录。

2. 知识准备

(1) 整存整取储蓄存款部分支取的思维导图如图3-7所示。

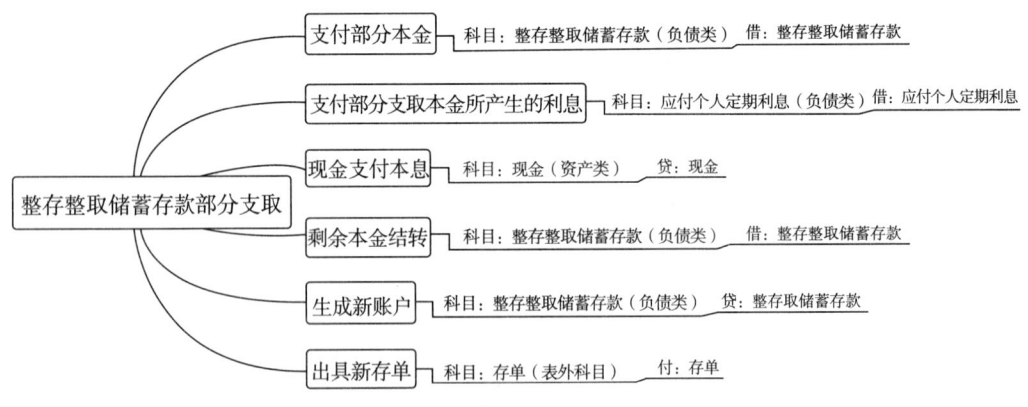

图3-7　整存整取储蓄存款部分支取的思维导图

(2) 整存整取储蓄存款本金部分支取，会计分录为：

借：整存整取储蓄存款——××存期
　　贷：现金——业务现金——营业现金

(3) 支付提前支取的本金所产生的利息，会计分录为：

借：应付个人定期利息——整存整取储蓄存款利息——××存期
　　贷：现金——业务现金——营业现金

(4) 剩余本金生成新账户，会计分录为：

借：整存整取储蓄存款——××存期（原账户）
　　贷：整存整取储蓄存款——××存期（新账户）

(5) 新开账户付出重要空白凭证，会计分录为：

付：存单——整存整取存单

【例3-8】 2024年10月31日，孙大力持一年期整存整取存单到网点办理取款业务，取款金额为10 000元。该存单开户日期为2024年9月1日，本金为30 000元，假设约定利率为1.72%，支取当日银行挂牌活期利率为0.2%。请写出该提前支取的会计核算。

工作步骤1：受理及审核

前台柜员接收客户提交的存款凭证及有效实名证件并进行合规性审核，审核无误后，录入系统。

工作步骤2：录入系统

前台柜员调用定期支取交易，录入相关信息。客户对取款信息确认无误后，系统自动生成现金传票，登记分户账、现金日记簿并生成如下会计分录：

(1) 部分支取存款本金，会计分录为：

借：整存整取储蓄存款——一年　　　　　　　　　　10 000
　　贷：现金——业务现金——营业现金　　　　　　　　10 000

(2) 支付部分支取本金所产生的利息，会计分录为：

借：应付个人定期利息——整存整取储蓄存款利息——一年　3.33
　　贷：现金——业务现金——营业现金　　　　　　　　　3.33

(3) 剩余本金生成新账户，会计分录为：

借：整存整取储蓄存款——一年（原账户）　　　　　20 000
　　贷：整存整取储蓄存款——一年（新账户）　　　　20 000

(4) 新开账户付出重要空白凭证，会计分录为：

付：存单——整存整取存单1

工作步骤3：后续处理

前台柜员将现金、利息清单及新开存单，连同有效身份证件一起交给客户，同时将整存整取存单、联网核查结果及利息清单等凭证上交会计稽核。

（四）项目活动4　整存整取转存

转存是指整存整取定期储蓄存款客户在开户时约定存款到期后按同档同存期自动转存。

1. 活动目标

能够按照业务规定准确进行整存整取转存业务操作、利息计算和会计核算。

2. 知识准备

转存分为自动转存和约定转存。自动转存指不需客户约定，在该笔存款到期后，连同本息一并按同档次同存期自动转存。约定转存指客户在开户时选择到期转存，在该笔存款到期后，连同本息一并按同档次同存期自动转存。

（1）转存日，会计分录为：

借：应付个人定期利息——整存整取储蓄存款利息——××存期
　　贷：整存整取储蓄存款——××存期

（2）转存利息计算公式：

利息＝［（本金×约定存期×原存款开户日利率）＋本金］×约定存期×原存款到期日转存的同档次利率

转存后，客户提前支取的利息计算，按定期存款利息计算的有关规定执行。

【例 3-9】 2023 年 9 月 1 日，邮金银行鸿雁支行收到储户孙大力交来的现金 30 000 元，申请办理整存整取储蓄存款，存期为一年，利随本清，并约定转存。假设当日银行挂牌利率为 1.72%，柜员为客户办理存款手续，出具存单一张。2024 年 12 月 10 日，客户来网点办理支取业务，另外，2024 年 9 月 1 日，银行一年期存款挂牌利率假设为 1.92%，2024 年 12 月 10 日，当天的银行活期储蓄存款挂牌利率假设为 0.36%。请计算支取日应付客户利息，并写出该业务的会计核算。

工作步骤 1：存期期满利息计算

由于该笔存款办理了约定转存业务，所以 2024 年 9 月 1 日，该笔存款到期后本金连同利息，将会按同档次同存期自动转存，新的存款到期日为 2025 年 9 月 1 日。由于客户在 2024 年 12 月 10 日提前支取，所以应按支取日当天银行活期挂牌利率计算活期利息。

利息＝本金×约定存期×原存款开户日约定利率
　　　＝30 000×1×1.72%＝516（元）

工作步骤 2：转存日会计核算

定期存款到期转存后，系统会将存期内的利息作为本金自动增加分户账余额。

借：应付个人定期利息——整存整取储蓄存款利息——一年　　　516
　　贷：整存整取储蓄存款——一年　　　　　　　　　　　　　　516

工作步骤 3：提前支取利息计算

存款未到期提前支取，视为活期储蓄存款计算利息。该笔业务从 2024 年 9 月 1 日到 2024 年 12 月 10 日共计 100 天，则该存期内的利息为：

利息＝［（本金×约定存期×原存款开户日利率）＋本金］×存期×支取当日的活期挂牌日利率

　　＝［（30 000×1×1.72%）＋30 000］×100×（0.36%÷360）

　　≈30.52（元）

工作步骤 4：支取日会计核算

约定转存后未到期支取的存款视为提前支取，因此该笔业务应登记"提前支取登记簿"。现金清户的会计分录如下：

(1) 现金清户：

借：整存整取储蓄存款——一年　　　　　　　　　　　　　30 516

　　贷：现金——业务现金——营业现金　　　　　　　　　　30 516

(2) 清户利息支付，会计分录为：

借：应付个人定期利息——整存整取储蓄存款利息——一年　30.52

　　贷：现金——业务现金——营业现金　　　　　　　　　　30.52

三、零存整取项目活动

零存整取定期储蓄存款是一种分次存入，到期一次提取本息的定期储蓄存款种类，存期包括一年、三年、五年，不允许部分提前支取。零存整取定期储蓄存款的会计核算包括开户、续存、清户。

零存整取定期储蓄存款开户包括现金开户、支票开户等。

（一）项目活动5　零存整取开户

1. 活动目标

能够根据客户需求，按照业务规定准确进行零存整取开户业务操作及会计核算。

2. 知识准备

(1) 零存整取储蓄存款开户的思维导图如图3-8所示。

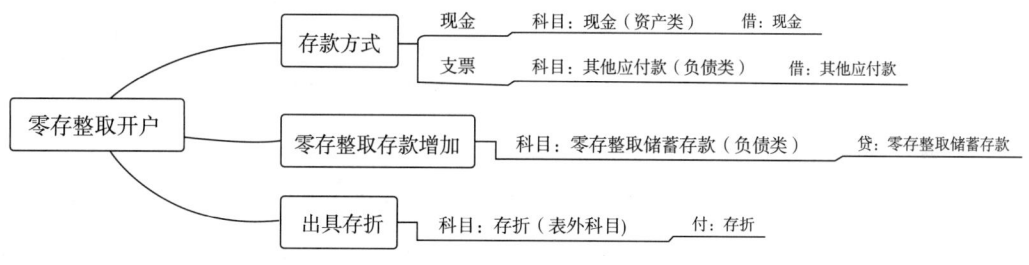

图3-8　零存整取储蓄存款开户的思维导图

(2) 零存整取开户，会计分录为：

借：现金——业务现金——营业现金（现金开户）

（或）借：其他应付款——同城票据款项　　（支票开户）

　　贷：零存整取储蓄存款——××存期

(3) 付出重要空白凭证，会计分录为：

付：存折——零存整取存折

【例3-10】2024年9月1日，客户舒渝泯到邮金银行鸿雁支行申请办理零存整取开户业务，开户金额为500元，存期为一年，利随本清，当日银行一年期零存整取挂牌利率假设为1.35%。前台柜员为客户办理存款手续并出具存折一本。

工作步骤1：受理及审核

前台柜员接收客户提交的开户申请书、有效实名证件及现金，审核无误后，录入系统。

工作步骤 2：录入系统

前台柜员调用零存整取开户交易，根据客户需求和系统提示录入相关信息。客户对开户信息确认无误后，系统自动生成现金传票（如凭 3-13 所示），登记分户账（如凭 3-14 所示）、现金日记簿（如凭 3-15 所示）和零存整取存折登记簿（如凭 3-16 所示），并生成如下会计分录：

（1）零存整取现金开户，会计分录为：

借：现金——业务现金——营业现金　　　　　　　　　　　500
　　贷：零存整取储蓄存款——一年　　　　　　　　　　　　500

（2）付出重要空白凭证，会计分录为：

付：存折——零存整取存折　1

生成现金收入传票：

凭 3-13　　　　　　　　现金收入传票

（借）：现金
（贷）零存整取储蓄存款　　　2024 年 09 月 01 日

户名或账号	摘要	金额 千 百 十 万 千 百 十 元 角 分	附件
舒渝泯 0304130110022	现金开户	5 0 0 0 0	张
合计		¥ 5 0 0 0 0	

登记分户账：

凭 3-14　　邮金银行（鸿雁支行）零存整取储蓄存款分户账

户名：舒渝泯　　　　账号：0304130110022　　　　利率：1.35%

2024 年 月	日	摘要	凭证号码	对方科目代码	借方（位数）	贷方（位数）	借或贷	余额（位数）	日数	积数（位数）	复核盖章
9	1	开户	0759	1001		500	贷	500			

登记现金收入日记簿：

凭 3-15　　　　　　　　现金收入日记簿

凭证编号	科目代码	账号或户名	摘要	金额（位数）
0365	1001	舒渝泯 0304130110022	现金存款	500

登记表外科目：

凭 3-16

零存整取存折登记簿

科目名称：零存整取存折

2024 年		摘要	编号	数量	起止号码	收入	付出	余额
月	日					金额（位数）	金额（位数）	金额（位数）
9	1	承前页	LZ001		101～200			100
9	1	开户	LZ002	1	101		1	99

工作步骤 3：后续处理

打印开户申请书、零存整取存折，并交付客户，同时将开户申请书留存联、联网核查结果及身份证复印件等凭证交会计稽核。

（二）项目活动 6　零存整取续存交易

零存整取储蓄续存手续基本与活期存款相同。储户持存折及现金办理续存时，柜员首先将存折与分户账进行核对，核对相符后，办理续存交易。

1. 活动目标

能够根据客户需求，按照业务规定准确进行零存整取续存业务操作及会计核算。

2. 知识准备

（1）零存整取储蓄存款续存的思维导图如图 3-9 所示。

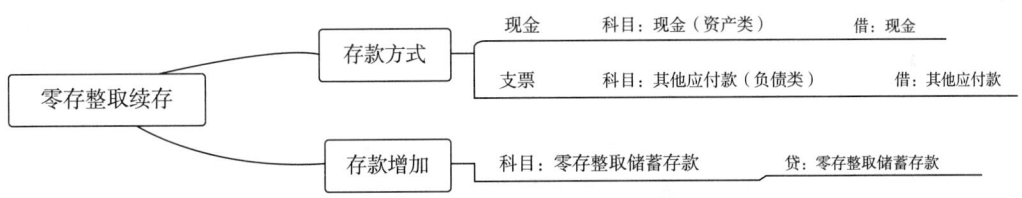

图 3-9　零存整取储蓄存款续存的思维导图

（2）零存整取续存交易，会计分录为：

借：现金——业务现金——营业现金（现金续存）

（或）借：其他应付款——同城票据款项（支票续存）

　　贷：零存整取储蓄存款——××存期

【例 3-11】（接例 3-10）2024 年 10 月 3 日，储户舒渝泯到邮金银行鸿雁支行，办理零存整取现金续存业务。

工作步骤 1：受理及审核

前台柜员接收客户提交的存折及现金，审核无误后录入系统。

工作步骤 2：录入系统

前台柜员调用零存整取续存交易，根据系统提示录入信息。客户对存款信息

确认无误后,系统自动生成现金传票,登记分户账、现金日记簿并生成如下会计分录:

　　借:现金——业务现金——营业现金　　　　　　　　　　　500
　　　　贷:零存整取储蓄存款——一年　　　　　　　　　　　　　500

工作步骤 3:后续处理

前台柜员打印零存整取存折,交付客户,同时将存款凭单留存联连同其他记账凭证上交会计稽核。

(三)项目活动 7　零存整取清户交易

零存整取定期储蓄存款到期清户、提前支取、逾期支取的手续基本与整存整取相同。储户将存折及身份证交给前台柜员,柜员首先将存折与分户账进行核对,核对相符后,办理清户交易。

1. 活动目标

按照业务规定,准确进行零存整取清户业务操作并掌握其会计核算。

2. 知识准备

(1)零存整取储蓄存款现金清户的思维导图如图 3-10 所示。

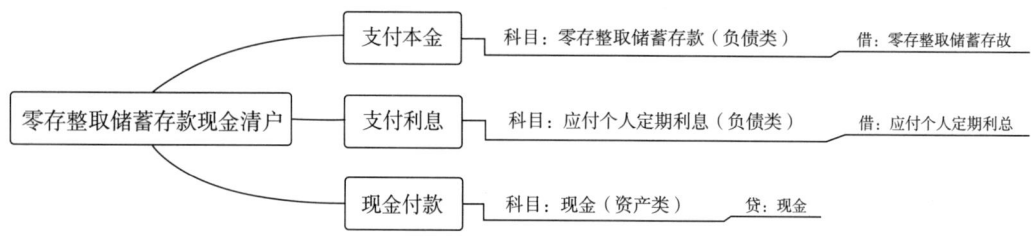

图 3-10　零存整取储蓄存款现金清户的思维导图

(2)零存整取现金清户交易,会计分录为:

　　借:零存整取储蓄存款——××存期
　　　　贷:现金——业务现金——营业现金

(3)零存整取利息支付交易,会计分录为:

　　借:应付个人定期利息——零存整取储蓄存款利息——××存期
　　　　贷:现金——业务现金——营业现金

(4)零存整取计息采用积数计息法计算,利息计算公式为:

应付存款利息=计息期累计积数×日利率

累计计息积数=每日余额合计数

【例 3-12】(接例 3-10 和例 3-11)在存期内储户都按期办理续存业务,并于 2024 年 9 月 1 日存款到期后办理支取业务。

工作步骤 1:受理及审核

前台柜员接收客户提交的存折及有效身份证件,审核无误后录入系统。

工作步骤 2：录入系统

前台柜员调用零存整取清户交易，录入相关信息，客户对清户信息确认无误后，系统通过分户账自动计算存款利息（如凭 3-17 所示）并生成现金传票，登记现金日记簿并生成会计分录。

凭 3-17　　　　邮金银行（鸿雁支行）**零存整取储蓄存款**分户账

户名：舒渝泯　　　　账号：0304130110022　　　　利率：1.35%

年	月	日	摘要	凭证号码	对方科目代码	借方（位数）	贷方（位数）	借或贷	余额（位数）	日数	积数（位数）	复核盖章
2023	9	1	开户	0021	1001		500	贷	500	32	16 000	张　明
2023	10	3	续存	0893	1001		500	贷	1 000	29	29 000	钱　勇
2023	11	1	续存	0129	1001		500	贷	1 500	31	46 500	张　明
2023	12	2	续存	0467	1001		500	贷	2 000	32	64 000	张　明
2024	1	3	续存	0234	1001		500	贷	2 500	29	72 500	钱　勇
2024	2	1	续存	0089	1001		500	贷	3 000	29	87 000	钱　勇
2024	3	2	续存	0643	1001		500	贷	3 500	30	105 000	张　明
2024	4	1	续存	0129	1001		500	贷	4 000	32	128 000	钱　勇
2024	5	3	续存	1023	1001		500	贷	4 500	30	135 000	张　明
2024	6	2	续存	0769	1001		500	贷	5 000	29	145 000	钱　勇
2024	7	1	续存	0098	1001		500	贷	5 500	31	170 500	张　明
2024	8	1	续存	0065	1001		500	贷	6 000	31	186 000	张　明
2024	9	1	清户	0265	1001	6 000		贷	0			钱　勇

借：零存整取储蓄存款——一年　　　　　　　　　　　　　6 000
　　贷：现金——业务现金——营业现金　　　　　　　　　　6 000

工作步骤 3：计算到期利息并支付

（1）零存整取利息计算：

应付存款利息＝计息期累计积数×日利率

累计计息积数＝每日余额合计数

＝16 000＋29 000＋46 500＋64 000＋72 500＋87 000＋105 000＋128 000＋135 000＋
　145 000＋170 500＋186 000

＝1 184 500

应付存款利息＝计息期累计积数×日利率

　　　　　　＝1 184 500×（1.35%÷360）

　　　　　　≈44.42（元）

（2）零存整取利息支付，会计分录为：

借：应付个人定期利息——零存整取储蓄存款利息——一年期　　44.42
　　贷：现金——业务现金——营业现金　　　　　　　　　　　　44.42

工作步骤 4：后续处理

前台柜员打印利息清单、零存整取存折，将盖有"注销"印章的存折和现金一起交客户，同时将利息清单等凭证一起交会计稽核。

四、任务活动

【任务描述】 2024 年 7 月 10 日，邮金银行鸿雁支行收到储户李琳交来的现金 10 000 元，申请办理整存整取储蓄存款，存期为一年，利随本清，并约定转存。当日银行挂牌利率假设为 1.72%，柜员为客户办理存款手续，出具存单一张。2024 年 11 月 20 日，储户李琳到网点办理提前支取业务（分户账如凭 3-18 所示），假设支取当日银行挂牌活期存款利率为 0.36%。

要求：写出该笔交易开户时的会计核算，同时计算支取日的应付利息并作相应的会计核算。

【任务分析】 交易发生后，首先根据所给交易事项判断交易类型，然后根据交易类型选定正确的会计科目，根据交易资金运动轨迹写出正确的会计分录。在计算利息时，根据支取类型，选择利息计算方法并计算应付利息。

【任务实施】

（1）判定交易类型：

（2）开户日的会计核算：

（3）计算支取日利息：

凭 3-18　　　　**邮金银行（鸿雁支行）整存整取储蓄存款分户账**

户名：李琳　　　　账号：0303130110089　　　　利率：1.72%

2024年		摘要	凭证号码	对方科目代号	借方（位数）	贷方（位数）	借或贷	余额（位数）	日数	积数（位数）	复核盖章
月	日										
7	10	开户				10 000	贷	10 000			
11	20	支取			10 000		贷	0			

（4）支付利息的会计分录：

知识加油站

1. 整存整取

整存整取储蓄存款的支取业务，除到期支取外，还包括提前或逾期清户、部分提前支取。提前或逾期清户，是指储户持未到期或已过存期的存单要求支取时，需登记"提前支取登记簿"或"逾期支取登记簿"。提前支取和逾期支取除利息计算与到期清户有所不同之外，其余的会计核算同到期清户。

部分提前支取，是指储户持未到期的存单要求提前支取一部分金额。按部分提前支取计算支取部分存款的利息；未支取部分按原开户日、原存期另开新户。支取部分的利息计算同提前支取，会计核算同到期清户。

开新户时付出重要空白凭证，会计分录为：

付：存单——整存整取存单

2. 整存零取和存本取息

（1）整存零取业务使用"整存零取储蓄存款"科目进行核算，该科目属于负债类，余额反映在贷方，属于一级会计科目，按照存款期限设置二级会计科目，如一年、三年、五年等，同时按存款人设分户进行明细核算。

（2）存本取息业务使用"存本取息储蓄存款"科目进行核算，该科目属于负债类，余额反映在贷方，属于一级会计科目，按照存款期限设置二级会计科目，如一年、三年、五年等，同时按存款人设分户进行明细核算。

项目三 核算个人通知存款业务

 知识目标

1. 了解商业银行个人通知存款的业务规定及处理流程。
2. 掌握个人通知存款业务的会计科目及会计核算原理。

 能力目标

能根据客户的需求，准确进行业务操作，并能用会计知识解决工作中遇到的问题。

一、基础知识

（一）个人通知存款概述

个人通知存款是指储户在开户时不约定存期，一次存入，一次或多次支取；支取时提前通知储蓄机构，并约定支取存款日期和支取金额的一种定期储蓄。不论实际存期多长，按存款人提前通知的期限长短，个人通知存款可分为一天通知存款和七天通知存款两个品种。通知存款开户时品种一经选定，通知与支取存款时不得更改。

个人通知存款的核算包括开户、支取、清户。

(二) 会计科目设置

1. 个人通知存款

"个人通知存款"属于负债类科目，用于核算个人存入商业银行款项时不约定期限、约定支取存款日期的储蓄存款情况，科目余额在贷方。本科目为一级会计科目，按照存款品种设置二级会计科目"一天"和"七天"。

2. 应付个人通知利息

"应付个人通知利息"属于负债类科目，用于核算和反映按照权责发生制原则计提的应付而未付的个人通知存款利息，余额反映在贷方。计提利息时，借记"存款利息支出"科目，贷记本科目；支付利息时，借记本科目，贷记相关科目。本科目为一级会计科目。

二、个人通知存款项目活动

(一) 项目活动1 个人通知存款开户

个人通知存款5万元起存，单笔存款金额最高为500万元（含500万元），存款金额超过上限的，需分笔开户。

个人通知存款开户包括现金开户、转存开户、支票开户、来账通知开户，开户手续基本与活期存款相同。

1. 活动目标

能够根据客户需求，按照业务规定，准确进行通知存款开户业务操作及会计核算。

2. 知识准备

(1) 个人通知存款开的户思维导图如图3-11所示。

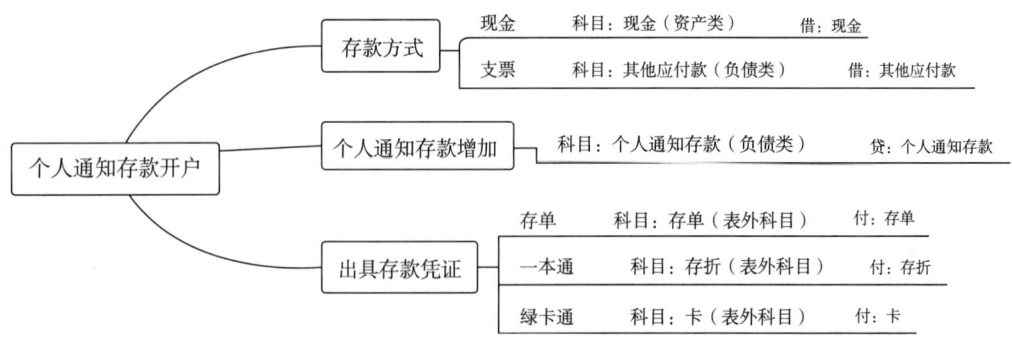

图3-11 个人通知存款开户的思维导图

(2) 个人通知存款开户，会计分录为：

借：现金——业务现金——营业现金

(或) 借：其他应付款——同城票据款项

贷：个人通知存款——××品种

（3）付出重要空白凭证，会计分录为：

　　付：存单——通知存款存单

（或）付：存折——本外币定期一本通

（或）付：卡——绿卡通

【例 3-13】 2024 年 8 月 12 日，邮金银行鸿雁支行收到储户张萌交来的现金 120 000 元，申请办理一天期通知存款，利随本清，并约定转存。当日银行挂牌利率假设为 0.55%，柜员为客户办理存款手续，出具存单一张。

工作步骤 1：受理及审核

前台柜员接收客户提交的开户申请书、有效实名证件及现金，审核无误后录入系统。

工作步骤 2：录入系统

前台柜员调用通知存款开户交易，录入相关信息，客户对开户信息确认无误后，系统自动生成现金传票，登记分户账、现金日记簿和通知存款存单登记簿，并生成如下会计分录：

（1）通知存款现金开户，会计分录为：

　　借：现金——业务现金——营业现金　　　　　　　　　　　120 000
　　　　贷：个人通知存款——一天　　　　　　　　　　　　　　　120 000

（2）付出重要空白凭证，会计分录为：

　　付：存单——通知存款存单　1

工作步骤 3：后续处理

前台柜员打印开户申请书、通知存款存单，连同身份证件一起交付客户，同时将开户申请书留存联、联网核查结果及身份证复印件等凭证一起上交会计稽核。

（二）项目活动 2　个人通知存款部分支取

个人通知存款部分支取，最低支取金额为 5 万元，留存金额高于起存金额的，重新开立通知存款新账户，起息日为原起息日；留存部分低于起存金额的，不能办理部分支取，只能予以销户，按销户日活期存款利率计息，或根据存款人意愿转为其他存款。

1. 活动目标

能够根据客户需求，按照业务规定准确进行通知存款支取业务操作及会计核算。

2. 知识准备

（1）个人通知存款部分支取的思维导图如图 3-12 所示。

（2）通知存款现金部分支取，会计分录为：

　　借：个人通知存款——××品种

　　　　贷：现金——业务现金——营业现金

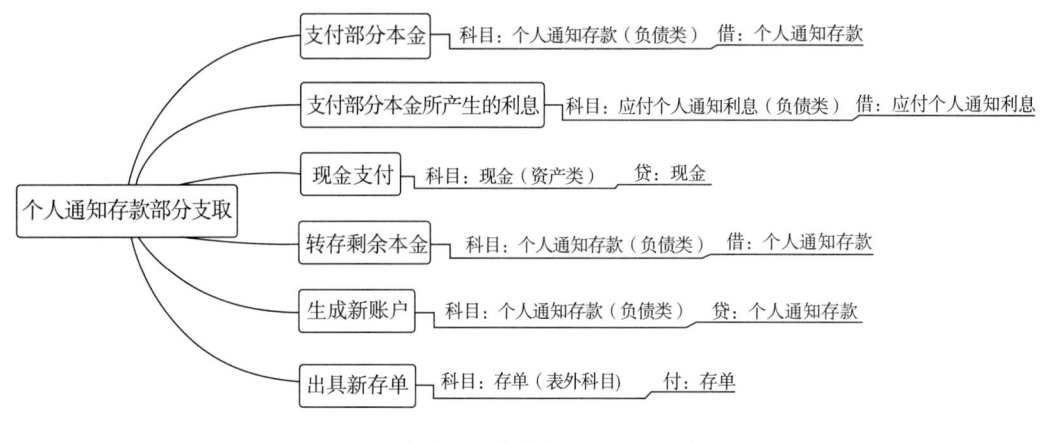

图 3-12　个人通知存款部分支取的思维导图

（3）部分支取利息，会计分录为：

借：应付个人通知利息

　　贷：现金——业务现金——营业现金

（4）通知存款部分支取后生成新账户，会计分录为：

借：个人通知存款——××品种（原账户）

　　贷：个人通知存款——××品种（新账户）

（5）出具新存单一张，会计分录为：

付：存单——通知存款存单

【例 3-14】（接例 3-13）2024 年 8 月 25 日，储户张萌持金额为 120 000 元的一天期通知存款存单（账号：0309130110096），到网点办理支取业务：（1）若客户办理部分支取，金额为 30 000 元，是否符合业务规定？（2）若部分支取生成新账户，支取金额为可支取最小金额，是否符合业务规定？根据业务处理过程写出相应的会计分录。

工作步骤 1：受理及审核

判断支取金额是否合规。

（1）按照业务规定，个人通知存款最低支取金额为 50 000 元，所以若客户仅支取 30 000 元，则不符合业务规定，该业务不予受理。

（2）按照业务规定，个人通知存款部分支取的最小金额为 50 000 元，留存金额高于 50 000 元的，重新开立通知存款账户。根据客户要求，需办理支取业务 50 000，剩余 70 000 元开立新的通知存款账户。

工作步骤 2：录入系统

柜员调用通知存款支取交易，录入相关信息。客户对取款信息确认无误后，系统对原账户进行销户处理并计算利息金额为 9.93 元，同时生成新的个人通知存款账户，并通过分户账自动计算存款利息、生成现金付出传票、登记现金日记簿，并生成如下会计分录：

(1) 部分支取的会计分录：

借：个人通知存款——一天　　　　　　　　　　　　　50 000
　　贷：现金——业务现金——营业现金　　　　　　　　　　50 000

(2) 支付部分支取相应利息的会计分录：

借：应付个人通知利息　　　　　　　　　　　　　　　9.93
　　贷：现金——业务现金——营业现金　　　　　　　　　　9.93

(3) 生成新账户的会计分录：

借：个人通知存款——一天　　　　　　　　　　　　70 000（原账户）
　　贷：个人通知存款——一天　　　　　　　　　　　　70 000（新账户）

(4) 付出重要空白凭证，会计分录为：

付：存单——通知存款存单　　1

工作步骤 3：后续处理

前台柜员打印通知存款原存单、生成新的通知存款存单及利息清单，并将相关单据及有效身份证件交付客户；同时，将部支后的个人通知存款存单、利息清单、联网核查结果及身份证复印件等凭证一起上交会计稽核。

（三）项目活动 3　现金清户

个人通知存款清户可在开户机构所属的市县办理，也可在省内各联网网点办理，与整存整取清户手续基本相同。

1. 活动目标

能够根据客户需求，按照业务规定，准确进行通知存款清户业务操作及会计核算。

2. 知识准备

通知存款现金清户，会计分录为：

借：个人通知存款——××品种
　　贷：现金——业务现金——营业现金

清户的利息，会计分录为：

借：应付个人通知利息
　　贷：现金——业务现金——营业现金

【例 3-15】（接例 3-14）2024 年 8 月 30 日，储户张萌持金额为 70 000 元的一天期通知存款存单（账号：0309130110107），到网点办理支取业务：(1) 客户能否办理部分支取？(2) 若不能办理部分支取，该业务如何处理？请根据业务处理过程写出相应的会计分录。

工作步骤 1：受理业务

判断能否办理部分支取：按照业务规定，个人通知存款部分支取的最小金额为 50 000 元，留存金额高于 50 000 元的，重新开立通知存款账户。根据客户要求及存款金额判定，该 70 000 元的通知存款只能办理清户交易。

工作步骤 2：系统录入

(1) 输入通知存款清户交易代码，进入交易界面。

（2）根据系统提示录入相关信息（如账号、存单印刷号等），并审核相关信息是否一致。

信息录入完毕，客户对取款信息确认无误后，系统对账户进行销户处理，通过分户账自动计算存款利息 2.15 元、生成现金付出传票、登记现金日记簿，并生成会计分录。

①清户交易的会计分录：

借：个人通知存款——一天　　　　　　　　　　　　　　　70 000
　　贷：现金——业务现金——营业现金　　　　　　　　　　70 000

②清户利息的会计分录：

借：应付个人通知利息　　　　　　　　　　　　　　　　　2.15
　　贷：现金——业务现金——营业现金　　　　　　　　　　2.15

工作步骤 3：后续处理

前台柜员打印通知存款存单及利息清单，连同有效身份证件一起交付客户，同时将清户的个人通知存款存单、利息清单等凭证一起交给会计稽核。

三、任务活动

【任务描述】2024 年 8 月 25 日，储户张萌持金额为 120 000 元的一天期通知存款存单（账号：0309130110096）到网点办理支取业务，客户要求部分支取并生成新账户，新账户剩余金额为最小金额，存期内利息为 13.9 元。

要求：按照客户要求及业务办理过程填制相应的会计凭证，并做出相应的会计核算。

【任务分析】首先根据所给交易事项判断交易类型，然后根据交易类型选定正确的会计科目，并根据业务相关规定及客户需求进行相应的业务处理，按照业务处理流程写出正确的会计分录。

【任务实施】

（1）判定交易类型：

（2）按照业务规定和客户需求判定交易金额：

（3）按照业务操作流程，填制会计凭证（凭 3-19 至凭 3-25）：

登记分户账：

凭3-19　　　　邮金银行（鸿雁支行）个人通知存款分户账

户名：张萌　　　　　　　　账号：0309130110096　　　　　　利率：0.55%

2024年		摘要	凭证号码	对方科目代码	借方（位数）	贷方（位数）	借或贷	余额（位数）	日数	积数（位数）	复核盖章
月	日										
8	12	开户	1980	1001		120 000	贷	120 000			

生成现金付出传票：

凭3-20　　　　　　　　现金付出传票

（借）：
（贷）现金　　　　　　　　年　月　日

户名或账号	摘要	金额									附件
		千	百	十	万	千	百	十	元	角	分
	合计										张

生成现金付出传票：

凭3-21　　　　　　　　现金付出传票

（借）：
（贷）现金　　　　　　　　年　月　日

户名或账号	摘要	金额									附件
		千	百	十	万	千	百	十	元	角	分
	合计										张

登记现金付出日记簿：

凭3-22　　　　　　　　现金付出日记簿

凭证编号	科目代码	账号或户名	摘要	金额（位数）

登记新分户账：

凭3-23　　　　　邮金银行（鸿雁支行）**个人通知存款**分户账

户名：张萌　　　　　账号：0309130110105　　　　　利率：0.55%

2024年		摘要	凭证号码	对方科目代码	借方（位数）	贷方（位数）	借或贷	余额（位数）	日数	积数（位数）	复核盖章
月	日										

生成转账传票：

凭3-24　　　　　　　　　　　转账借方传票
　　　　　　　　　　　　　　　年　月　日

科目（借）			对方科目（贷）									附件
户名或账号		摘要		金　额								
				千	百	十	万	千	百	十	元	角	分	
												张
		合　计										

凭3-25　　　　　　　　　　　转账贷方传票
　　　　　　　　　　　　　　　年　月　日

科目（贷）			对方科目（借）									附件
户名或账号		摘要		金　额								
				千	百	十	万	千	百	十	元	角	分	
												张
		合　计										

知识加油站

个人通知存款利息计算方法：

（1）到期支取的利息计算：按到期日挂牌公告的通知存款利率和实际存期天数计息。

到期应付利息 = 本金×存期天数（1天或7天）×存款到期日相应档次通知存款日利率

（2）提前支取的利息计算：按支取日挂牌公告的活期存款利率和实际天数计息。存期天数为自存入日（或最近一次自动转存日）起至支取前一日止实际存款天数。

提前支取应付利息 = 本金×存期天数×存款支取日活期存款日利率

项目四 核算储蓄存款差错修正业务

知识目标

1. 熟悉商业银行取消、冲正的业务规定及处理流程。
2. 掌握取消、冲正业务的会计核算原理及处理方法。

能力目标

能根据差错类别选择正确的交易进行业务处理，掌握业务操作的工作机理，并能用会计知识解决工作中存在的问题。

一、基础知识

（一）取消、冲正业务概述

取消交易是指柜员处理窗口账务性业务出现差错，在客户尚未离开柜台的情况下，将该账户的差错交易全额取消，把账户余额恢复为出错交易执行前的状态的一种修正交易。

冲正交易是指交易机构发现账务性业务出现差错，在客户已离开柜台的情况下，对该笔差错交易进行冲正，并把账户余额修改为正确的一种修正交易。冲正交易可以在差错交易发生的当日或隔日于原交易受理网点办理。

（二）会计科目设置

1. 其他应收款

"其他应收款"为一级会计科目，用于核算和反映商业银行除应收利息、应收股利等以外的其他应收及暂付款项，包括职工差旅费借款、待处理的出纳短款以及其他应收、暂付的款项，属于资产类科目，余额反映在借方。本科目可设置二级科目"短款"，用于核算和反映商业银行各营业机构在办理现金业务过程中发生但尚未处理的短款情况。本二级科目属于资产类科目，余额应反映在借方，可按照网点短款、ATM 短款和出纳短款设置三级科目。

2. 其他应付款

"其他应付款"为一级会计科目，用于核算和反映本行发生的其他应付、暂收款项等，属于负债类科目，余额应反映在贷方。本科目可设置二级会计科目"长款"，用于核算和反映商业银行已发生但尚未处理的长款，属于负债类科目，余额应反映在贷方，本二级会计科目下设"网点长款""出纳长款""ATM 长款"三个明细科目。

二、取消交易项目活动

取消交易发生时,与原交易分录同方向记账,金额为原金额负数。被取消交易应为该账户当日所做的最后一笔成功的账务类交易。取消交易只能在原交易受理网点由办理该笔交易的普通柜员办理。

(一)项目活动1 存款取消

1. 活动目标

能够根据差错类型选取正确的交易类型,按照业务相关规定,准确进行取消业务操作,并掌握其会计处理过程。

2. 知识准备

取消交易的处理流程如图3-13所示。

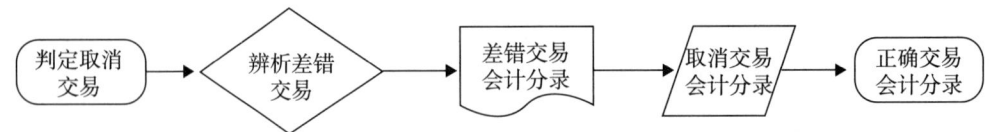

图3-13 取消交易的处理流程

【例3-16】2024年9月10日,储户张萌将本外币活期一本通及现金8 000元交给邮金银行鸿雁支行柜员,要求办理现金存款业务,柜员在办理业务时将存款业务操作为取款8 000元。业务办理结束后,储户当场发现该问题并要求进行更正处理。

工作步骤1:受理业务

前台柜员根据差错类型及特征选取取消交易进行差错更正,营业主管填写《修改分户账通知单》,并授权前台柜员办理。

工作步骤2:录入系统

前台柜员调用取消交易,录入相关信息,系统对账户进行账务处理,登记分户账(如凭3-26所示)、生成现金传票、登记现金日记簿。

(1)取消交易的会计分录如下:

借:个人活期存款——个人结算存款　　　　　　　　　　　　 -8 000
　　贷:现金——业务现金——营业现金　　　　　　　　　　　 -8 000

(2)登记分户账:

凭3-26　　　　邮金银行(鸿雁支行)本外币活期一本通分户账

户名:张萌　　　　　　　　账号:61056003769754　　　　　　利率:0.55%

2024年		摘要	凭证号码	对方科目代码	借方(位数)	贷方(位数)	借或贷	余额(位数)	日数	积数(位数)	复核盖章
月	日										
9	9	现开	0378	1001		23 500	贷	23500	1	23 500	罗松
9	10	取现	1056	1001	8 000		贷	15500			
9	10	取消	1058	1001	-8000		贷	23500			

工作步骤3：单式打印

客户授权成功后，提交系统打印《修改分户账通知单》。

工作步骤4：办理正确的交易

前台柜员调用存款交易，录入相关信息，客户对业务办理信息确认无误后，系统对账户进行存款处理，登记分户账（如凭3-27所示）、生成现金传票、登记现金日记簿。

（1）存款交易的会计分录：

借：现金——业务现金——营业现金　　　　　　　　　　　8 000
　　贷：个人活期存款——个人结算存款　　　　　　　　　　8 000

（2）登记分户账：

凭3-27　　　　　邮金银行（鸿雁支行）**本外币活期一本通**分户账

户名：张萌　　　　　账号：61056003769754　　　　　利率：0.55%

2024年		摘要	凭证号码	对方科目代码	借方（位数）	贷方（位数）	借或贷	余额（位数）	日数	积数（位数）	复核盖章
月	日										
9	9	现开	0378	1001		23 500	贷	23 500	1	23 500	罗 松
9	10	取现	1056	1001	8 000		贷	15 500			
9	10	取消	1058	1001	-8 000		贷	23 500			
9	10	存现	1059	1001		8 000	贷	31 500			

工作步骤5：后续处理

前台柜员将本外币活期一本通交付客户，同时将修改分户通知单、通用凭证等凭证一起上交会计稽核。

（二）项目活动2　整存整取（存单式）部分支取取消

整存整取（存单式）部分提前支取错误时，普通柜员办理取消交易后，部分提前支取产生的存单应打印"作废"字样，并打印新存单交给客户，新存单内容与部分提前支取前的存单内容一致。

1. 活动目标

能够根据差错类型选取正确的交易类型，按照业务相关规定，准确进行取消业务的操作，并掌握其会计核算。

2. 知识准备

整存整取（存单式）部分提前支取取消思维导图如图3-14所示。

【例3-17】2024年9月1日，储户孙大力持邮金银行鸿雁支行30 000元存单（账号：0303130110012）到网点办理8 000元支取手续。柜员在为客户办理部分支取的过程中误将支取金额操作为800元，随即经营业主管及客户授权后办理取消业务。该存单为整存整取储蓄存款，存期为一年，利随本清。开户日2024年8月1日银行挂牌利率假设为1.72%，支取日当天银行活期储蓄存款挂牌利率假设为0.3%。

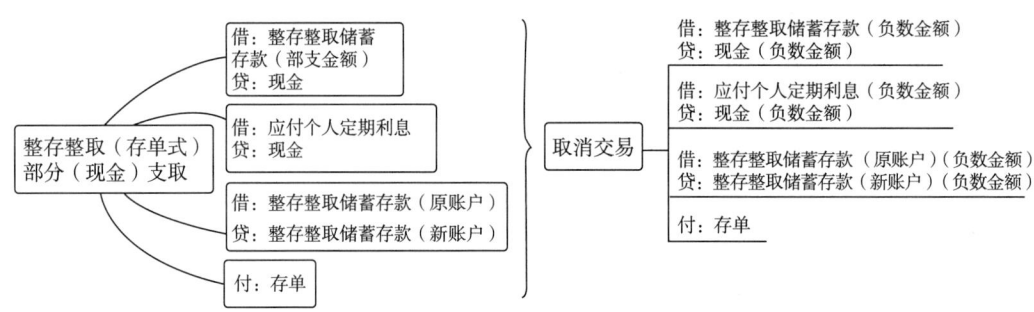

图 3-14　整存整取（存单式）部分提前支取取消思维导图

工作步骤 1：受理业务

营业主管填写《修改分户账通知单》并授权普通柜员办理。

工作步骤 2：录入系统

前台柜员调用取消交易，录入相关信息，系统对账户进行账务处理，登记分户账（如凭 3-28 所示）、生成现金传票、登记现金日记簿。

（1）取消交易形成的会计核算。

①取消部分支取本金的会计分录：

借：整存整取储蓄存款——一年　　　　　　　　　　　　　　　－800
　　贷：现金——业务现金——营业现金　　　　　　　　　　　　－800

②取消部分支取利息的会计分录：

借：应付个人定期利息——整存整取储蓄存款利息——一年　　　－0.21
　　贷：现金——业务现金——营业现金　　　　　　　　　　　　－0.21

③取消新生成账户的会计分录：

借：整存整取储蓄存款——一年　　　　　　　　　　－29 200（原账户）
　　贷：整存整取储蓄存款——一年　　　　　　　　－29 200（新账户）

④打印新存单的表外核算：

付：存单——整存整取存单 1

（备注：该存单为部支取消后重新生成的 30 000 元的存单）

（2）登记分户账：

凭 3-28　　　邮金银行（鸿雁支行）整存整取储蓄存款分户账

户名：孙大力　　　　账号：0303130110012　　　　利率：1.72%

2024年		摘要	凭证号码	对方科目代码	借方（位数）	贷方（位数）	借或贷	余额（位数）	日数	积数（位数）	复核盖章
月	日										
8	1	现开	1023	1001		30 000	贷	30 000	31	930 000	张明
9	1	部支	0687	1001	800		贷	29 200			
9	1	取消	0690	1001	−800		贷	30 000			

工作步骤 3：单式打印

客户授权成功后，提交系统，打印《修改分户账通知单》及新存单。

工作步骤 4：办理正确的业务交易

正确的业务交易处理程序及账务处理过程同上面的差错交易。

工作步骤 5：后续处理

将部支差错交易、取消交易及正确交易的相关凭证一起上交会计稽核。

三、冲正交易项目活动

在办理冲正交易时，原交易涉及现金的，应先进行长款或短款的挂账处理。办理冲正交易时，无论是当日还是隔日均不冲"现金"科目。冲正原交易时，与原交易分录同方向记账，金额为原金额负数，同时再记一笔冲正正确交易，与原交易分录同方向记账，金额为正确金额。

在办理冲正交易时，原交易不涉及现金的，先将原交易金额按原科目同方向记负数冲销，然后按原交易科目同方向记正确金额。

冲正交易的思维导图如图 3-15 所示。

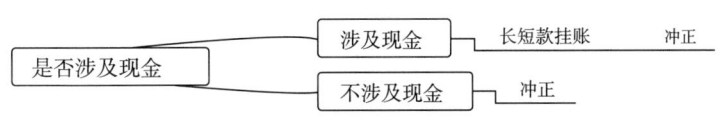

图 3-15 冲正交易的思维导图

（一）项目活动 3　活期存款原交易金额大于/小于正确交易金额的冲正交易

1. 活动目标

能够准确判断长短款及其金额，理解冲正交易的工作机理，做出正确的会计分录。

2. 知识准备

（1）活期存款原交易金额大于正确交易金额的冲正交易。

①先进行短款挂账处理，会计分录为：

借：其他应收款——短款　　　　　　　　　　　　　　　差额
　　贷：现金——业务现金——营业现金　　　　　　　　　差额

②冲正交易会计分录为：

借：其他应收款——短款　　　　　　　　　　　　　　原金额（负数）
　　贷：个人活期存款——个人结算存款　　　　　　　　原金额（负数）
借：其他应收款——短款　　　　　　　　　　　　　　　正确金额
　　贷：个人活期存款——个人结算存款　　　　　　　　　正确金额

（2）活期存款原交易金额小于正确交易金额的冲正交易。

①先进行长款挂账处理，会计分录为：

借：现金——业务现金——营业现金　　　　　　　　　　　差额
　　贷：其他应付款——长款　　　　　　　　　　　　　　差额

② 办理冲正交易，会计分录为：
　　借：其他应付款——长款　　　　　　　　　　　　原金额（负数）
　　　　贷：个人活期存款——个人结算存款　　　　　原金额（负数）
　　借：其他应付款——长款　　　　　　　　　　　　正确金额
　　　　贷：个人活期存款——个人结算存款　　　　　正确金额

【例 3-18】2024 年 6 月 5 日，张元持现金 6 840 元到邮金银行鸿雁支行办理现金续存业务，柜员在办理业务时，误将存款金额输入为 8 460 元。当日营业结束时发现该差错，由于不能及时联系上客户，于是由营业主管填写《修改分户账通知单》，经有权人授权后办理冲正交易。

工作步骤 1：受理业务

营业主管填写《修改分户账通知单》，经有权人授权后，普通柜员办理该业务。

工作步骤 2：录入系统

前台柜员调用冲正交易，录入相关信息，系统对账户进行账务处理，登记分户账（如凭 3-29、凭 3-30 所示）、生成现金传票、登记现金日记簿。

（1）短款挂账交易所形成的会计核算：
　　借：其他应收款——短款　　　　　　　　　　　　1 620
　　　　贷：现金——业务现金——营业现金　　　　　1 620

（2）办理冲正交易，会计分录为：
　　借：其他应收款——短款　　　　　　　　　　　　-8 460
　　　　贷：个人活期存款——个人结算存款　　　　　-8 460
　　借：其他应收款——短款　　　　　　　　　　　　6 840
　　　　贷：个人活期存款——个人结算存款　　　　　6 840

（3）登记分户账：

凭 3-29　　　　邮金银行（鸿雁支行）个人活期存款分户账

户名：张元　　　　账号：601103100010422　　　　利率：0.36%

2024年		摘要	凭证号码	对方科目代码	借方（位数）	贷方（位数）	借或贷	余额（位数）	日数	积数（位数）	复核盖章
月	日										
6	1	现开	0067	1001		5 000	贷	5 000	4	20 000	张明
6	5	现存	0856	1001		8 460	贷	13 460			
6	5	冲销	0858	1360		-8 460	贷	5 000			
6	5	更正	0861	1360		6 840	贷	11 840			

凭 3-30　　　　　邮金银行（鸿雁支行）**其他应收款**分户账

户名：出纳短款　　　　　　账号：　　　　　　利率：

2024年		摘要	凭证号码	对方科目代码	借方（位数）	销账	贷方（位数）	借或贷	余额（位数）	复核盖章
月	日									
6	5	营业短款	0921	1001	1 620			借	1620	罗　松
6	5	短款冲销	0922	2225	-8460			借	-6840	罗　松
6	5	短款更正	0935	2225	6840	销账		借	0	罗　松

（二）项目活动 4　活期取款原交易金额小于/大于正确交易金额的冲正交易

1. 活动目标

能够准确判断长短款及其金额，理解冲正交易的工作机理，做出正确的会计分录。

2. 知识准备

（1）活期取款原交易金额小于正确交易金额的冲正交易。

①先进行短款挂账处理，会计分录为：

借：其他应收款——短款　　　　　　　　　　　　　　差额
　　贷：现金——业务现金——营业现金　　　　　　　　差额

②办理冲正交易，会计分录为：

借：个人活期存款——个人结算存款　　　　　　　　原金额（负数）
　　贷：其他应收款——短款　　　　　　　　　　　　原金额（负数）

借：个人活期存款——个人结算存款　　　　　　　　正确金额
　　贷：其他应收款——短款　　　　　　　　　　　　正确金额

（2）活期取款原交易金额大于正确交易金额的冲正交易。

①先进行长款挂账处理，会计分录为：

借：现金——业务现金——营业现金　　　　　　　　差额
　　贷：其他应付款——长款　　　　　　　　　　　　差额

②办理冲正交易，会计分录为：

借：个人活期存款——个人结算存款　　　　　　　　原金额（负数）
　　贷：其他应付款——长款　　　　　　　　　　　　原金额（负数）

借：个人活期存款——个人结算存款　　　　　　　　正确金额
　　贷：其他应付款——长款　　　　　　　　　　　　正确金额

（三）项目活动 5　活期存/取款做成活期取/存款的冲正交易

1. 活动目标

能够准确判断长短款及其金额，理解冲正交易的工作机理，做出正确的会计分录。

2. 知识准备

（1）活期存款做成活期取款的冲正交易。

①先进行长款挂账处理，会计分录为：

借：现金——业务现金——营业现金　　　　　　存款双倍金额
　　贷：其他应付款——长款　　　　　　　　　存款双倍金额

②办理冲正交易，会计分录为：

借：个人活期存款——个人结算存款　　　　　　原金额（负数）
　　贷：其他应付款——长款　　　　　　　　　原金额（负数）

借：其他应付款——长款　　　　　　　　　　　正确金额
　　贷：个人活期存款——个人结算存款　　　　正确金额

（2）活期取款做成活期存款的冲正交易。

①先进行短款挂账处理，会计分录为：

借：其他应收款——短款　　　　　　　　　　　取款双倍金额
　　贷：现金——业务现金——营业现金　　　　取款双倍金额

②办理冲正交易，会计分录为：

借：其他应收款——短款　　　　　　　　　　　原金额（负数）
　　贷：个人活期存款——个人结算存款　　　　原金额（负数）

借：个人活期存款——个人结算存款　　　　　　正确金额
　　贷：其他应收款——短款　　　　　　　　　正确金额

四、任务活动

（一）任务一

【任务描述】2024年8月25日，储户张萌持金额为120 000元的一天期通知存款存单（账号：0309130110096），到网点办理支取业务，客户要求部分支取并生成新账户，新账户剩余最小金额。结果前台柜员错误地操作为部分支取生成新账户，新账户剩余最大金额。该差错交易发生后，在营业主管和客户授权的情况下，前台柜员进行了取消业务处理及正确的部分支取交易操作。

要求：按照业务办理过程做出相应的会计核算，其中，部支70 000元相应的利息12.43元，部支50 000元相应的利息为8.88元。

【任务分析】首先根据所给交易事项判断交易类型及差错种类，然后根据交易类型选定正确的会计科目，并根据业务流程及客户需求进行相应的业务处理，按照业务处理流程写出正确的会计分录。

【任务实施】

（1）判定交易类型及差错种类：

（2）按照业务规定和客户需求判定交易金额：

（3）根据业务发生过程写出会计分录：

（二）任务二

【任务描述】（接例3-18）若2024年6月5日，张元到邮金银行鸿雁支行办理现金取款业务，柜员在办理业务时，误操作为存款为2 000元。当日营业结束时发现该差错，由于不能及时联上客户，于是由营业主管填写《修改分户账通知单》，经有权人授权后办理冲正交易。

要求：按照业务办理过程写出相应的会计分录。

【任务分析】 首先根据所给交易事项判断交易类型及差错种类，然后根据交易类型选定正确的会计科目，并根据业务流程及客户需求进行相应的业务处理，按照业务处理流程写出正确的会计分录。

【任务实施】

（1）判定交易类型及差错种类：

（2）判断长短款及其金额：

（3）根据业务发生过程写出会计分录：

知识加油站

一本通是指一种将本外币定期和活期储蓄存款集中于一本存折上，用于记载个人多个存款账户资金活动情况的存款凭证。一本通一般分为本外币活期一本通和本外币定期一本通两种。本外币活期一本通指将本外币活期存款集中于一本存折上；本外币定期一本通指将本外币定期存款集中于一本存折上。一本通中可开立本币整存整取储蓄存款账户、通知存款储蓄存款账户和定活两便储蓄存款账户，外币整存整取储蓄存款账户和定活两便储蓄存款账户。

一本通开户时，同时开立子账户，每笔存款业务的办理遵照相应储种有关规定执行，其核算内容也与相应储种核算内容一致。

能力拓展

讨论商业银行财务管理数字化趋势将对金融安全、国家经济安全带来哪些挑战或风险。

模块四　资金汇划业务

知识与技能目标

1. 了解资金汇划的种类和渠道及相关业务规定，能够帮助客户选择最佳的资金汇划渠道。
2. 掌握各类汇划业务的会计核算及会计处理过程，能够使用会计知识理解业务操作过程，解决工作中遇到的问题。

素养目标

1. 培养耐心踏实、爱岗敬业的专业精神。
2. 提升企业认同感，不断提高服务能力和服务意愿。

资金汇划业务是商业银行办理行内和跨行资金调拨及清算的活动。该业务按照收付款人开户银行的不同，可以分为行内资金汇划和跨行资金汇划两大类。本模块主要包括邮政汇兑、大小额支付系统和同城票据交换的相关业务核算。

项目一　核算邮政汇兑业务

知识目标

1. 了解邮政汇兑业务的相关规定及业务处理流程。
2. 掌握邮政汇兑业务的会计科目及会计核算原理。

能力目标

能够根据客户的需求进行准确的业务操作，理解业务操作及其规定的内在机理。

一、基础知识

(一) 邮政汇兑业务概述

邮政汇兑业务是指汇款人委托邮政将其款项支付给收款人的结算方式。个人和单位的款项结算，均可使用汇兑业务。邮政汇兑业务主要包括按址汇款、密码汇款、入账汇款和商务汇款四种基本业务。

(二) 会计科目设置

"应解邮政汇兑款"科目为一级会计科目，用于核算和反映收到的尚未解付的邮政汇兑款项，属于负债类科目，余额应反映在贷方。

本科目可设二级会计科目"待兑汇款"，用于核算和反映邮政汇兑待兑付的汇兑款，包括按址汇款、密码汇款等各种汇款。

二、邮政汇兑业务项目活动

邮政汇兑业务是指汇款人委托邮政将其款项支付给收款人的结算方式。邮政汇兑业务有按址汇款、密码汇款、入账汇款和商务汇款四种汇划方式。

(一) 项目活动1　按址汇款及会计核算

按址汇款是按用户提供的详细名址，在系统中用邮编检索的一种汇款方式。汇款方式包括现金汇款和账户汇款。

按址汇款兑付方式为现金兑付，即网点支付给用户的是现金。

1. 活动目标

能够根据客户的业务需求进行准确的业务操作，并掌握相应的会计核算原理及过程。

2. 知识准备

(1) 按址汇款收汇的思维导图、按址汇款兑付的思维导图如图4-1、图4-2所示。

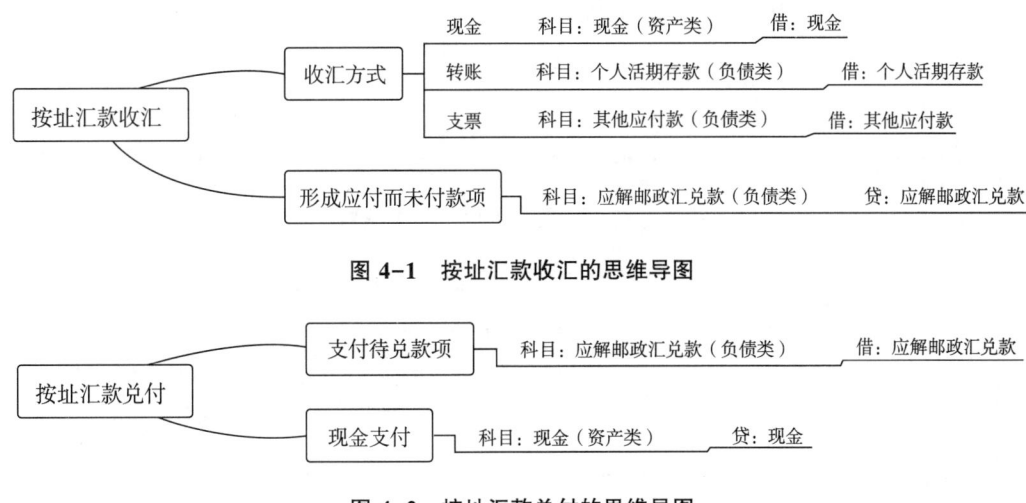

图4-1　按址汇款收汇的思维导图

图4-2　按址汇款兑付的思维导图

(2) 按址汇款的会计分录。

①收汇网点办理汇款时的会计分录：

借：现金——业务现金——营业现金

（或）借：个人活期存款——个人结算存款

（或）借：其他应付款——同城票据款项

　　　贷：应解邮政汇兑款——待兑汇款

②付汇网点办理兑付时的会计分录：

借：应解邮政汇兑款——待兑汇款

　　贷：现金——业务现金——营业现金

【例 4-1】 2024 年 10 月 21 日，客户符斌毓到鸿雁支行办理现金汇款业务（具体汇款信息如下），柜员审核无误后，为其办理汇款手续。

收款人姓名：强慧

收款人地址/账号：云南省曲靖官坡巷 51 号鸿康嘉园 JYSY 有限公司

金额：11 490 元

收款人邮编：655000

汇款人姓名：符斌毓

汇款人电话/地址：福建省龙岩新罗区曹溪闽路 68 号 HXSC 有限公司

汇款人邮编：364008

回执方式：投单回执

工作步骤 1：受理及审核

前台柜员接收客户填制的汇款单、有效实名证件和现金，审核无误后录入系统。汇款单如凭 4-1 所示。

凭 4-1

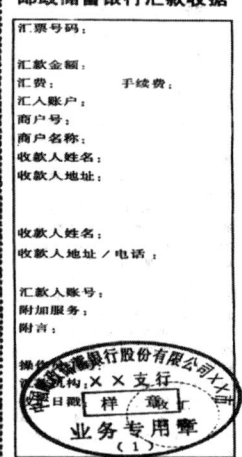

[备注：客户办理现金汇款金额在 1 万元（含）以上或个人结算账户汇款金额在 5 万元（含）以上时，须出示有效身份证件进行联网核查并打印联网核查结果，留存有效身份证件的复印件或影印件。]

工作步骤 2：录入系统

前台柜员调用按址汇款交易，根据系统提示录入相关信息，系统对账户进行账务处理，登记分户账、生成现金传票、登记现金日记簿。

录入系统后，生成如下会计分录

借：现金——业务现金——营业现金　　　　　　　　　　　　　11 490
　　贷：应解邮政汇兑款——待兑汇款　　　　　　　　　　　　　11 490

工作步骤 3：后续处理

前台柜员审核凭证无误后，在汇款单的各联上加盖业务专用章，并将汇款单回单、身份证件交付客户。另外，将汇款单留存联、联网核查结果等凭证一起上交会计稽核。

【例 4-2】（接例 4-1）2024 年 10 月 23 日，收款人强慧持取款通知单及身份证到当地邮政网点办理兑付手续。前台柜员审核无误后，为其办理业务。

工作步骤 1：受理及审核

前台柜员接收客户提交的取款通知单和有效实名证件，柜员审核取款通知单的同时联网核查身份证件是否合规，审核无误后录入系统。

工作步骤 2：录入系统

柜员调用兑付交易，根据系统提示录入信息（汇票号码、取款金额、标识码、身份证件信息等），并审核相关信息是否一致。信息录入完毕后，系统对账户进行账务处理，并生成如下会计分录：

借：应解邮政汇兑款——待兑汇款　　　　　　　　　　　　　　11 490
　　贷：现金——业务现金——营业现金　　　　　　　　　　　　11 490

工作步骤 3：后续处理

前台柜员将清点好的现金交付客户，另外将取款通知单加盖业务专用章，连同联网核查结果及记账凭证一起上交会计稽核。

（二）项目活动 2　密码汇款及核算

密码汇款是指汇款行将汇款信息实时发送后，收款人可在全国范围内凭密码即时通兑的一种汇款方式。密码汇款方式包括现金、账户、支票等。

密码汇款兑付方式为现金兑付，即款项兑付时，网点支付给用户的是现金。

1. 活动目标

能够根据客户的业务需求进行准确的业务操作，并掌握相应的会计核算原理及其过程。

2. 知识准备

（1）密码汇款业务流程如图 4-3 所示。

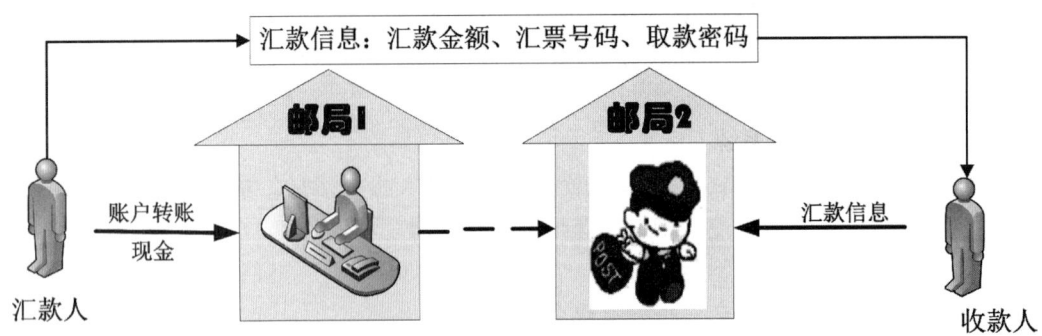

图 4-3　密码汇款业务流程

（2）密码汇款的会计分录。

①收汇网点办理汇款时的会计分录：

借：现金——业务现金——营业现金

（或）借：个人活期存款——个人结算存款

（或）借：其他应付款——同城票据款项

　　贷：应解邮政汇兑款——待兑汇款

②付汇网点办理兑付时的会计分录：

借：应解邮政汇兑款——待兑汇款

　　贷：现金——业务现金——营业现金

【例 4-3】2024 年 10 月 22 日，客户管清风持现金到鸿雁支行办理密码汇款业务，前台柜员审核无误后，为其办理汇款手续，详细汇款信息如下：

收款人姓名：娄宛圣

金额：5 430 元

汇款人姓名：管清风

汇款人邮编：453001

汇款人电话/地址：海南省海口龙昆路 30 号宏源证券大厦 15 楼

工作步骤 1：受理及审核

前台柜员接收客户提交的汇款单和现金，清点现金并核对，审核无误后录入系统。若是大额汇款，汇款人还需提供实名证件，柜员需对身份证件进行联网核查；大额现金需双人复核并授权。

工作步骤 2：录入系统

前台柜员调用密码汇款交易，根据系统提示录入信息（收汇方式、收款人姓名、汇款金额、汇款人信息等），并审核相关信息是否一致。信息录入完毕后，系统对账户进行账务处理，生成如下会计分录：

借：现金——业务现金——营业现金　　　　　　　　　　　　5 430

　　贷：应解邮政汇兑款——待兑汇款　　　　　　　　　　　　5 430

工作步骤 3：后续处理

前台柜员审核凭证无误后，在汇款单的各联上加盖业务专用章，并将汇款单回单、身份证件交付客户。营业终了，将汇款单留存联、联网核查结果等凭证一起上交会计稽核。

【例 4-4】（接例 4-3）2024 年 10 月 24 日，收款人娄宛圣持汇款信息及身份证到当地邮政网点办理兑付手续。柜员审核无误后，为其办理业务。

工作步骤 1：受理及审核

前台柜员接收客户提交的有效实名证件，柜员根据汇款信息选择正确的交易，进行业务处理。

工作步骤 2：录入系统

前台柜员调用兑付交易，根据系统提示录入信息（汇票号码、取款金额、取款密码、身份证件信息等），并审核相关信息是否一致。系统进行账务处理，登记分户账、生成现金传票、登记现金日记簿，并生成如下会计分录：

借：应解邮政汇兑款——待兑汇款　　　　　　　　　　5 430
　贷：现金——业务现金——营业现金　　　　　　　　5 430

工作步骤 3：后续处理

前台柜员将清点好的现金交付客户，营业终了，将联网核查结果、通用凭证一起上交会计稽核。

(三) 项目活动 3　入账汇款及核算

入账汇款是指将款项汇入指定收款人账户的业务。入账汇款只能在联网网点办理。

按照收款人账户性质不同，入账汇款分为个人账户入账汇款和对公账户入账汇款。包括个人现金到账户汇款、个人账户到账户汇款、个人现金/支票到对公账户汇款、个人账户到对公账户汇款。

个人账户入账汇款的收款账户必须是有效的中国邮政储蓄银行的人民币个人结算账户，单位账户入账汇款的收款账户必须是在中国邮政储蓄银行开立的公司结算账户。

所汇款项成功汇入收款人个人或单位账户，即入账兑付。

1. 活动目标

能够根据客户的业务需求进行准确的业务操作，并掌握相应的会计核算原理。

2. 知识准备

（1）入账汇款核算的思维导图如图 4-4 所示。

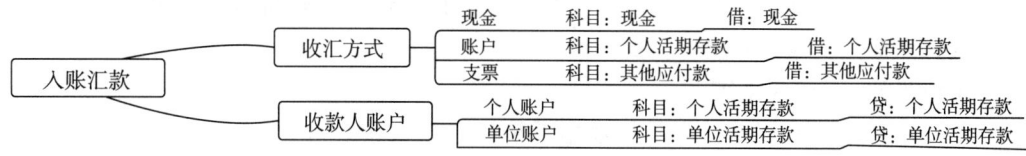

图 4-4　入账汇款核算的思维导图

(2) 个人现金到账户汇款。

个人现金到账户汇款是指汇款人将现金汇入本行指定收款人结算账户的业务。完成收汇时，会计分录为：

借：现金——业务现金——营业现金
　　贷：个人活期存款——个人结算存款

(3) 个人账户到账户汇款。

个人账户到账户汇款是指本行个人结算账户向行内指定收款人账户的汇款业务。完成收汇时，会计分录为：

借：个人活期存款——个人结算存款（汇款人）
　　贷：个人活期存款——个人结算存款（收款人）

(4) 个人现金/支票到对公账户汇款。

个人现金/支票到对公账户汇款，是指汇款人将现金/支票汇入指定行内单位收款人账户的业务。完成收汇时，会计分录为：

借：现金——业务现金——营业现金
（或）借：其他应付款——同城票据款项
　　贷：单位活期存款——××存款

(5) 个人账户到对公账户汇款。

个人账户到对公账户汇款，是指本行个人结算账户向行内单位账户汇款的业务。完成收汇时，会计分录为：

借：个人活期存款——个人结算存款
　　贷：单位活期存款——××存款

【例4-5】2024年11月10日，裘宗丽到邮金银行办理现金汇款业务，金额为8 490元，将汇款单提交给银行柜员，柜员审核无误后，为其办理汇款手续，详细汇款信息如下：

交易种类	金额	收款人姓名	收款人地址/账号	汇款人姓名	汇款人电话/地址
收汇	8 490元	张元	60110310010422（行内账号）	裘宗丽	湖北省孝感孝南区航空路8号西城嘉园北区

工作步骤1：受理及审核

前台柜员接收客户填制好的汇款单和现金，清点现金并核对，审核无误后，录入系统。若为大额汇款，汇款人需提供实名证件，柜员需对身份证件进行联网核查；且大额现金需双人复核，并授权。

工作步骤2：录入系统

前台柜员调用入账汇款交易，根据系统提示录入信息（收汇方式、收款人姓名、收款人账号、汇款金额、汇款人信息等），并审核相关信息是否一致。信息录入完毕后，系统对账户进行账务处理，登记分户账、生成现金传票、登记现金日记簿，生成如下会计分录：

借：现金——业务现金——营业现金　　　　　　　　　　　　8 490
　　贷：个人活期存款——个人结算存款　　　　　　　　　　　　8 490

工作步骤3：后续处理

提交系统成功后，柜员打印汇款单，并在汇款单的各联上加盖业务专用章，将汇款单回单、身份证件交付客户。营业终了，将汇款单银行留存联、联网核查结果连同通用凭证一起上交会计稽核。

三、任务活动

【任务描述】2024年10月22日，客户张元持本行银行卡（卡号：60110310010422）到鸿雁支行办理转账汇款业务，柜员审核无误后，为其办理汇款手续，详细汇款信息如下：

收款人姓名	金额	汇款人姓名	汇款人邮编	汇款人电话/地址	备注
李明娜	3 200元	张元	100083	北京市海淀区学院路丁11号	客户设置密码

根据客户需求，判定汇款类型，并根据业务流程进行会计核算。

【任务分析】根据所给业务信息判断业务类型及汇款种类，再根据汇款方式判断选择准确的会计科目进行会计处理，生成会计分录，并填制分户账及传票等。

【任务实施】
（1）判断业务类型及汇款种类。
①业务类型：_____
②汇款种类：_____
（2）汇出行汇出款项时的会计处理及凭证填制。
①会计分录：

②填制以下凭证（凭4-2至凭4-5）：

凭 4-2　　　　　　　　　　转账借方传票
　　　　　　　　　　　　　年　月　日

科目（借）		对方科目（贷）										附件
户名或账号	摘　要	金　额										
		千	百	十	万	千	百	十	元	角	分	
												张
合　　计												

凭 4-3　　　　　　　　　　转账贷方传票
　　　　　　　　　　　　　年　月　日

科目（贷）		对方科目（借）										附件
户名或账号	摘　要	金　额										
		千	百	十	万	千	百	十	元	角	分	
												张
合　　计												

凭 4-4　　　　　　　　邮金银行**应解邮政汇兑款**分户账

户名：

2024年		摘要	凭证号码	对方科目代码	借方（位数）	贷方（位数）	借或贷	余额（位数）	复核盖章
月	日								
		上日余额					贷	80 456	

凭 4-5　　　　　　　　邮金银行**个人活期存款**分户账

户名：　　　账号：　　　利率：0.36%

2024年		摘要	凭证号码	对方科目代码	借方（位数）	贷方（位数）	借或贷	余额（位数）	日数	积数（位数）	复核盖章
月	日										
10	1	上月余额				12 380	贷	12 380			

(3) 2024年10月23日兑付行兑付款项时的会计处理及凭证填制。
①会计分录：

②填制以下凭证（凭4-6至凭4-8）：

凭4-6　　　　　　　　　现金付出传票

（借）_____
（贷）：现金　　　　　　　　　　　年　月　日

户名或账号	摘要	金额									附件
		千	百	十	万	千	百	十	元	角	分
	合　计										张

凭4-7　　　　　　　　　现金付出日记簿

凭证编号	科目代码	账号或户名	摘要	金额
				（位数）

凭4-8　　　　　邮金银行 <u>应解邮政汇兑款</u> 分户账

户名：

2024年		摘要	凭证号码	对方科目代码	借方	贷方	借或贷	余额	复核盖章
月	日				（位数）	（位数）		（位数）	
		上日余额					贷	80 456	

　知识加油站

　　国际汇款业务是商业银行国际业务的主要业务之一。国内商业银行通常可以办理西联汇款、瑞亚速汇、银星速汇、速汇金汇款、银邮国际汇款和邮政国际汇款等。国际汇款根据款项的流向分为收汇汇款和发汇汇款两种。

根据币种的不同，收汇汇款可以分为外币收汇和人民币收汇两大类。外币收汇包括外币现金收汇和外币收汇汇款转存；人民币收汇分为人民币现金收汇和人民币账户收汇两种，与外币收汇不同的是，在商业银行收到汇款时，需要进行结售汇处理。

以外币现金收汇汇款为例，其会计分录为：

借：跨行清算资金往来——跨境清算金　　　　　　　　　　（外币）
　　贷：应解汇款及临时存款　　　　　　　　　　　　　　（外币）
借：应解汇款及临时存款　　　　　　　　　　　　　　　　（外币）
　　贷：现金——业务现金——营业现金　　　　　　　　　（外币）

发汇汇款包括现金发汇、账户汇款发汇、现金售汇发汇、账户售汇发汇。当客户以人民币进行跨行发汇的时候，也需进行结售汇处理。

以外币现金发汇汇款为例，其会计分录为：

借：现金——业务现金——营业现金　　　　　　　　　　　（外币）
　　贷：跨行清算资金往来——跨境清算金　　　　　　　　（外币）

项目二　核算大/小额支付业务

知识目标

1. 了解跨行汇款业务的渠道、业务规定及业务处理流程。
2. 掌握跨行汇款业务的会计科目及会计核算原理。

能力目标

能根据客户的需求选择合适的汇款渠道，并进行准确的业务操作，能用会计理论理解业务规定及操作要点。

一、基础知识

（一）跨行汇款业务概述

跨行汇款业务是指客户通过商业银行柜面、网上银行、电话银行、手机银行、多媒体自助终端等渠道向开立在国内其他商业银行的单位或个人账户进行转账汇款的业务。跨行汇款包括银联跨行汇款、中国人民银行跨行汇款及同城票据交换跨行汇款等，其中通过商业银行自助设备等渠道发起的跨行汇款为银联跨行汇款；中国人民银行跨行汇款渠道主要包括大额支付系统、小额支付系统和网上支付跨行清算系统；同城票据交换系统主要为跨行票据交换提供资金结算服务。

大额支付系统被誉为资金汇划的"高速公路",逐笔发送支付指令,全额实时清算资金,旨在为各商业银行及企事业单位提供快速、安全、可靠的支付清算服务。大额支付系统主要处理下列支付业务:

(1) 规定金额起点以上的跨行贷记支付业务;
(2) 规定金额起点以下的紧急跨行贷记支付业务;
(3) 商业银行行内需要通过大额支付系统处理的贷记支付业务;
(4) 特许参与者发起的即时转账业务;
(5) 城市商业银行银行汇票资金的移存和兑付资金的汇划业务;
(6) 中国人民银行会计营业部门、国库部门发起的贷记支付业务及内容转账业务;
(7) 中国人民银行规定的其他支付清算业务。

小额支付系统支付指令批量发送,轧差净额清算资金,是针对人民群众日常生活而设计的低成本、大业务量、全天候 24 小时的支付清算服务系统,主要处理下列支付业务:

(1) 普通贷记支付业务,即付款行向收款行主动发起的付款业务,如汇兑、委托收款划回。
(2) 普通借记支付业务,即收款行向付款人开户银行主动发起的收款业务,包括中国人民银行机构间的借记业务、国库借记汇划业务和支票截留业务等。
(3) 定期贷记支付业务,即付款行依据当事各方事先签订的协议,定期向收款行发起的批量付款业务,如代付工资、保险金、养老金业务等。
(4) 定期借记支付业务,即收款行依据当事各方事先签订的协议,定期向指定付款行发起的批量收款业务,如国库批量扣税业务和代收水、电煤气等公用事业费业务。
(5) 实时借记支付业务,即收款行接受收款人委托发起的、将确定款项实时借记指定付款人账户的业务,如对公通兑业务、国库实时扣税业务和个人储蓄通兑业务。
(6) 实时贷记支付业务,即付款行接受付款人委托发起的、将确定款项实时贷记指定收款人账户的业务,如个人储蓄通存业务、中国人民银行规定的其他实时贷记支付业务。
(7) 中国人民银行规定的其他支付清算业务。

大额实时支付系统与小额批量支付系统的参与者包括直接参与者、间接参与者和特许参与者。直接参与者是指直接与支付系统城市处理中心连接并在中国人民银行开设清算账户的银行金融机构。间接参与者是指未在中国人民银行开设清算账户而委托直接参与者办理资金清算的银行。特许参与者是指经中国人民银行批准通过大额或小额支付系统办理特定支付业务的机构。商业银行直接接入现代化支付系统的机构为直接参与者,其他各分支机构作为现代化支付系统的间接参与者接入现代化支付系统。

现代化支付系统在业务办理过程中包括已复核、已发送、已清算、人行退回、排队状态、已撤销和被退回等多种状态。其中，人行退回、排队状态、已撤销和被退回四种状态被称为异常往账状态。

（1）已复核：已成功复核，并提交行内主机处理，交易还未发送到中国人民银行。

（2）已发送：该笔往账已发送到中国人民银行，等待进一步处理。

（3）已清算：该笔往账已成功发送到中国人民银行，且中国人民银行已经对该笔交易进行清算。

（4）人行退回：该笔往账被中国人民银行拒绝并退回到行内。

（5）排队状态：发起清算行在中国人民银行头寸不足，交易无法被清算处理标志。

（6）已撤销：该笔往账已经被中国人民银行或发起行撤销。

（7）被退回：该笔往账被他行主动退回。

（8）已重发：该笔往账被拒绝或者被退回后，重新发出并新生成一笔往账。

（二）会计科目设置

1. 跨行清算资金往来

"跨行清算资金往来"为一级会计科目，用于核算和反映商业银行发生跨行电子汇划和往来资金等的清算款项，属于资产负债共同类科目，余额在借方为资产类科目，余额在贷方为负债类科目。本科目可设置以下二级科目："大额支付"，用于核算和反映商业银行通过中国人民银行大额支付系统发生的跨行清算资金往来的情况；"小额支付"，用于核算和反映商业银行通过中国人民银行小额支付系统发生的跨行清算资金往来的情况。

2. 存放中央银行款项

"存放中央银行款项"为一级会计科目，用于核算和反映商业银行存放于中国人民银行的各种款项，包括业务资金的调拨、办理同城票据交换和异地跨系统资金汇划、提取或缴存现金等，属于资产类科目，余额反映在借方。本科目可设置以下二级科目："准备金"，用于核算和反映商业银行存放在中国人民银行准备金账户款项的情况，按存放机构设置分户进行明细核算；"特种存款"，用于核算和反映商业银行存放在中国人民银行特种存款的情况，按存放机构设置分户进行明细核算。

3. 应解汇款及临时存款

"应解汇款及临时存款"为一级会计科目，用于核算和反映商业银行收到的应解付尚未解付的银行汇票、银行承兑汇票的款项以及邮政汇兑款项以外的待解付的汇兑款项，属于负债类科目，余额应反映在贷方。本科目可按收款人逐笔设户进行明细核算。

4. 其他应付款

"其他应付款"为一级会计科目，用于核算和反映商业银行发生的其他应付、暂收款项等，属于负债类科目，余额应反映在贷方。本科目可设置以下二级科目："待付退汇款"，用于核算和反映商业银行通过中国人民银行大、小额支付系统向中国人民银行划款时，因各种原因退回、待查清的款项，属于负债类科目，余额反映在贷方。根据退汇渠道的不同，可设置三级会计科目"大额退汇款""小额退汇款"等。

5. 单位结算业务收入

"单位结算业务收入"为一级会计科目,用于核算和反映商业银行为单位或个人办理各项结算业务而取得的手续费收入的情况,属于损益类科目,余额应反映在贷方,年终结转后无余额。本科目按照币种不同可设置"人民币结算业务收入""外币结算业务收入"两个二级科目,并按照对应业务的不同设置三级会计科目,如"大额支付收入""小额支付收入""支票业务收入""银行本票业务收入""银行汇票业务收入""银行承兑汇票业务收入"等。

二、跨行汇款项目活动

跨行汇款分为跨行转账汇款和跨行现金汇款,并区分汇出行和汇入行两种情况进行会计核算。大额跨行汇兑业务包括往账业务和来账业务两大类,大额跨行汇兑业务往账业务是指商业银行作为汇出行,接受客户委托将款项通过大额支付系统汇往指定的其他银行的收款人账户,根据交易种类的不同分为单位转账汇款和个人现金汇款。大额跨行汇兑业务来账业务是指商业银行作为汇入行,接收其他银行通过大额支付系统汇入的汇款业务。根据大额来账的户名和账号是否一致,分为自动入账和不能自动入账的大额汇兑来账业务。

(一) 项目活动1 跨行往账业务及会计核算

1. 活动目标

能够根据客户汇款需求,按照业务流程准确进行业务操作及审核,并能够进行相应的会计核算。

2. 知识准备

(1) 大额跨行往账核算的思维导图如图4-5所示。

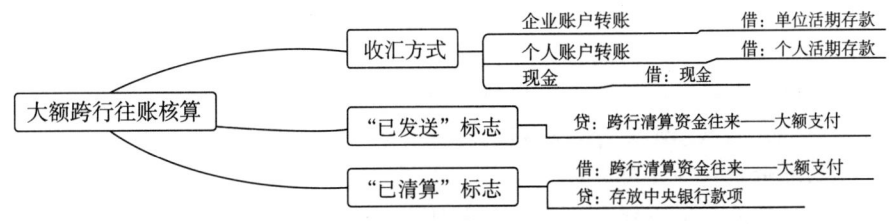

图4-5 大额跨行往账核算的思维导图

(2) 大额/小额跨行往账业务的会计分录。

①汇出行汇出款项。

◎单位转账跨行汇款的会计分录:

借:单位活期存款——××活期存款
　　贷:跨行清算资金往来——大额支付
　　(或)贷:跨行清算资金往来——小额支付

◎现金跨行汇款的会计分录:

借:现金——业务现金——营业现金

贷：应解汇款及临时存款
借：应解汇款及临时存款
　　贷：跨行清算资金往来——大额支付
　　（或）贷：跨行清算资金往来——小额支付

◎个人账户跨行汇款的会计分录：
借：个人活期存款——个人结算存款
　　贷：跨行清算资金往来——大额支付
　　（或）贷：跨行清算资金往来——小额支付

②汇出行办理汇款撤销。
汇款人对汇出银行尚未汇出的款项可以申请撤销。申请撤销时，不需要进行账务处理。

③汇出行办理退汇（汇出行收到退汇款的处理）的会计分录：
借：跨行清算资金往来——大额支付
（或）借：跨行清算资金往来——小额支付
　　贷：其他应付款——待付退汇款

◎收到转账汇款退汇的款项转入原汇款人账户的会计分录：
借：其他应付款——待付退汇款
　　贷：单位活期存款——××活期存款

◎收到现金汇款退汇的款项的会计分录：
借：其他应付款——待付退汇款
　　贷：应解汇款及临时存款

支付客户现金时，会计分录为：
借：应解汇款及临时存款
　　贷：现金——业务现金——营业现金

④中国人民银行退回后汇出行的处理。
◎若不需再次汇出，核算同"汇出行办理退汇"。
◎若需要再次汇款，则会计分录为：
借：其他应付款——待付退汇款
　　贷：跨行清算资金往来——大额支付
　　（或）贷：跨行清算资金往来——小额支付

⑤汇兑手续费的核算。
借：现金——业务现金——营业现金
（或）借：单位活期存款——××活期存款
　　贷：单位结算业务收入——人民币结算业务收入

⑥中国人民银行清算后汇出行的处理。
◎大额支付系统实时清算：
借：跨行清算资金往来——大额支付
　　贷：存放中央银行款项——准备金

◎小额支付系统轧差清算：

若小额支付系统轧差后为应收金额，则清算分录为

 借：存放中央银行款项——准备金

  贷：跨行清算资金往来——小额支付

若小额支付系统轧差后为应付金额，则清算分录为

 借：跨行清算资金往来——小额支付

  贷：存放中央银行款项——准备金

【例4-6】2024年9月2日，鸿雁支行收到单位客户长城集团股份有限公司（0010201002680）的加急汇款申请，收款人为工商银行浙江杭州西湖支行开户单位：爱凌商贸有限公司（81010034206），汇款金额为530 000元。柜员审核无误后，办理汇款手续并收取汇款手续费50元。

工作步骤1：受理及审核

前台柜员接收客户提交的转账支票和一式三联进账单或一式三联电汇凭证并进行审核：

（1）审核汇款金额是否符合大额汇款金额要求，如果不符合大额支付系统汇款金额要求，审查汇款凭证上是否勾选"加急"选项，若客户勾选"加急"选项，就可以通过大额支付系统进行资金汇划。

（2）审核转账支票、进账单或汇款单是否合规，审核无误后在支票和进账单或电汇凭证上加盖章戳和名章。

工作步骤2：录入系统

前台柜员调用"实时付款"交易代码，根据系统提示选择大/小额标志，输入接收行行号等要素，信息确认无误后点击"执行"，系统对账户进行账务处理，登记分户账、生成转账传票、登记大额支付往账登记簿（如凭4-9至凭4-14所示）。

鸿雁支行将该汇款信息发往中国人民银行大额支付系统时的会计分录：

 借：单位活期存款——工业活期存款   530 000

  贷：跨行清算资金往来——大额支付   530 000

收取汇兑手续费的会计分录：

 借：单位活期存款——工业活期存款   50

  贷：单位结算业务收入——人民币结算业务收入 50

登记分户账：

凭4-9   邮金银行（鸿雁支行）**单位活期存款**分户账

户名：长城集团股份有限公司 账号：0010201002680 利率：0.36%

2024年		摘要	凭证号码	对方科目代码	借方（位数）	贷方（位数）	借或贷	余额（位数）	日数	积数（位数）	复核盖章
月	日										
9	1	承前页					贷	653 789	1	653 789	钱 勇
9	2	汇款	0568	3105	530 000		贷	123 789			
9	2	手续费	0569	5405	50		贷	123 739			

生成转账传票：

凭 4-10　　　　　　　　　　　　　　　转账借方传票
　　　　　　　　　　　　　　　　　　　2024 年 09 月 02 日

科目（借）	单位活期存款		对方科目（借）	跨行清算资金往来	
户名或账号		摘 要	金 额		
			千 百 十 万 千 百 十 元 角 分		
长城集团股份有限公司（0010201002680）		大额跨行汇款	5 3 0 0 0 0 0 0		
合　计			¥ 5 3 0 0 0 0 0 0		

附件　张

凭 4-11　　　　　　　　　　　　　　　转账贷方传票
　　　　　　　　　　　　　　　　　　　2024 年 06 月 05 日

科 目（贷）	跨行清算资金往来		对方科目（借）	单位活期存款	
户名或账号		摘 要	金 额		
			千 百 十 万 千 百 十 元 角 分		
长城集团股份有限公司（0010201002680）		大额跨行汇款	5 3 0 0 0 0 0 0		
合　计			¥ 5 3 0 0 0 0 0 0		

附件　张

凭 4-12　　　　　　　　　　　　　　　转账借方传票
　　　　　　　　　　　　　　　　　　　2024 年 09 月 02 日

科 目（借）	单位活期存款		对方科目（贷）	单位结算业务收入	
户名或账号		摘 要	金 额		
			千 百 十 万 千 百 十 元 角 分		
长城集团股份有限公司（0010201002680）		大额跨行汇款手续费	5 0 0 0		
合　计			¥ 5 0 0 0		

附件　张

凭 4-13　　　　　　　　　　　　转账贷方传票
　　　　　　　　　　　　　　　2024 年 06 月 05 日

科　目（贷）	单位结算业务收入	对方科目（借）	单位活期存款									附件
户名或账号	摘　　要	金　额										
		千	百	十	万	千	百	十	元	角	分	
长城集团股份有限公司（0010201002680）	大额跨行汇款手续费							5	0	0	0	张
合　　计							¥	5	0	0	0	

登记大额支付往账登记簿：

凭 4-14　　　　　　　　　　　　大额支付往账登记簿

清算起始日	清算截止日	支付交易序号	汇划金额	汇出机构	汇入机构	付款人账号	处理标志
2024.09.02		01202109023201	530 000	邮金银行鸿雁支行	工商银行浙江杭州西湖支行	0010201002680	已发送

工作步骤 3：后续处理

前台柜员盖章后的进账单或电汇凭证第一联和通用凭证第二联交持票人作记账依据，营业终了，将转账支票和进账单（或电汇凭证）第二、第三联连同通用凭证一起上交会计稽核。

【例 4-7】（接例 4-6）（1）当大额支付系统处理标志显示为"已清算"时，表示该笔往账已经成功发送到对方银行，则中国人民银行通过邮金银行直接参与者开立的清算账户，进行实时清算，会计分录为：

借：跨行清算资金往来——大额支付　　　　　　　　　　530 000
　　贷：存放中央银行款项——准备金　　　　　　　　　　530 000

（2）当大额支付系统处理标志显示为"人行退回"时，表示该笔往账被中国人民银行拒绝并退回到行内，会计分录为：

借：跨行清算资金往来——大额支付　　　　　　　　　　530 000
　　贷：其他应付款——待付退汇款　　　　　　　　　　　530 000

转入原汇款人账户时，同时调整汇款人分户账明细。

借：其他应付款——待付退汇款　　　　　　　　　　　　530 000
　　贷：单位活期存款——工业活期存款　　　　　　　　　530 000

登记分户账（如凭 4-15 所示）：

凭 4-15　　　　邮金银行（鸿雁支行）单位活期存款分户账

户名：长城集团股份有限公司　　账号：0010201002680　　利率：0.36%

2024年		摘要	凭证号码	对方科目代码	借方（位数）	贷方（位数）	借或贷	余额（位数）	日数	积数（位数）	复核盖章
月	日										
9	1	承前页					贷	653 789	1	653 789	钱勇
9	2	汇款	0568	3105	530 000		贷	123 789			
9	2	大额汇划费	0569	5405	50		贷	123 739			
9	2	汇款退回	0572	2625		530 000	贷	653 739			

（3）当大额支付系统处理标志显示为"已重发"时，表示该笔往账被拒绝或者被退回后，重新发出并新生成一笔往账，则会计分录为：

　　借：其他应付款——待付退汇款　　　　　　　　　　　　530 000
　　　贷：跨行清算资金往来——大额支付　　　　　　　　　530 000

（二）项目活动 2　跨行来账业务及会计核算

1. 活动目标

能够按照业务流程准确进行业务操作及审核，并能够进行相应的会计核算。

2. 知识准备

商业银行作为大额支付系统/小额支付系统的汇入行，在办理跨行来账业务时，处理程序涉及来账入账、来账挂账、汇款手工处理三种情况。跨行来账核算的思维导图如图 4-6 所示。

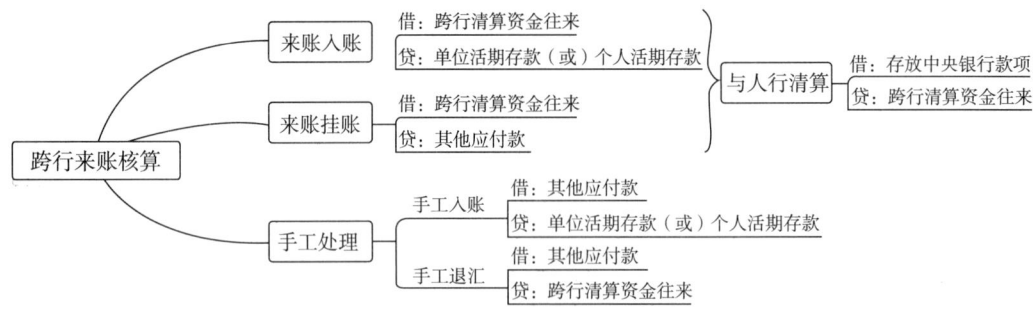

图 4-6　跨行来账核算的思维导图

（1）来账入账。

来账入账是指来账信息与本行开户客户信息一致，直接增加客户账户金额。会计分录为：

借：跨行清算资金往来——大额支付
（或）借：跨行清算资金往来——小额支付
　　贷：单位活期存款——××活期存款
　　（或）贷：个人活期存款——个人结算存款

（2）来账挂账。

来账挂账是指通过大额支付系统/小额支付系统划入的来账，如果无法记入相应的收款人账户，则需要先将款项记入其他应付款科目，待问题解决后再进行账务处理的挂账行为。会计分录为：

借：跨行清算资金往来——大额支付
（或）借：跨行清算资金往来——小额支付
　　贷：其他应付款——待处理汇划款项

（3）汇款手工处理。

汇款手工处理的结果包括汇款手工入账和挂账手工退汇两种情况。

①汇款手工入账是指收款人在本行开户的，由于收款人账户、户名不符等原因无法汇入的，待查明原因后手工将款项划入指定收款人账户的业务。会计分录为：

借：其他应付款——待处理汇划款项
　　贷：单位活期存款——××活期存款
　　（或）贷：个人活期存款——个人结算存款

②挂账手工退汇是指来账挂账后，经查验仍无法手工入账时，进行退汇的处理。会计分录为：

借：其他应付款——待处理汇划款项
　　贷：跨行清算资金往来——大额支付
　　（或）贷：跨行清算资金往来——小额支付

（4）来账入账后与中国人民银行的清算。

借：存放中央银行款项——准备金
　　贷：跨行清算资金往来——大额支付

【例4-8】2024年9月3日，邮金银行通过大额支付系统接收中信银行发来的一笔金额为1 200 000元的汇入汇款，收款人为鸿雁支行开户单位客户：长城集团股份有限公司（0010201002680）。

（1）来账信息与本行收款客户信息一致，则系统直接入账。会计分录为：

借：跨行清算资金往来——大额支付　　　　　　　　1 200 000
　　贷：单位活期存款——工业活期存款　　　　　　　　1 200 000

生成转账传票（如凭4-16、凭4-17所示）：

凭4-16　　　　　　　　　　　转账借方传票
2024年09月03日

科目（借）	跨行清算资金往来		对方科目（贷）	单位活期存款									附件
户名或账号		摘要		金　额									
				千	百	十	万	千	百	十	元	角	分
长城集团股份有限公司（0010201002680）		大额跨行来账入账			1	2	0	0	0	0	0	0	0 |张
合　计				¥	1	2	0	0	0	0	0	0	0

凭4-17　　　　　　　　　　　转账贷方传票
2024年06月05日

科目（贷）	单位活期存款		对方科目（借）	跨行清算资金往来									附件
户名或账号		摘要		金　额									
				千	百	十	万	千	百	十	元	角	分
长城集团股份有限公司（0010201002680）		大额跨行来账入账			1	2	0	0	0	0	0	0	0 |张
合　计				¥	1	2	0	0	0	0	0	0	0

登记分户账（如凭4-18所示）：

凭4-18　　　　　　邮金银行（鸿雁支行）**单位活期存款**分户账

户名：长城集团股份有限公司　　账号：0010201002680　　利率：0.36%

2024年		摘要	凭证号码	对方科目代码	借方（位数）	贷方（位数）	借或贷	余额（位数）	日数	积数（位数）	复核盖章
月	日										
9	1	承前页					贷	653 789	1	653 789	钱勇
9	2	汇款	0568	3105	530 000		贷	123 789			
9	2	汇划费	0569	5405	50		贷	123 739			
9	2	汇款退回	0572	2625		530 000	贷	653 739	1	653 739	梁燕
9	3	跨行入账	0891	3105		1 200 000	贷	1 853 739			

（2）来账信息与收款人账户信息不符，系统不能直接入账，需先挂账处理，会计分录为：

借：跨行清算资金往来——大额支付　　　　　　　　　　　1 200 000

贷：其他应付款——待处理汇划款项　　　　　　　　1 200 000

①经长城集团股份有限公司提供相关材料证实，该笔款项收款人确为该企业，银行将款项划入该企业账户，会计分录如下，同时生成转账传票并登记分户账（同上）。

　　借：其他应付款——待处理汇划款项　　　　　　　　1 200 000
　　　　贷：单位活期存款——工业活期存款　　　　　　　　1 200 000

②若该笔挂账业务，无法核实入账客户信息，则进行退汇处理，会计分录如下：

　　借：其他应付款——待处理汇划款项　　　　　　　　1 200 000
　　　　贷：跨行清算资金往来——大额支付　　　　　　　　1 200 000

三、任务活动

【任务描述】2024年3月2日，邮金银行石家庄鸿雁支行为储户孙大力办理实时异地跨行汇款业务，收款人为建设银行大庆学院路支行开户客户，汇款金额为120 000元。根据下列业务要求做出相应的会计核算。

【任务分析】根据客户需求，选定汇划渠道，按照业务流程进行准确的会计核算。

（1）判定汇划渠道：

（2）按照业务流程进行相应的会计处理：
①汇出行汇出款项的凭证填制。

登记分户账（凭4-19）：

凭4-19　　　　邮金银行（鸿雁支行）**个人活期存款分户账**

户名：孙大力　　　　账号：60110310010411　　　　利率：0.3%

2024年		摘要	凭证号码	对方科目代码	借方（位数）	贷方（位数）	借或贷	余额（位数）	日数	积数（位数）	复核盖章
月	日										
3	1	上月余额				150 640	贷	150 640			

生成转账传票（凭4-20、凭4-21）：

凭 4-20　　　　　　　　　　　转账借方传票
　　　　　　　　　　　　　　　　年　月　日

科　目（借）			对方科目（贷）									附件
户名或账号		摘　要	金　额									
			千	百	十	万	千	百	十	元	角	分
												张
合　计												

凭 4-21　　　　　　　　　　　转账贷方传票
　　　　　　　　　　　　　　　　年　月　日

科　目（贷）			对方科目（借）									附件
户名或账号		摘　要	金　额									
			千	百	十	万	千	百	十	元	角	分
												张
合　计												

②汇出行汇出款项的会计分录（包括汇款信息发往大额支付系统和大额支付系统显示"已清算"时的会计分录）。

 知识加油站

我国银行业为社会提供的支付业务主要分为三类：一是贷记支付业务，是指付款方通过开户银行发起的，贷记收款方客户账户的支付业务，即付款行向收款行主动发起的付款业务，包括汇兑、委托收款划回和托收承付划回等；二是借记支付业务，是指收款方通过开户银行发起的，借记付款方客户账户的支付业务，即收款行向付款行主动发起的收款业务，包括银行汇票、国内信用证、银行本票、支票和旅行支票；三是其他支付业务，如商业汇票、银行卡以及其他创新的支付业务。

项目三 核算同城票据交换业务

知识目标

1. 了解同城票据交换业务规定及业务处理流程。
2. 掌握同城票据交换业务的会计科目及会计核算原理。

能力目标

能根据客户的需求,准确进行同城票据交换业务的操作,能用会计理论理解业务规定及操作要点。

一、基础知识

(一) 同城票据交换概述

同城票据交换是指为了满足收、付款人在同一城市或规定区域但不在同一家商业银行开户的企事业单位和个人之间办理资金清算的需要,由开户银行将有关的结算票据按照规定时间和要求带到票据交换所相互交换代收、代付票据,进行集中交换资金轧差清算的金融行为。

支票、银行汇票、银行本票、特种转账凭证、信汇、进账单、托收凭证、税单等遵循各地中国人民银行规定的允许参加同城交换业务的各种票据统称为交换票据,交换票据分为交换借方票据和交换贷方票据。

1. 票据

能够参加同城交换业务的票据包括支票、银行汇票、银行本票、特种转账凭证、信汇、进账单、托收凭证、税单等。交换票据分为借方票据和贷方票据,其中支票、本票、汇票、特种转账借方凭证、财政拨款专用凭证、一般缴款单、托收凭证等称为借方票据;进账单、电汇凭证、财政拨款凭证、财政直接支付凭证、特种转账贷方凭证等被称为贷方票据。

2. 交换票据

商业银行受理客户提交的同城跨行票据,一方面通过"交换提出",将他行票据提往本区域的票据交换所。交换提出的票据若是提出行主动为本行客户向他行收款的票据,则称为提出借方票据;交换提出的票据若是提出行为本行客户向他行客户付款的票据,则称为提出贷方票据。另外,可通过"交换提入",从票据交换所提回他行提出的本行票据,从而实现同城票据交换。交换提入的票据若是他行客户主动向本行客户收款的票据,则称为提入借方票据;交换提入的票据若是他行客户主动向本行客户付款的票据，则称为提入贷方票据。

因此，当商业银行提出借方票据和提入贷方票据时，即为我行收款他行付款，对票据交换所产生应收债权；当商业银行提入借方票据和提出贷方票据时，即为我行付款他行收款，对票交所产生应付债务。票据交换关系如图4-7所示。

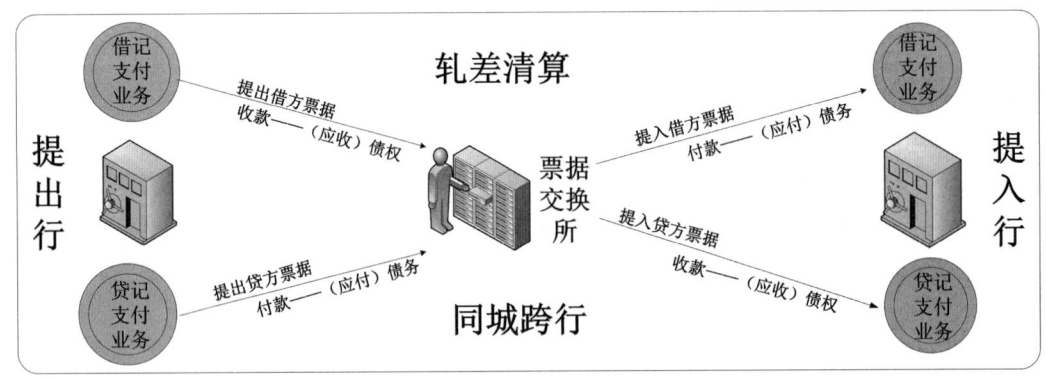

图4-7 同城票据交换关系

3. 票据交换所

票据交换所是指实施票据交换及清算职能的当地中国人民银行的执行机构。票据交换行的资金清算通过票据清算行在中国人民银行开立的清算账户完成。票据交换行是指参加同城票据交换业务的机构。票据清算行是指代理本级和其他票据交换行跟中国人民银行进行同城票据交换资金清算的机构。票据清算行本身也有可能是票据交换行。

4. 退票业务

同城票据交换必须坚持"及时处理、差额清算、先借后贷、收妥抵用、银行不予垫款"的原则。收妥抵用是商业银行对客户提交的借方票据在进行资金结算时控制风险的一种措施。"收妥"是指商业银行先对票据进行形式审核，确认形式有效后"收下"该票据的行为，此时，款项尚未划入客户账户。"抵用"是指商业银行作为提出行将票据传递给付款人开户行，在规定的时间内未收到对方银行的退票通知，则视为提入行同意付款，提出行将款项正式划入客户账户的行为。

退票业务是指在处理同城交换业务时，将不能付款或收款的票据或结算凭证退回的行为。按票据来源划分，退票可分为提入票据退票和提出票据退票。提入票据退票是指提入行将交换提入的票据退给提出行。提出票据退票是指提出行提出给他行的票据被他行退回。

按票据性质不同，提入票据退票可分为提入借方票据退票和提入贷方票据退票，提出票据退票可分为提出借方票据退票和提出贷方票据退票。

（1）提出借方票据退票是指提出行提出的借方票据被提入行退回。

（2）提出贷方票据退票是指提出行提出的贷方票据被提入行退回。

（3）提入借方票据退票是指提入行将提入的审核不通过的借方票据退回至提出行。

（4）提入贷方票据退票是指提入行将提入的审核不通过的贷方票据退回至提出行。

按退票原因划分，退票可分为透支原因退票和非透支原因退票。透支原因退票是指在本行开户的付款人账户余额不足以致无法正常扣款，而将票据退还给提出行。非透支原因退票是指因票面金额不符、票据记载事项不全等非透支原因将票据退给提出行。

按票据是否实物被退划分，退票分为电话退票和实物退票。电话退票是指根据当地中国人民银行的规定，在规定的退票通知时限内，采取电话、传真或网络的形式，将票据的详细信息和退票理由通知原票据提出行。实物退票是指通过交换提出方式，将实物票据退给提出行。实物退票通常发生在电话退票的下一场次。

退票的详细规定如下：

（1）提入借方票据后若需要退票，必须在提入票据场次的下一场退票。

（2）提出借方票据的收妥入账，提出行须在下一场次未收到退票信息且资金清算完毕后入账。

（3）超过规定的退票时间后不允许退票。

（4）退票截止时间和票据抵用时间以当地中国人民银行同城票据清算管理办法为准。

5. 轧差清算

交换轧差是指商业银行按照中国人民银行提供的票据交换清单，将本行的轧差金额根据中国人民银行轧差金额进行核对，以验证票据交换金额是否相符并进行资金清算的业务。

轧差金额＝应收金额－应付金额

应收金额＝提出借方金额＋提入贷方金额

应付金额＝提出贷方金额＋提入借方金额

轧差金额为正数时，商业银行收款；轧差金额为负数时，则商业银行付款。

银行前台柜员必须严格按照中国人民银行轧差清单办理内部资金清算，若轧差不平，必须查找原因，暂时无法查明原因的，做挂账处理。

（二）会计科目

1. 跨行清算资金往来

"跨行清算资金往来"为一级会计科目，用于核算和反映商业银行发生的跨行电子汇划和往来资金等的资金清算款项，属于资产负债共同类科目，余额在借方为资产类科目，余额在贷方为负债类科目。本科目可设置二级会计科目"同城票据清算"，用于核算和反映商业银行参加同城或区域票据交换而提出和提入的清算款项。

2. 其他应付款

"其他应付款"为一级会计科目，用于核算和反映本行发生的其他应付、暂收款项等，属于负债类科目，余额应反映在贷方。本科目可设置二级会计科目"同城票据款项"，用于核算和反映商业银行与其他银行等金融机构办理同城票据时涉及的往来款项情况，余额反映在借方，可设置以下三级会计科目等。

（1）"同城票据清算"用于核算和反映商业银行与其他银行等金融机构办理同城票据清算时涉及的往来款项情况，余额反映在借方，按机构设分户明细核算，下设"提出""退票"两项四级会计科目。

（2）"待转同城清算款"用于核算和反映本行因同城票据交换业务与央行对账不符，待查清的款项，余额反映在贷方。

3. 其他应收款

其他应收款用于核算和反映商业银行除应收利息、应收股利等以外的其他应收及暂付款项，包括职工差旅费借款、待处理的出纳短款以及其他应收、暂付的款项，属于资产类科目，余额反映在借方，可设置"同城票据款项""短款"等二级会计科目。

同城票据款项用于核算和反映商业银行与其他银行等金融机构办理同城票据清算时涉及的往来款项情况，属于资产类科目，余额反映在借方。本二级会计科目可设置"同城票据清算""待转客户款项"等三级会计科目。

（1）"同城票据清算"用于核算和反映商业银行与其他银行等金融机构办理同城票据清算时涉及到的往来款项情况。本科目余额反映在借方。本三级会计科目按机构设分户明细核算，下设"提出""退票"两项四级科目。

（2）"待转客户款项"用于核算和反映商业银行在同城票据交换业务中，因误提入他行借方凭证等原因不能直接入账，待查清的款项。

二、同城票据交换项目活动

（一）项目活动1　提出行提出借方票据

交换提出的票据是提出行接受客户的委托，主动向他行客户收款的票据，称为提出借方票据。商业银行提出借方票据为本行收款他行付款，对票交所产生应收债权。

1. 活动目标

能够根据客户提交的票据准确判断业务类型，并写出正确的会计分录。

2. 知识准备

（1）提出行提出借方票据核算的思维导图如图4-8所示。

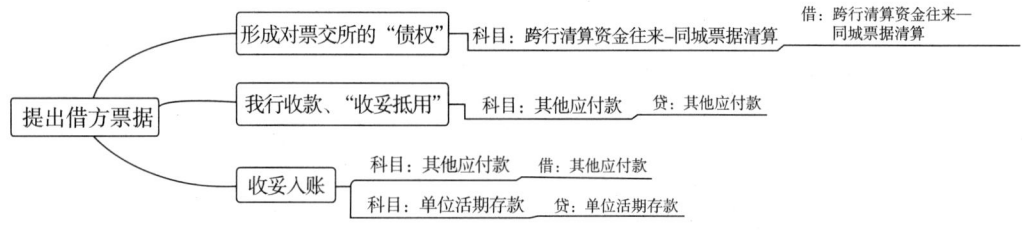

图4-8　提出行提出借方票据核算的思维导图

（2）提出借方票据时，会计分录为：

借：跨行清算资金往来——同城票据清算

　　贷：其他应付款——同城票据款项——同城票据清算——提出

（3）未发生退票时，会计分录为：

借：其他应付款——同城票据款项——同城票据清算——提出

　　贷：单位活期存款——××活期存款

　　（或）贷：个人活期存款——个人结算存款

（4）发生电话退票时，不进行账务处理。

（5）发生直接退票时，会计分录为：

借：其他应付款——同城票据款项——同城票据清算——提出

　　贷：其他应付款——同城票据款项——同城票据清算——退票

同时，

借：其他应付款——同城票据款项——同城票据清算——退票

　　贷：跨行清算资金往来——同城票据清算

【例4-9】2024年9月4日，邮金银行鸿雁支行开户单位客户长城集团股份有限公司（0010201002680）出纳持转账支票一张及一式三联进账单到柜台办理转账收款业务，详细资料如凭4-22、凭4-23所示：

凭4-22

| 工商银行　转账支票 | No：01235847 |

本支票付款期限十天	出票日期（大写）贰零贰肆年 玖月 零肆日	开户行名称：工行桥西路支行
	收款人：长城集团股份有限公司	出票人账号：8010671001482
	人民币（大写）　肆万伍仟元整	亿 千 百 十 万 千 百 十 元 角 分 ¥ 4 5 0 0 0 0 0
	用途：货款 上列款项请从我账户内支付 出票人签章	复核　　记账

凭4-23

邮金银行进账单（回单）1

2024 年 09 月 04 日

出票人	全　称	清苑商贸有限公司	收款人	全　称	长城集团股份有限公司	此联是收款人的开户银行交给出票人的回单
	账　号	8010671001482		账　号	0010201002680	
	开户银行	工行桥西路支行		开户银行	邮金银行鸿雁支行	

人民币（大写）肆万伍仟元整				万	千	百	十	万	千	百	十	元	角	分
							¥	4	5	0	0	0	0	0

票据种类	转账支票	票据张数	1 张
票据号码	01235847		

备注：

工作步骤 1：受理及审核

前台柜员接收客户提交的转账支票等借方票据及一式三联进账单等，如凭 4-22 和凭 4-23 所示。

前台柜员对支票的真伪和要素进行合规检查，主要内容有：

（1）支票是否是统一规定印制的凭证，支票是否真实；

（2）是否超过提示付款期限；

（3）支票填明的收款人是否在本行开户，与进账单上的名称是否一致；

（4）支票的大小写金额是否一致，与进账单的金额是否相符；

（5）支票必须记载的事项是否齐全，出票金额、出票日期、收款人名称是否被更改，其他记载事项的更改是否由原记载人签章证明；

（6）背书转让的支票是否按规定的范围转让，持票人是否在支票的背面作委托收款背书，其背书是否连续，背书人签章是否与预留印鉴相符，背书使用粘单的是否按规定在粘接处签章；

（7）支票的出票日期是否使用中文大写，书写是否规范；

（8）支票正面记载"不得转让"字样的，是否背书转让；

（9）收款人为个人的且金额超过 50 000 元的，应审核支票是否注明用途，用途是否符合国家现金管理规定；

（10）进账单三联是否为套写，各联次内容是否一致；

（11）进账单收付款人名称及账号是否填写清晰、完整。

工作步骤 2：录入系统

前台柜员审核无误后，调用同城票据交换系统"提出借方票据"交易，按照系统提示将凭证拍照上传，系统生成如下会计分录：

  借：跨行清算资金往来——同城票据清算   45 000
    贷：其他应付款——同城票据款项——同城票据清算——提出 45 000

工作步骤3：加盖印章

系统处理结束后，前台柜员打印通用凭证，并在转账支票上加盖柜员名章，在转账支票背面做委托收款背书。将进账单第一联交持票人，进账单第二、三联专夹保管。

工作步骤4：交换提出

（1）前台柜员根据当地的交换场次时间，整理本场需要提出的票据，在系统中进行"交换提出"操作，营业主管进行复核。

（2）前台柜员整理好票据并与票据交换员办理交换包交接，登记"同城票据交换交接登记簿"，最后由票据交换员到中国人民银行票据交换所办理交换。

工作步骤5：提出借方票据收妥入账

对于提出借方票据未退票的交易，前台柜员应办理收妥入账，将资金转入原持票人账户。

生成会计分录：

  借：其他应付款——同城票据款项——同城票据清算——提出 45 000
    贷：单位活期存款   45 000

登记分户账（如凭4-24所示）：

凭4-24   邮金银行（鸿雁支行）单位活期存款分户账

户名：长城集团股份有限公司   账号：0010201002680   利率：0.36%

2024年		摘要	凭证号码	对方科目代码	借方（位数）	贷方（位数）	借或贷	余额（位数）	日数	积数（位数）	复核盖章
月	日										
9	1	承前页					贷	185 210	1	185 210	张 明
9	2	现收	0289	2205		65 000	贷	250 210	2	500 420	梁 燕
9	4	转收	1764	3105		45 000	贷	295 210			

入账处理完毕后，将对应的专夹保管的进账单第二联和第三联上加盖已办理戳记（如凭4-25、凭4-26所示）。进账单第三联交收款人做收账通知，进账单第二联和通用凭证上交会计稽核。

凭4-25

邮金银行进账单（贷方凭证）2

2024年09月04日

出票人	全称	清苑商贸有限公司	收款人	全称	长城集团股份有限公司	
	账号	8010671001482		账号	0010201002680	此联是收款人的开户银行交作贷方凭证
	开户银行	工行桥西路支行		开户银行	邮金银行鸿雁支行	

人民币（大写）肆万伍仟元整	万	千	百	十	万	千	百	十	元	角	分
				¥	4	5	0	0	0	0	0

票据种类	转账支票	票据张数	1张
票据号码	01235847		

备注：

单位主管　　会计
复核　　　　记账

凭4-26

邮金银行进账单（收账通知）3

2024年09月04日

出票人	全称	清苑商贸有限公司	收款人	全称	长城集团股份有限公司	
	账号	8010671001482		账号	0010201002680	此联是收款人的开户银行交给收款人的收账通知
	开户银行	工行桥西路支行		开户银行	邮金银行鸿雁支行	

人民币（大写）肆万伍仟元整	万	千	百	十	万	千	百	十	元	角	分
				¥	4	5	0	0	0	0	0

票据种类	转账支票	票据张数	1张
票据号码	01235847		

单位主管　　会计
复核　　　　记账

收款人开户银行盖章
2024年09月04日

（二）项目活动 2 提出行提出贷方票据

交换提出的票据是提出行为本行客户向他行客户付款的票据称为提出贷方票据。商业银行提出贷方票据为我行付款他行收款，对票交所产生应付债务。

1. 活动目标

能够根据客户提交的票据准确判断业务类型，并写出正确的会计分录。

2. 知识准备

（1）提出贷方票据核算的思维导图如图 4-9 所示。

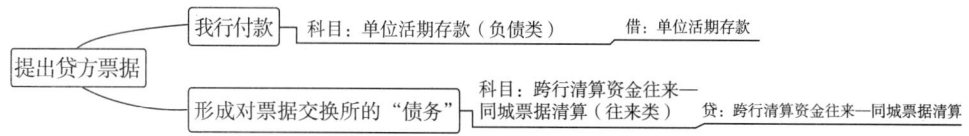

图 4-9 提出贷方票据核算的思维导图

（2）提出贷方票据时，会计分录为：

借：单位活期存款——××活期存款
  贷：跨行清算资金往来——同城票据清算

（3）发生退票的贷方凭证返还申请人时，会计分录为：

借：跨行清算资金往来——同城票据清算
  贷：其他应付款——同城票据款项——同城票据清算——退票
借：其他应付款——同城票据款项——同城票据清算——退票
  贷：单位活期存款——××活期存款

【例 4-10】2024 年 9 月 17 日，邮金银行鸿雁支行开户单位客户：长城集团股份有限公司（0010201002680）出纳持转账支票一张及一式三联进账单到柜台办理转账付款业务，详细资料如凭 4-27、凭 4-28 所示。

凭 4-27

凭 4-28

邮金银行进账单（回单）1
2024 年 09 月 17 日

出票人	全 称	长城集团股份有限公司	收款人	全 称	金城办公品销售有限公司
	账 号	0010201002680		账 号	101007100123201
	开户银行	邮金银行鸿雁支行		开户银行	交通银行北郊支行

人民币（大写）贰仟贰佰元整	万 千 百 十 万 千 百 十 元 角 分
	¥ 2 2 0 0 0 0

票据种类	转账支票	票据张数	1 张

票据号码	03235124

备注：

收款人开户银行盖章
2024 年 09 月 17 日

此联是收款人的开户银行交给出票人的回单

工作步骤1：受理及审核

前台柜员接收客户提交的转账支票及一式三联进账单等票据（如凭 4-27 和凭 4-28 所示）并对票据进行合规性审核。审核内容如下：

（1）支票是否属本行出售的真实票据；

（2）是否超过提示付款期限；

（3）支票上的名称与进账单是否一致，进账单是否套写；

（4）出票人的签章是否符合规定，与预留银行的签章是否相符，使用支付密码的，其密码是否涂改（其他事项审核参照提出借方票据的审核）。

工作步骤2：录入系统

前台柜员审核无误后，登录同城票据交换系统进行"提出贷方票据"操作，并按照系统提示将凭证拍照上传。

系统生成会计分录：

借：单位活期存款　　　　　　　　　　　　　　　　　　　2 200

　　贷：跨行清算资金往来——同城票据清算　　　　　　　2 200

登记分户账（如凭 4-29 所示）：

凭 4-29　　　　　**邮金银行（鸿雁支行）单位活期存款分户账**

户名：长城集团股份有限公司　　　账号：0010201002680　　　利率：0.36%

2024年		摘要	凭证号码	对方科目代码	借方（位数）	贷方（位数）	借或贷	余额（位数）	日数	积数（位数）	复核盖章
月	日										
9	1	承上页					贷	185 210	1	185 210	张　明
9	2	汇款	0289	2205		65 000	贷	250 210	2	500 420	梁　燕
9	4	转收	1764	3105		45 000	贷	295 210	13	3 837 730	张　明
9	17	转付	5124	3105	2 200		贷	293 010			

工作步骤 3：加盖印章

系统处理结束后，前台柜员打印通用凭证，并在转账支票上加盖"已办理"，在进账单第二、第三联注明支票号码；将进账单第一联交持票人，将进账单第二、第三联办理交换提出，将支票连同通用凭证上交会计稽核。

工作步骤 4：交换提出

前台柜员根据当地的交换场次时间，整理本场需要提出的票据，在系统中进行"交换提出"操作，营业主管进行复核。

前台柜员整理好票据并与票据交换员办理交换包交接，登记"同城票据交换交接登记簿"，最后由票据交换员到中国人民银行票据交换所办理交换。

（三）项目活动 3　提入行提入借方票据

交换提入的票据是他行客户主动向本行客户收款的票据，称为提入借方票据。商业银行提入借方票据，为本行付款他行收款，对票据交换所产生应付债务。

1. 活动目标

能够对提入票据进行合规审核，熟练操作业务系统，并写出正确的会计分录。

2. 知识准备

提入行提入借方票据时，前台柜员收到交换包，检查交换包包装完好后，在监控下，票据交换员和营业主管双人眼同打开交换包，按规定认真进行审查：

①检查锁扣号码是否为袋内记录的号码；

②是否为本行提入票据，凭证张数、金额是否与提入票据清单一致。

审核通过后，在"同城票据交换交接登记簿"上登记提入票据信息，并完成与票据交换员的交接。交接后，前台柜员可将提入的票据分为借方票据、贷方票据、被他行退回的借方票据和被他行退回的贷方票据四部分。分类后，前台柜员可按照提入借方票据、提入借方票据退票、提出借方票据退票、提入贷方票据、提入贷方票据退票和提出贷方票据退票的顺序处理提入的票据。

(1) 提入借方票据核算的思维导图如图 4-10 所示。

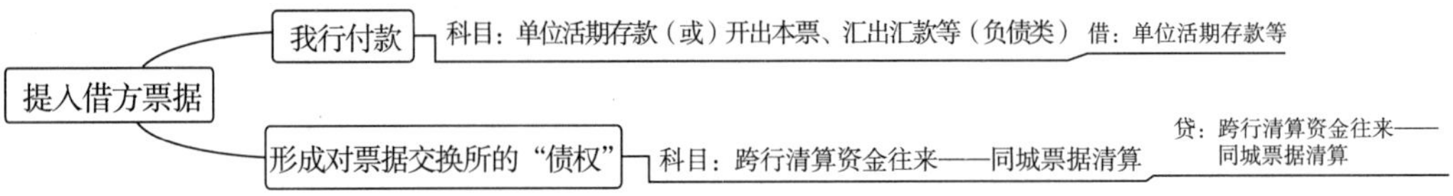

```
                  ┌─ 我行付款 ─── 科目：单位活期存款（或）开出本票、汇出汇款等（负债类）  借：单位活期存款等
提入借方票据 ──────┤
                  └─ 形成对票据交换所的"债权" ─── 科目：跨行清算资金往来——同城票据清算  贷：跨行清算资金往来——同城票据清算
```

图 4-10 提入借方票据核算的思维导图

(2) 提入借方票据未退票，会计分录为：

借：单位活期存款——××活期存款

（或）借：开出本票

（或）借：汇出汇款

　　贷：跨行清算资金往来——同城票据清算

(3) 提入借方票据退票，会计分录为：

借：其他应收款——同城票据款项——同城票据清算——退票户

　　贷：跨行清算资金往来——同城票据清算

借：跨行清算资金往来——同城票据清算

　　贷：其他应收款——同城票据款项——同城票据清算——退票户

【例 4-11】2024 年 9 月 17 日，邮金银行从票据交换所提入开户单位客户：长城集团股份有限公司（0010201002680）开出的转账支票一张（支票号为：03235125），金额为 5 320 元。鸿雁支行前台柜员审核无误后，为客户办理付款手续。

工作步骤 1：业务审核

前台柜员对提入的借方票据进行审核：

(1) 是否为本行票据；

(2) 凭证上是否有提出行签章，是否有经办人员签章等。

工作步骤 2：录入系统

前台柜员审核无误后，办理提入借方票据的系统操作，经审核授权后，前台柜员打印通用凭证，并在转账支票上加盖已办理戳记，将支票连同"通用凭证"上交会计稽核。

系统录入后，扣减客户账户余额，登记分户账。

生成会计分录：

借：单位活期存款——工业企业　　　　　　　　　　　　　　5 320

　　贷：跨行清算资金往来——同城票据清算　　　　　　　　5 320

登记分户账（如凭 4-30 所示）：

凭 4-30　　　　　邮金银行（鸿雁支行）**单位活期存款**分户账

户名：长城集团股份有限公司　　　账号：0010201002680　　　　利率：0.36%

2024年		摘要	凭证号码	对方科目代码	借方（位数）	贷方（位数）	借或贷	余额（位数）	日数	积数（位数）	复核盖章
月	日										
9	1	上月余额					贷	185 210	1	185 210	张　明
9	2	汇款	0289	2205		65 000	贷	250 210	2	500 420	梁　燕
9	4	转收	1764	3105		45 000	贷	295 210	13	3 837 730	张　明
9	17	转付	5124	3105	2 200		贷	293 010			
9	17	转付	5125	2205	5 320		贷	287 690			

（四）项目活动 4　提入行提入贷方票据

交换提入的票据是他行客户主动向本行客户付款的票据称为提入贷方票据。商业银行提入贷方票据为本行收款、他行付款，对票据交换所产生应收债权。

1. 活动目标

能够对提入票据进行合规审核，熟练操作业务系统并能写出正确的会计分录。

2. 知识准备

（1）提入贷方票据核算的思维导图如图 4-11 所示。

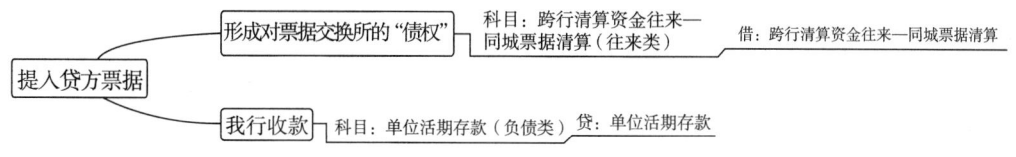

图 4-11　提入贷方票据核算的思维导图

（2）提入贷方票据时，会计分录为：

借：跨行清算资金往来——同城票据清算
　　贷：单位活期存款——××活期存款

（3）若提入的贷方票据需要退票时，会计分录为：

借：跨行清算资金往来——同城票据清算
　　贷：其他应付款——同城票据款项——同城票据清算——退票
借：其他应付款——同城票据款项——同城票据清算——退票
　　贷：跨行清算资金往来——同城票据清算

【例 4-12】2024 年 9 月 17 日，邮金银行通过同城票据交换提入收款人为单位客户长城集团股份有限公司（0010201002680）的进账单一份，金额为 1 420 元。鸿雁支行前台柜员审核无误后，为客户办理收款手续。

工作步骤1：业务审核

前台柜员对提入的贷方票据进行审核：

（1）是否为本行票据；

（2）提入的贷方票据是否按中国人民银行统一规定印制；

（3）凭证是否按规定填写，记载的事项是否齐全，出票金额、出票日期、收款人名称未涂改，其他记载事项更改的是否已由原记载人签章证明；

（4）大小写金额是否一致，凭证上下联次金额是否相符；

（5）是否加盖提出行"同城清算专用章"和其他当地中国人民银行要求的章戳；

（6）对不同票据和结算凭证还应对其特性方面进行审核。

工作步骤2：系统录入

前台柜员审核无误后，办理提入贷方票据的系统操作，经审核后，前台柜员打印通用凭证，并在进账单等贷方票据上加盖柜员名章和已办理戳记，将其中贷方票据的客户联交客户作为入账凭证，其余凭证连同"通用凭证"上交会计稽核。

系统录入后，增加客户账户余额，登记分户账。

生成会计分录：

借：跨行清算资金往来——同城票据清算　　　　　　　　　1 420
　　贷：单位活期存款——工业活期存款　　　　　　　　　　　1 420

登记分户账（如凭4-31所示）：

凭4-31　　　　邮金银行（鸿雁支行）单位活期存款分户账

户名：长城集团股份有限公司　　账号：0010201002680　　　　利率：0.36%

2024年		摘要	凭证号码	对方科目代码	借方（位数）	贷方（位数）	借或贷	余额（位数）	日数	积数（位数）	复核盖章
月	日										
9	1	上月余额					贷	185 210	1	185 210	张明
9	2	汇款	0289	2205		65 000	贷	250 210	2	500 420	梁燕
9	4	转收	1764	3105		45 000	贷	295 210	13	3 837 730	张明
9	17	转付	5124	3105	2 200		贷	293 010			
9	17	转付	5125	2205	5 320		贷	287 690			
9	17	转收	5127	1360		1 420	贷	289 110			

（五）项目活动5　交换轧差

1. 活动目标

熟练掌握交换轧差操作流程，能够准确计算轧差金额。

2. 知识准备

交换轧差采用前台分散处理模式。前台柜员将提入票据全部处理完毕后，根据中国人民银行的轧差单办理交换轧差。

轧差金额=提入轧差金额+提出轧差金额

其中：

提入轧差金额=提入贷方金额-提入借方金额

提出轧差金额=提出借方金额-提出贷方金额

（1）轧差相符。

系统内的轧差金额与中国人民银行轧差单金额轧差相符后，前台柜员打印通用凭证。中国人民银行轧差单随通用凭证上交会计稽核。

（2）轧差不符。

系统内的轧差金额与中国人民银行轧差单金额轧差不符，可暂时不挂账，查找轧差不平的原因，若在下场场次票据提入之前无法查明原因的，必须轧差并进行挂账处理，打印通用凭证。

①当轧差不符，挂账时为应付款项时，会计分录为：

借：跨行清算资金往来——同城票据清算

贷：其他应付款——同城票据款项——待转同城票据清算

②当轧差不符，挂账时为应收款项时，会计分录为：

借：其他应收款——同城票据款项——待转同城票据清算

贷：跨行清算资金往来——同城票据清算

（3）轧差不符后续处理。

前台柜员通过同城票据交换登记簿，逐笔核对挂账场次的所有票据明细，核实原因后按照以下情况分别处理：

查明原因后需向客户付款时，将应付客户资金支付给客户，会计分录为：

借：其他应付款——同城票据款项——待转同城票据清算

贷：单位活期存款——××活期存款

查明原因后需向客户收取款项时，会计分录为：

借：单位活期存款——××活期存款

贷：其他应收款——同城票据款项——待转同城票据清算

如因操作失误等原因造成挂账，正确处理后重新轧差，负数冲挂账。

（4）与中国人民银行清算资金的处理。

①与中国人民银行轧差时，如为应收中国人民银行债权，则债权结清的会计分录为：

借：存放中央银行款项——准备金

贷：跨行清算资金往来——同城票据清算

②与中国人民银行轧差时，如为应付中国人民银行债务，则债务结清的会计分录为：

借：跨行清算资金往来——同城票据清算

贷：存放中央银行款项——准备金

【例4-13】假设某日邮金银行提出、提入交换票据情况如下：邮金银行向票据交换所提出贷方票据12 000元、借方票据15 000元；另外，从票据交换所提入贷方票据67 000元、借方票据52 000元。①计算邮金银行的轧差清算金额。②写出邮金银行与中国人民银行轧差清算的会计分录。

工作步骤1：计算邮金银行的轧差清算金额

轧差金额=提入轧差金额+提出轧差金额

＝（提入贷方金额-提入借方金额）+（提出借方金额-提出贷方金额）

＝（67 000-52 000）+（15 000-12 000）

＝18 000

工作步骤2：邮金银行与中国人民银行清算资金的会计分录

借：存放中央银行款项　　　　　　　　　　　　　　　　18 000

　　贷：跨行清算资金往来-同城票据交换　　　　　　　　　　18 000

三、任务活动

【任务描述】

(1) 2024年7月3日，邮金银行鸿雁支行单位客户长城集团股份有限公司（0010201002680）提交税单，向税务机关缴纳该公司第二季度企业所得税共计34 520元（税务机关开户银行为建设银行），柜员审核无误后，为该企业办理税款缴纳业务。

(2) 社保局为邮金银行鸿雁支行开客户，2024年6月28日，该支行通过同城票据交换系统为社保局提入企业缴纳的社保金额共计5 648元。柜员审核无误后，为社保局办理入账手续。

(3) 2024年6月29日，邮金银行通过同城票据交换系统提入本行开出的银行本票一张，出票金额为120 000元，柜员审核无误后，办理付款手续。

【任务分析】 首先根据所给案例判断业务类型，然后根据业务写出会计分录。

【任务实施】

(1) 判定业务类型：

(2) 写出会计分录：

知识加油站

中国现代化支付系统是中国人民银行为适应我国市场经济发展的要求，充分利用现代计算机技术和通信网络技术开发建设的高效、安全处理异地、同城各种支付业务及资金清算和货币市场交易资金清算的应用系统。由大额实时支付系统、小额批量支付系统、全国支票影像交换系统、电子商业汇票系统、网上支付跨行清算系统组成。

全国支票影像交换系统对于促进信用支付工具使用、促进社会信用发展具有重要作用，也是中国人民银行改善金融服务环境和承担社会责任的重要体现。该系统综合运用影像技术、支付密码等技术，将纸质支票转化为影像和电子信息，实现纸质支票截留，利用信息网络技术将支票影像和电子清算信息传递至出票人开户行进行提示付款，从而实现支票全国通用的系统。换而言之，原先支票只能用于同城范围、同一城市范围内的支付活动，现在可以在全国范围内使用，既可以将支票交给国内任何地区的收款人（港澳台地区除外），也可以接受来自任何地区的支票。

电子商业汇票系统由三个子系统构成：（1）电子商业汇票业务处理系统（核心）处理银行承兑的电子商业汇票与商业承兑的电子商业汇票的相关业务；（2）纸质票据登记与查询系统提供商业银行登记、查询纸质商业汇票的功能；（3）商业汇票（纸票与电票）公开报价系统提供转贴现买入、卖出报价信息发布，商业银行可根据自身情况登记买入或卖出一定金额商业汇票的信息。

网上支付跨行清算系统作为第二代支付系统的核心业务子系统，主要支持网上支付等新兴电子支付业务的跨行（同行）资金汇划处理。网上支付跨行清算系统采取实时传输及回应机制，可处理跨行支付、跨行账户信息查询以及在线签约等业务。客户通过商业银行的网上银行可以足不出户办理多项跨行业务，并可及时了解业务的最终处理结果。

 能力拓展

讨论在国际、国内双循环的新格局中，金融行业应承担怎样的责任，商业银行应采取哪些措施以更好地完成这些责任。

模块五　电子支付渠道

知识与技能目标

1. 了解电子支付业务的相关渠道、业务流程及相关业务规定，能够使用会计原理解释电子支付渠道的流程及相关业务规定。
2. 掌握各类电子支付渠道的会计核算及账务处理过程，能够运用会计原理解决实际工作中的常见问题。

素养目标

增强服务意识，提升风险识别能力及风险管理能力。

电子渠道支付业务是指商业银行向个人、单位客户提供的网上银行、手机银行、POS 机、第三方支付平台等电子渠道自助办理的各种金融服务。本模块围绕个人网上银行支付业务、POS 收单业务的相关会计核算进行讲解。

项目一　核算个人网银支付业务

知识目标

1. 熟悉个人网银支付业务的相关规定及业务处理流程。
2. 掌握个人网银支付业务的会计科目及会计核算原理。

能力目标

能够做出正确的会计分录，能用会计理论解释业务规定及操作要点。

一、基础知识

(一) 个人网银支付业务概述

个人网银业务是商业银行专门服务个人客户的网上银行业务。客户需在开户行开立规定的账户类型,如设置密码的存折、借记卡或信用卡等。客户能够通过个人网银自主完成付款、结算、退货等业务。

(二) 会计科目设置

1. 其他应付款-特约商户

"其他应付款"为一级会计科目,用于核算和反映商业银行发生的其他应付、暂收款项等。

"特约商户"为二级会计科目,用于核算和反映商业银行应付给特约商户消费结算的款项。按用户单位设分户明细核算。

本科目为负债类会计科目,余额应反映在贷方。

2. 信用卡透支-个人贷记卡透支

"信用卡透支"为一级会计科目,用于核算和反映商业银行信用卡持卡人发生的在规定期限以内的透支款项。本科目属于资产类科目,余额反映在借方。

"个人贷记卡透支"为二级会计科目,用于核算和反映商业银行贷记卡持卡人发生的透支款项。

3. 银行卡业务收入

"银行卡业务收入"为一级会计科目,用于核算和反映商业银行的银行卡支付业务所取得的手续费收入。本科目属于一级会计科目,可以设置"借记卡业务收入""贷记卡业务收入"等二级会计科目。本科目属于损益类科目,余额应反映在贷方,年终结转后无余额。

4. 应收手续费及佣金

"应收手续费及佣金"为一级会计科目,用于核算和反映商业银行因提供劳务等而应收取的手续费及佣金。本科目属于资产类科目,余额应反映在借方,可以设置"信用卡手续费收入""佣金""手机银行手续费收入""POS 结算手续费"等二级会计科目。

二、项目活动

个人网上银行支付业务核算包括支付、结算、退货和佣金计提等内容。

(一) 项目活动1 支付的核算

1. 活动目标

能够根据付款账户的不同进行准确的会计核算。

2. 知识准备

(1) 通过借记卡/存折支付时,会计分录为:

借:个人活期存款——个人结算存款

贷：其他应付款——特约商户

（2）通过贷记卡支付时，会计分录为：

　　借：信用卡透支——个人贷记卡透支

　　　　贷：其他应付款——特约商户

【例5-1】 2024年6月11日，邮金银行个人开户客户李东，通过个人网银使用借记卡（60110310010592），向本行单位开户客户凌家食品有限公司（001020100122），支付食品采购款125元。

工作步骤1：受理业务

银行根据客户发起的支付信息，核验客户身份和银行账户信息，确认客户支付信息无误及支付意愿后，完成客户支付业务。

工作步骤2：账务处理

　　借：个人活期存款——个人结算存款　　　　　　　　　　　　　125

　　　　贷：其他应付款——特约商户　　　　　　　　　　　　　　　　　125

工作步骤3：后续处理

银行将支付处理结果发送给客户并登记分户账（如凭5-1所示）。

凭5-1　　　　　　　　　　个人活期存款分户账

户名：李东　　　　账号：60110310010592　　　单位：元　　　利率：0.30%

2024年		凭证号码	摘要	对方科目代码	借方（位数）	贷方（位数）	借或贷	余额（位数）	日数	积数（位数）
月	日									
6	1		承前页				贷	3 200	10	32 000
6	11	2108	转付	2625	125		贷	3 075		

（二）项目活动2　本金结算的核算

1. 活动目标

能够根据结算本金的正负数金额进行准确的会计核算。

2. 知识准备

（1）当商户本金为正金额时，会计分录为：

　　借：其他应付款——特约商户

　　　　贷：单位活期存款——××活期存款

（2）当商户本金为负金额时，即退货金额大于正常支付金额，会计分录为：

　　借：单位活期存款——××活期存款

　　　　贷：其他应付款——特约商户

【例5-2】 2024年6月11日，本行单位客户凌家食品有限公司（001020100122）在线销售平台的销售明细如凭5-2所示，根据该凭证所示的结算金额，邮金银行对该公司进行本金结算处理。

凭 5-2　　　　　　　　　　　　　结算统计表

序号	日期	摘要	付款人	金额	余额
1	2024年6月11日	转收	李东	125	125
2	2024年6月11日	转收	张明	346	471
3	2024年6月11日	退款	蔺祥	-267	204
4	2024年6月11日	退款	胡玉田	-481	-277
5	2024年6月11日	转收	赵明明	329	52

工作步骤1：计算销售净额

银行根据单位客户的销售明细，计算结算周期内的销售净额，根据销售净额向客户结算。

工作步骤2：账务处理

借：其他应付款——特约商户　　　　　　　　　　　　　　　　52
　　贷：单位活期存款——商业活期存款　　　　　　　　　　　　52

登记分户账（如凭5-3所示）：

凭 5-3　　　　　　　　　　　　单位活期存款分户账

户名：凌家食品有限公司　　账号：001020100122　　单位：元　　利率：0.36%

2024年		凭证号码	摘要	对方科目代码	借方（位数）	贷方（位数）	借或贷	余额（位数）	日数	积数（位数）
月	日									
6	1		承前页				贷	24 615	10	246 150
6	11	2316	转收	2625		52	贷	24 667		

工作步骤3：后续处理

银行柜员打印结算凭证，加盖业务专用章和经办柜员名章，结算凭证第一联留存银行，与其他凭证一起交会计稽核，将第二联交单位客户。

【例5-3】（接例5-2）若凌家食品有限公司（001020100122）在线销售平台的销售明细如凭5-4所示，根据该凭证上的结算金额，则邮金银行如何对该公司进行本金结算处理？

凭 5-4　　　　　　　　　　　　　结算统计表

序号	日期	摘要	付款人	金额	余额
1	2024年6月11日	转收	李东	125	125
2	2024年6月11日	转收	张明	346	471
3	2024年6月11日	退款	蔺祥	-267	204
4	2024年6月11日	退款	胡玉田	-481	-277

工作步骤 1：计算销售净额

银行根据单位客户的销售明细计算结算周期内的的销售净额，根据销售净额向客户结算。

工作步骤 2：账务处理

借：单位活期存款——商业活期存款　　　　　　　　　277
　　贷：其他应付款——特约商户　　　　　　　　　　277

登记分户账（如凭 5-5 所示）：

凭 5-5　　　　　　　　　单位活期存款分户账

户名：凌家食品有限公司　　账号：001020100122　　单位：元　　利率：0.36%

2024年		凭证号码	摘要	对方科目代码	借方（位数）	贷方（位数）	借或贷	余额（位数）	日数	积数（位数）
月	日									
6	1		承前页				贷	24 615	10	246 150
6	11	2571	转付	2625	277		贷	24 338		

工作步骤 3：后续处理

银行柜员打印结算凭证，加盖业务专用章和经办柜员名章，结算凭证第一联留存银行，与其他凭证一起交会计稽核，将第二联交单位客户。

（三）项目活动 3　退货交易的核算

个人网银支付业务退货包括未结算支付交易退货和已结算支付交易退货两种情况。

1. 活动目标

能够根据退货交易的不同情形进行准确的会计核算。

2. 知识准备

（1）未结算支付交易退货。

①个人客户借记卡折消费退货交易，会计分录为：

借：其他应付款——特约商户
　　贷：个人活期存款——个人结算存款

②个人客户信用卡消费退货交易，会计分录为：

借：其他应付款——特约商户
　　贷：信用卡透支——个人贷记卡透支

（2）已结算交易退货。

①借记卡折个人客户的退货，会计分录为：

借：单位活期存款——××活期存款
　　贷：个人活期存款——个人结算存款

②信用卡个人客户的退货，会计分录为：

借：单位活期存款——××活期存款

贷：信用卡透支——个人贷记卡透支

【例 5-4】 （接例 5-1）2024 年 6 月 12 日，邮金银行个人开户客户李东（60110310010592）向本行单位开户客户凌家食品有限公司（001020100122）发起退货交易，退货金额为 55 元。

工作步骤 1：受理业务

商业银行根据客户发起的退货信息，核验客户身份和银行账户信息，确认客户退货信息无误后，进行账务处理。

工作步骤 2：账务处理

由于 2024 年 6 月 11 日，邮金银行已经与客户凌家食品有限公司进行了本金结算，因此该笔退货为已结算交易退货。因此，生成会计分录为：

借：单位活期存款——商业活期存款　　　　　　　　　　55
　　贷：个人活期存款——个人结算存款　　　　　　　　　　55

工作步骤 3：后续处理

银行将支付处理结果发送给客户，并登记分户账。

登记分户账（如凭 5-6、凭 5-7 所示）：

凭 5-6　　　　　　　　　　个人活期存款分户账

户名：李东　　　　账号：60110310010592　　单位：元　　利率：0.30%

| 2024 年 | | 凭证号码 | 摘要 | 对方科目代码 | 借方（位数） | 贷方（位数） | 借或贷 | 余额（位数） | 日数 | 积数（位数） |
月	日									
6	1		承前页				贷	3 200	10	32 000
6	11	2108	转付	2625	125		贷	3 075	1	3 075
6	12	2590	退货	2205		55	贷	3 130		

凭 5-7　　　　　　　　　　单位活期存款分户账

户名：凌家食品有限公司　　账号：001020100122　　单位：元　　利率：0.36%

| 2024 年 | | 凭证号码 | 摘要 | 对方科目代码 | 借方（位数） | 贷方（位数） | 借或贷 | 余额（位数） | 日数 | 积数（位数） |
月	日									
6	1		承前页				贷	24 615	10	246 150
6	11	2571	转付	2625		277	贷	24 338	1	24 338
6	12	2634	退货	2225	55		贷	24 283		

（四）项目活动 4　佣金的核算

佣金是商业银行向使用个人网银支付业务的特约商户收取的服务报酬，属于商业银行的一项收入。

1. 活动目标

能够区分借记卡支付和贷记卡支付的业务流程并进行准确的会计核算。

2. 知识准备

(1) 计提通过借记卡支付的业务收入，会计分录为：

借：应收手续费及佣金

　　贷：银行卡业务收入——个人借记卡业务收入——佣金收入

(2) 计提通过贷记卡支付的业务收入，会计分录为：

借：应收手续费及佣金

　　贷：银行卡业务收入——个人信用卡业务收入——佣金收入

(3) 手续费结算日，扣收商户手续费，会计分录为：

借：单位活期存款——××活期存款

　　贷：应收手续费及佣金

【例 5-5】凌家食品有限公司 2024 年 6 月，通过借记卡支付获得的收入为 153 240 元，通过信用卡支付获得的收入为 76 480 元，邮金银行按照 0.5% 的比例计提佣金收入。邮金银行对凌家食品有限公司 6 月份的收入明细审核无误后计提相关佣金收入，并于 6 月 30 日扣收该公司手续费。

(1) 计提通过借记卡支付的业务收入：153 240 ×0.5% = 766.2（元）

会计分录为：

借：应收手续费及佣金　　　　　　　　　　　　　　　　　766.2

　　贷：银行卡业务收入——个人借记卡业务收入——佣金收入　766.2

(2) 计提通过贷记卡支付的业务收入：76 480 ×0.5% = 382.4（元）

会计分录为：

借：应收手续费及佣金　　　　　　　　　　　　　　　　　382.4

　　贷：银行卡业务收入——个人信用卡业务收入——佣金收入　382.4

(3) 手续费结算日，扣收商户手续费：766.2+382.4 = 1 148.6（元）

会计分录为：

借：单位活期存款——商业活期存款　　　　　　　　　　　1 148.6

　　贷：应收手续费及佣金　　　　　　　　　　　　　　　1 148.6

三、任务活动

【任务描述】2024 年 7 月 2 日，邮金银行单位客户凌家食品有限公司（001020100122）个人网银的收入明细如表 5-1 所示：

表 5-1　个人网银收入明细表

序号	日期	摘要	付款人	金额	卡别	结算状态
1	2024 年 7 月 2 日	转收	张三	427	借记卡支付	未结算
2	2024 年 7 月 2 日	转收	李四	256	信用卡支付	未结算
3	2024 年 7 月 2 日	退款	张三	-178	借记卡支付	未结算
4	2024 年 7 月 2 日	退款	王五	-376	信用卡支付	已结算

要求：按照凌家食品有限公司的个人网银收入明细（付款人均为本行开户客户），根据题目要求进行相应的会计核算。

【任务分析】 根据题目要求写出正确的会计分录。

【任务实施】

（1）分别写出个人客户支付款项的会计分录：

（2）按照结算状态，写出退货交易的会计分录：

项目二　核算 POS 收单业务

知识目标

1. 熟悉 POS 收单业务的相关规定及业务处理流程。
2. 掌握 POS 收单业务的会计科目及会计核算原理。

能力目标

能够根据 POS 收单业务的业务流程准确核算损益。

一、基础知识

（一）POS 收单业务概述

POS 收单业务是指商业银行为特约商户通过 POS 机提供交易资金结算的服务。广义的 POS 收单业务是指通过 POS 机进行的消费、预授权、余额查询和转账等交易。狭义的 POS 收单业务是指特约商户与开户银行签订收单业务受理协议后，可以通过 POS 机读取银行卡上的持卡人磁条信息，并把交易金额、授权信息、身份确认信息等通过银联中心，发送给发卡银行系统，完成联机交易，给出成功与否的信息，并打印相应的票据。

（二）会计科目设置

1. 跨行清算资金往来–银联跨行清算

"跨行清算资金往来"为一级会计科目，用于核算商业银行发生跨行的电子汇划和往来资金等的清算款项，属资产负债共同类科目，余额在借方为资产类科目，余额在贷方为负债类科目。

"银联跨行清算"为二级会计科目，用于核算和反映商业银行通过银联中心发生的跨行资金清算往来的情况。

"信用卡清算"为二级会计科目，用于核算和反映商业银行信用卡中心与其他银行发生交易时的清算款项。

2. POS业务收入

"POS业务收入"为一级会计科目，用于核算和反映商业银行办理POS业务取得的手续费收入情况，属损益类会计科目，余额应反映在贷方，结转后无余额。本科目可设置"发卡方收入"和"受理方收入"两个二级会计科目。

3. 银行卡业务收入

"银行卡业务收入"为一级会计科目，用于核算和反映商业银行信用卡业务取得的手续费收入情况，属损益类会计科目，余额应反映在贷方，结转后无余额。本科目可设置"个人信用卡收入""企业信用卡收入"等二级会计科目。

二、项目活动

（一）项目活动1　消费/预授权完成的核算

消费/预授权完成是指持卡人在购物或接受服务时，凭银行卡通过POS联机按消费金额进行结算。POS消费/预授权分行内和跨行两种情况。

1. 活动目标

能够根据业务规定正确完成消费/预授权操作，掌握相应的会计核算原理及其核算过程。

2. 知识准备

（1）行内消费/预授权完成。

①使用借记卡消费的账务处理，会计分录为：

借：个人活期存款——个人结算存款
　　贷：其他应付款——特约商户

②使用信用卡消费的账务处理，会计分录为：

借：信用卡透支——个人贷记卡透支
　　贷：其他应付款——特约商户

（2）跨行消费/预授权完成。

①他行持卡人在本行POS发生交易，会计分录为：

借：跨行清算资金往来——银联跨行清算
　　贷：其他应付款——特约商户

②本行持卡人在他行POS发生交易，会计分录为：

借：个人活期存款——个人结算存款
　　贷：跨行清算资金往来——银联跨行清算

(3) 消费撤销、预授权完成撤销。

特约商户由于某种原因于当日当批主动发起的消费撤销或预授权完成撤销的会计分录同消费交易，金额为负。

【例 5-6】2024 年 5 月 1 日，邮金银行鸿雁支行开户客户东购商厦股份有限公司（001020100187）部分 POS 收单交易如表 5-2 所示：

表 5-2　东购商厦股份有限公司 POS 收单业务明细表

序号	日期	开户银行	卡别	金额	交易类型
1	2024 年 5 月 1 日	邮金银行	借记卡	1 250	消费/预授权完成
2	2024 年 5 月 1 日	石门银行	信用卡	236	消费/预授权完成
3	2024 年 5 月 1 日	邮金银行	借记卡	1 250	消费/预授权完成撤销
4	2024 年 5 月 1 日	石门银行	信用卡	236	消费/预授权完成撤销

（1）第一笔交易所使用的银行卡为邮金银行借记卡，邮金银行是东购商厦股份有限公司的开户银行。因此，该笔消费/预授权完成的会计分录为：

借：个人活期存款——个人结算存款　　　　　　　　　1 250
　　贷：其他应付款——特约商户　　　　　　　　　　　　　1 250

（2）第二笔交易所使用的银行卡为石门银行信用卡，属于跨行消费/预授权完成，该笔交易的会计分录为：

借：跨行清算资金往来——银联跨行清算　　　　　　　236
　　贷：其他应付款——特约商户　　　　　　　　　　　　　　236

（3）第三笔交易为东购商厦股份有限公司当日当批主动发起的行内借记卡消费/预授权完成撤销，该笔交易的会计分录为：

借：个人活期存款——个人结算存款　　　　　　　　　-1 250
　　贷：其他应付款——特约商户　　　　　　　　　　　　　-1 250

（4）第四笔交易为东购商厦股份有限公司当日当批主动发起的跨行贷记卡消费/预授权完成撤销，该笔交易的会计分录为：

借：跨行清算资金往来——银联跨行清算　　　　　　　-236
　　贷：其他应付款——特约商户　　　　　　　　　　　　　-236

（二）项目活动 2　退货的核算

POS 收单退货是指消费者因退回商品或取消服务，特约商户将已扣款项退还持卡人原扣款账户的过程，包括全额和部分金额退货。按照持卡人开户行的不同，退货交易分为行内收单退货交易和跨行收单退货交易。

1. 活动目标

能够根据业务规定正确完成退货操作，掌握相应的会计核算原理及其核算过程。

2. 知识准备

（1）扣减特约商户账户退货资金，会计分录为：

借：个人活期存款——个人结算存款

（或）借：单位活期存款——××活期存款

　　　　贷：其他应付款——特约商户

（2）行内收单退货交易。

①使用借记卡或借记卡小额支付户消费的退货交易，会计分录为：

借：其他应付款——特约商户

　　贷：个人活期存款——个人结算存款

②使用信用卡消费的退货交易，会计分录为：

借：其他应付款——特约商户

　　贷：信用卡透支——个人贷记卡透支

（3）跨行收单退货交易。

①他行持卡人在本行POS发生交易，会计分录为：

借：其他应付款——特约商户

　　贷：跨行清算资金往来——银联跨行清算

②本行持卡人在他行POS发生交易，会计分录为：

借：跨行清算资金往来——银联跨行清算

　　贷：个人活期存款——个人结算存款

【例5-7】2024年5月3日，邮金银行鸿雁支行开户客户东购商厦股份有限公司（001020100187）向石门银行借记卡持卡客户赵梦（60220440023641）发起POS收单退货交易，退货金额为660元，银行柜员审核无误后予以办理。

工作步骤1：扣减特约商户退货款

银行柜员审核客户提交的支付信息无误后，扣减客户的存款。系统生成会计分录：

借：单位活期存款——商业活期存款　　　　　　　　　　660

　　贷：其他应付款——特约商户　　　　　　　　　　　　660

登记分户账（如凭5-8所示）：

凭5-8　　　　　　　　　　单位活期存款分户账

户名：东购商厦股份有限公司　　账号：001020100187　　单位：元　　利率：0.36%

2024年		凭证号码	摘要	对方科目代码	借方（位数）	贷方（位数）	借或贷	余额（位数）	日数	积数（位数）
月	日									
5	1		承前页				贷	34 562	1	34 562
5	2	0749	POS收款	2625		42 589	贷	77 151	1	77 151
5	3	1379	POS退货	2625	660		贷	76 491		

工作步骤 2：跨行支付退货款

将退款信息通过银行跨行清算系统发送至持卡人开户行，生成会计分录：

借：其他应付款——特约商户　　　　　　　　　　　　　　　　　660
　　贷：跨行清算资金往来——银联跨行清算　　　　　　　　　　　　660

(三) 项目活动3　本金的结算

POS 交易本金结算是指将交易本金扣除商户佣金后结算给 POS 特约商户。

1. 活动目标

掌握 POS 收单业务本金结算的业务流程及基本操作技能，能准确进行相关会计核算。

2. 知识准备

(1) 商户账户是个人结算账户。

借：其他应付款——特约商户
　　贷：个人活期存款——个人结算存款

(2) 商户账户是公司业务账户。

借：其他应付款——特约商户
　　贷：单位活期存款——××活期存款

(3) 商户账户是他行账户。

借：其他应付款——特约商户——POS 特约商户
　　贷：跨行清算资金往来——大额支付
　（或）贷：跨行清算资金往来——小额支付

【例5-8】2024年5月3日，邮金银行鸿雁支行为东购商厦股份有限公司 (001020100187) 结算5月2日的POS收单业务一笔，金额为2 350元，费率为0.5%（20元封顶）。

工作步骤 1：计算手续费

按照0.5%的比例计算手续费：2 350×0.5%=11.75元<20元，因此，该笔业务应收取手续费的金额为11.75元。

工作步骤 2：结算本金

结算本金=交易本金-手续费

结算本金=2 350-11.75=2 338.25元

根据结算本金数额支付特约商户货款，生成会计分录：

借：其他应付款——特约商户　　　　　　　　　　　　　　　　2 338.25
　　贷：单位活期存款——商业活期存款　　　　　　　　　　　　　2 338.25

登记分户账（如凭5-9所示）：

凭5-9　　　　　　　　　　　　**单位活期存款分户账**

户名：东购商厦股份有限公司　　账号：001020100187　　单位：元　　利率：0.36%

2024年		凭证号码	摘要	对方科目代码	借方（位数）	贷方（位数）	借或贷	余额（位数）	日数	积数（位数）
月	日									
5	1		承前页				贷	34 562	1	34 562
5	2	0749	POS收款	2625		42 589	贷	77 151	1	77 151
5	3	1379	POS退货	2625	660		贷	76 491		
5	3	1407	POS收款	2625		2 338.25	贷	78 829.25		

（四）项目活动4　手续费的结算

POS 交易手续费是指商业银行按照与特约商户合同约定的费率收取相应的服务报酬的交易。

1. 活动目标

掌握 POS 收单业务手续费结算的业务流程及基本操作技能，能准确进行相关会计核算。

2. 知识准备

（1）计提时的会计分录为：

借：应收手续费及佣金——POS结算手续费

　　贷：POS业务收入——发卡方收入

　（或）贷：POS业务收入——受理方收入

归属于信用卡的手续费计提，会计分录为：

借：应收手续费及佣金——POS结算手续费

　　贷：银行卡业务收入——个人信用卡业务收入

（2）收到时的账务处理，会计分录为：

借：其他应付款——特约商户

　　贷：应收手续费及佣金——POS结算手续费

【例5-9】2024年5月4日，邮金银行鸿雁支行为东购商厦股份有限公司（001020100187）结算5月2日的POS收单业务一笔，持卡人为本行开户客户，金额为14 680元，费率为0.5%（20元封顶）。

工作步骤1：计算手续费额度

按照0.5%的比例计算手续费：14 680×0.5% = 73.4元>20元，因此，该笔业务应收取手续费的金额为20元。

工作步骤2：计提手续费

借：应收手续费及佣金——POS结算手续费　　　　20

贷：POS 业务收入——发卡方收入　　　　　　　　　　　　　　　　20

工作步骤 3：扣收特约商户手续费
　　借：其他应付款——特约商户　　　　　　　　　　　　　　　　　　20
　　　　贷：应收手续费及佣金——POS 结算手续费　　　　　　　　　　20

三、任务活动

【任务描述】 2024 年 5 月 5 日，邮金银行鸿雁支行客户东购商厦股份有限公司（001020100187）POS 机收单业务明细如表 5-3 所示：

表 5-3　东购商厦股份有限公司 POS 机收单业务明细

序号	日期	开户银行	卡别	金额	交易类型
1	2024 年 5 月 5 日	邮金银行	借记卡	4378	消费/预授权完成
2	2024 年 5 月 5 日	石门银行	信用卡	2870	消费/预授权完成

要求：按照 POS 收单业务流程进行相应的会计核算。

【任务实施】

（1）写出消费/预授权完成的会计分录：

（2）POS 收单费率为 0.5%，20 元封顶。写出 2024 年 5 月 6 日邮金银行计提手续费的会计分录：

（3）写出 2024 年 5 月 6 日邮金银行扣收手续费的会计分录：

（4）写出 2024 年 5 月 6 日邮金银行结算本金的会计分录：

（5）2024 年 5 月 7 日，石门银行持卡客户要求退货，退货金额为 560 元（消费金额为 2 870 元），写出该笔退货交易的会计分录：

知识加油站

收单业务通常是指签约机构或商业银行向特约商户提供本外币结算的金融服务。收单服务分为线上收单、线下收单,其中线下收单包括 POS 收单和 ATM 收单两种。收单服务可以为签约客户提供全渠道的资金服务,具有收款方式灵活、资金安全、便捷对账等功能。

- 收款方式灵活。商业银行可以为客户提供二维码、手机 App、扫描枪、POS 机、公众号等多种收款方式。
- 资金安全。T+1 个工作日资金便可直接到达商户结算账户。
- 便捷对账。商业银行可以提供多渠道的对账服务,如网上、电话、传真及短信等多种形式的对账服务。

收单业务不仅是商业银行卡业务的基础,也是商业银行提升中间业务收入、拓展销售渠道,提高持卡人满意度和忠诚度的有力手段。

 能力拓展

试从提升商业银行市场竞争力的视角,讨论提高商业银行客户服务能力、服务水平的策略和措施。

模块六　代理代销业务

知识与技能目标

1. 了解理财业务的种类及相关业务规定,能够帮助客户选择合适的理财方式。

2. 掌握各类理财业务的会计核算及账务处理过程,能够使用会计原理解释业务操作过程,解决工作中遇到的问题。

素养目标

1. 培养耐心踏实、爱岗敬业的专业精神。
2. 培养风险管理意识、合规守法意识。

《商业银行代理销售业务管理办法》指出,代理代销业务是指商业银行接受由国务院金融监督管理机构依法实施监督管理并持有金融牌照的金融机构委托,向客户推介、销售由合作机构依法发行的金融产品的代理业务活动。商业银行常见的代理代销业务有代理基金业务、代理保险业务、代理实物贵金属业务、代理国债业务、代理理财业务、代收付业务、代理缴税业务、第三方存管业务等。

项目一　核算代理保险业务

知识目标

1. 熟悉代理保险业务的相关规定及业务处理流程。
2. 掌握代理保险业务的会计核算过程。

能力目标

能根据代理保险业务的流程进行业务操作,并能用会计理论理解业务规定及操作要点。

一、基础知识

(一) 代理保险业务概述

代理保险业务是商业银行接受保险公司委托,向客户提供销售保险产品、代收保险费、代付保险金、代办保全等保险服务,并获取收益的一种经营行为。商业银行代理保险业务,可以受托代理个人或法人投保各险种的保险事宜,也可以作为保险公司的代表,与保险公司签订代理协议,代保险公司承接有关的保险业务。代理保险业务一般包括代售保单业务和代付保险金业务。

(二) 会计科目设置

1. 代理业务负债

"代理业务负债"为一级会计科目,用于核算和反映商业银行代理各类业务所收到的款项,如委托贷款、代理开放式基金、代理保险等。本科目属于负债类科目,余额应反映在贷方,可以设置"代理保险""代理开放式基金""委托贷款""理财"等二级会计科目。

2. 保险公司活期存款

"保险公司活期存款"属于负债类科目,用于核算和反映商业银行吸收的保险公司活期存款,科目余额在贷方。

3. 代理保险业务收入

"代理保险业务收入"科目用于核算和反映商业银行办理代理保险业务所取得的手续费收入。

二、项目活动

代理保险业务的会计核算内容包括代理保险业务保费核算、手续费核算。

(一) 项目活动1 代理保险业务保费的核算

代理保险业务保费核算主要包括新契约承保(包括个人客户、单位客户投保)、代扣保险金、代付保险金三类业务。

1. 活动目标

能够根据代理保险业务的法律规定,合规进行业务操作,掌握相应的会计核算原理及其过程。

2. 知识准备

保费核算的会计分录:

① 为客户办理新契约投保的会计分录:

借：单位活期存款——××活期存款

（或）借：个人活期存款——个人结算存款

　　　贷：代理业务负债——代理保险

②客户办理新契约投保后，当日撤单的会计分录：

借：单位活期存款——××活期存款（红字）

（或）借：个人活期存款——个人结算存款（红字）

　　　贷：代理业务负债——代理保险　（红字）

③日终，与保险公司结算保费的会计分录：

借：代理业务负债——代理保险

　　贷：保险公司活期存款

【例 6-1】2024 年 9 月 1 日，鸿雁支行开户个人客户张元持借记卡（60110310010422），在网点办理新契约投保业务，投保年限为 3 年，每年投保额为 20 000 元。

工作步骤 1：受理业务

客户填写《银行个人客户投资风险承受能力评估表》，银行审核客户拟购保险产品的风险等级与客户风险承受能力是否匹配，审核投保单等相关业务凭证是否填写规范。

工作步骤 2：系统录入

审核无误后，银行柜员将相关信息录入系统，输入代理保险业务交易代码，进入交易界面，并将客户的身份证、投保凭证等材料拍照上传系统。系统生成会计分录：

借：个人活期存款——个人结算存款　　　　　20 000

　　贷：代理业务负债——代理保险　　　　　　　　20 000

登记分户账（如凭 6-1 所示）：

凭 6-1　　　　邮金银行（鸿雁支行）个人活期存款分户账

户名：张元　　　　账号：60110310010422　　　　利率：0.36%

2024 年		摘要	凭证号码	对方科目代码	借方（位数）	贷方（位数）	借或贷	余额（位数）	日数	积数（位数）	复核盖章
月	日										
9	1	承上页					贷	74 350			
9	1	转付	0210	2740	20 000		贷	54 350			

工作步骤 3：单据处理

扣款后，将保单合同及扣款单作回单，交投保人。同时将银行留存投保凭证等材料一起上交会计稽核。

工作步骤 4：日终处理

日终与保险公司结算保费，会计分录为：

借：代理业务负债——代理保险　　　　　　20 000

　　贷：保险公司活期存款　　　　　　　　　　　20 000

(二) 项目活动2 批量代扣保险金的核算

代收代付保险金业务是商业银行为保险公司及投保人客户提供的一种主动资金清算业务,以系统自动处理的方式进行交易。代扣保险金是根据保险公司提供的向客户收取的保费数据,在客户授权下,以系统批量的方式从客户指定的账户中直接扣收保费。该业务主要针对个人客户的续期保险金等类型资金。该业务的会计核算包括批量代扣保险金和与保险公司结算保费两部分。

1. 活动目标

能够独自完成批量代扣保险金的系统操作,并做出正确的会计分录。

2. 知识准备

(1) 批量代扣保险金的会计分录:

借:个人活期存款——个人结算存款
　　贷:代理业务负债——代理保险

(2) 与保险公司结算保费的会计分录:

借:代理业务负债——代理保险
　　贷:保险公司活期存款

【例6-2】 2024年9月10日,邮金银行根据与个人客户、保险公司签订的三方代扣协议,扣减个人客户张元借记卡(60110310010422)20 000元,支付给保险公司。

工作步骤1:代扣保险金

商业银行根据与客户、保险公司签订的代扣协议,从客户结算账户上扣减相应的金额。

借:个人活期存款——个人结算存款　　　　　　　　　　　20 000
　　贷:代理业务负债——代理保险　　　　　　　　　　　　　20 000

工作步骤2:与保险公司结算保费

借:代理业务负债——代理保险　　　　　　　　　　　　　20 000
　　贷:保险公司活期存款　　　　　　　　　　　　　　　　　20 000

(三) 项目活动3 批量代付保险金的核算

批量代付业务是商业银行代收代付保险金业务之一,是根据保险公司提供的向个人客户应发放的保费数据,在个人客户授权下,以系统批量的方式从保险公司账户直接付给个人客户。该业务的会计核算包括批量代扣保险公司存款、批量代付保险金两部分。

1. 活动目标

掌握批量代付保险金的业务操作流程,并做出正确的会计分录。

2. 知识准备

(1) 批量代扣保险公司存款的会计分录:

借:保险公司活期存款
　　贷:代理业务负债——代理保险

（2）批量代付客户保险金的会计分录：

借：代理业务负债——代理保险
　　贷：个人活期存款——个人结算存款

【例 6-3】 2024 年 12 月 20 日是保险公司向鸿雁支行开户个人客户张元放商业养老保险的日期，邮金银行根据三方协议，向张元借记卡（60110310010422）支付保险金 1 200 元。

工作步骤 1：批量代扣保险公司存款

商业银行根据客户与保险公司签订的代扣协议，从保险公司结算账户上扣减相应的金额。

借：保险公司活期存款　　　　　　　　　　　　　　　1 200
　　贷：代理业务负债——代理保险　　　　　　　　　　1 200

工作步骤 2：批量代付客户保险金

借：代理业务负债——代理保险　　　　　　　　　　　1 200
　　贷：个人活期存款——个人结算存款　　　　　　　　1 200

（四）项目活动 4　手续费的核算

商业银行接受保险公司委托，向客户提供销售保险产品、代收保险费、代付保险金、代办保全等保险服务，向保险公司收取一定的服务费，该费用列入"代理保险收入"会计科目进行核算。

1. 活动目标

掌握代理保险业务手续费的核算原理，并能做出正确的会计分录。

2. 知识准备

（1）会计期末计提手续费的会计分录：

借：应收手续费及佣金——代理业务手续费
　　贷：代理保险业务收入

（2）手续费结算的会计分录：

借：保险公司活期存款
　　贷：应收手续费及佣金——代理业务手续费

三、任务活动

【任务描述】 根据下列信息，做出邮金银行相关业务的会计分录。

（1）2024 年 7 月 2 日，邮金银行为单位客户开元商贸有限公司（0010201003551）办理保险购买业务，扣收开元商贸有限公司存款 32 000 元，日终与保险公司办理结算业务。

（2）按照合同约定，每月 5 日为邮金银行与该保险公司代理保险手续费结算日，邮金银行按照 0.5% 的费率向该保险公司收取手续费。2024 年 7 月份，邮金银行共计销售该保险公司保险产品 470 000 元，写出 7 月份邮金银行计提代理保险手续费的会计分录。

（3）写出 2024 年 8 月 5 日邮金银行向保险公司收取 7 月份代理保险手续费的会计分录。

项目二　核算代理开放式基金业务

知识目标

1. 了解商业银行代理开放式基金业务的基本规定及业务操作流程。
2. 掌握商业银行对代理开放式基金业务的会计核算。

能力目标

能根据客户风险承受能力，为客户提供适合的基金产品，能用会计知识解决工作中存在的问题。

一、基础知识

（一）基金业务概述

基金的全称叫证券投资基金，它是一种组合投资、专业管理、利益共享、风险共担的集合证券投资方式，即通过发行基金单位集中投资者的资金，由基金托管人托管，由基金管理人管理和运用资金，从事股票、债券等金融工具投资。按运作方式的不同，基金可以分为开放式基金和封闭式基金。开放式基金是指基金份额不固定，基金份额可以在基金合同约定的时间和场所进行申购或者赎回的一种基金运作方式。封闭式基金是指基金份额在基金合同期限内固定不变，基金份额可以在依法设立的证券交易所交易，但基金份额持有人不得申请赎回的一种基金运作方式。

商业银行代理基金业务是指商业银行代理基金管理公司为投资者办理基金投资的相关业务，包括基金投资开户、认购、申购、赎回、分红、转托管、基金转换、销户、取消、冻结、解冻、修改投资者资料和查询等业务。

(二) 会计科目设置

1. 代理基金买卖业务收入

"代理基金买卖业务收入"为一级会计科目，用于核算和反映商业银行代理基金买卖业务所取得的手续费收入，属于损益类科目，余额应反映在贷方，年终结转后无余额，可设置"代理开放式基金买卖业务收入""代理封闭式基金买卖业务收入"两个二级会计科目。

二、项目活动

代理开放式基金的会计核算内容包括基金本金核算和手续费核算。

(一) 项目活动1 基金本金的核算

基金业务本金核算主要包括客户（个人、单位）购买、与基金公司结算销售款、基金分红以及赎回等。

1. 活动目标

能够根据代理基金业务的法律规定，合规进行业务操作，掌握相应的会计核算原理及其过程。

2. 知识准备

(1) 客户购买基金，实时从客户结算账户扣款的会计分录：

借：个人活期存款——个人结算存款

(或) 借：单位活期存款——××活期存款

　　贷：代理业务负债——代理开放式基金

(2) 客户购买基金撤单的会计分录：

借：个人活期存款——个人结算存款（红字）

(或) 借：单位活期存款——××活期存款（红字）

　　贷：代理业务负债——代理开放式基金（红字）

(3) 与基金公司结算发行款的会计分录：

借：代理业务负债——代理开放式基金

　　贷：跨行清算资金往来——大额支付

(4) 代理基金基金分红和基金赎回的会计分录：

①收到基金分红或者赎回款：

借：跨行清算资金往来——大额支付

　　贷：代理业务负债——代理开放式基金

②客户资金于交收日从商业银行基金分红或者赎回资金中划付到客户结算账户：

借：代理业务负债——代理开放式基金

贷：个人活期存款——个人结算存款

（或）贷：单位活期存款——××活期存款

【例 6-4】 2024 年 5 月 1 日，邮金银行鸿雁支行个人客户张元（60110310010422）到网点购买开放式基金 360 00 元。

工作步骤 1：受理业务

客户填写《银行个人客户投资风险承受能力评估表》，银行工作人员审核客户拟购基金产品的风险等级与客户风险承受能力是否匹配，确认客户已阅读并知晓基金投资的相关法律规定。

工作步骤 2：系统录入

银行工作人员审核无误后，将相关信息录入系统，输入代理开放式基金认购交易代码，进入交易界面，并将客户身份证、购买凭证等材料拍照上传系统。系统生成会计分录：

借：个人活期存款——个人结算存款　　　　　　　　　　　36 000

贷：代理业务负债——代理开放式基金　　　　　　　　　　36 000

登记分户账（如凭 6-2 所示）：

凭 6-2　　　　　　邮金银行（鸿雁支行）**个人活期存款**分户账

户名：张元　　　　　　账号：60110310010422　　　　　　利率：0.36%

2024 年		摘要	凭证号码	对方科目代码	借方（位数）	贷方（位数）	借或贷	余额（位数）	日数	积数（位数）	复核盖章
月	日										
5	1	承上页					贷	123 754			
5	1	转付	0134	2740	36 000		贷	87 754			

工作步骤 3：日终处理

日间客户没有撤单，日终商业银行与基金公司进行结算（基金公司单独支付手续费），会计分录为：

借：代理业务负债——代理开放式基金　　　　　　　　　　36 000

贷：跨行清算资金往来——大额支付　　　　　　　　　　　36 000

（二）项目活动 2　基金手续费的核算

商业银行收取基金手续费的方式可以分为两种，一种是基金申购手续费轧差计算，即商业银行在拨付基金公司申购款时，直接从客户基金申购款中将手续费扣收，将余额拨付给基金公司；另一种是基金公司单独支付手续费，即基金公司根据商业银行拨付的客户基金认购款，按照合同约定的费率支付一定的手续费。

1. 活动目标

能够根据不同的基金手续费支付模式，掌握相应的会计核算原理及其过程。

2. 知识准备

（1）基金申购手续费轧差计算的会计分录：

借：代理业务负债——代理开放式基金

贷：代理基金买卖业务收入——代理开放式基金买卖业务收入

（2）基金公司支付手续费的会计分录：

借：跨行清算资金往来——大额支付

贷：代理基金买卖业务收入——代理开放式基金买卖业务收入

【例6-5】（接例6-4）若2024年5月1日，该商业银行当日与基金公司的轧差金额为120 000元，按照0.5%的费率收取基金申购手续费，则该笔业务手续费收取的会计核算为：

工作步骤1：计算手续费

银行柜员按照基金申购额度，轧差计算手续费：120 000×0.5%＝600（元）

工作步骤2：录入系统，生成会计分录

（1）确认手续费的会计分录：

借：代理业务负债——代理开放式基金　　　　　　　　　　　　600

贷：代理基金买卖业务收入——代理开放式基金买卖业务收入　　600

（2）与基金公司的结算金额为120 000-600＝119 400（元），与基金公司结算的会计分录：

借：代理业务负债——代理开放式基金　　　　　　　　　　　119 400

贷：跨行清算资金往来——大额支付　　　　　　　　　　　　119 400

三、任务活动

【任务描述】2024年11月12日，邮金银行鸿雁支行单位客户开元商贸有限公司（0010201003551）财务人员到开户网点办理基金购买业务，购入开放式基金300 000元。柜员审核后予以办理相关业务。请结合所给信息对该业务进行相应的会计核算。

【任务分析】根据上述业务信息，首先判断业务类型，然后判断业务环节，最后根据业务流程及资金流向做出相应的会计分录。

【任务实施】

(1) 开元商贸有限公司购买基金，邮金银行鸿雁支行扣款的会计分录为：

(2) 如果购买当日开元商贸有限公司要求撤单，邮金银行予以受理的会计分录为：

(3) 如果开元商贸有限公司未撤单，按照邮金银行与基金公司的合同约定，基金公司根据基金结算金额，按照0.5%的费率支付手续费，则邮金银行收到该笔代理基金

业务手续费的会计分录为:

(4) 如果开元商贸有限公司未撤单,邮金银行与基金公司结算的会计分录为:

(5) 2024 年 11 月 30 日,开元商贸有限公司发起基金赎回业务,赎回额度为 250 000 元,则邮金银行收到赎回款及将该款项划付给客户的会计分录分别为:

 知识加油站

商业银行常见的代理代销业务有代理基金业务、代理保险业务、代理实物贵金属业务、代理国债业务、代理理财业务等。代理实物贵金属是指商业银行同贵金属厂商签订协议,由商业银行代销或购进后向客户销售实物贵金属产品的业务。根据贵金属所有权的转移及支付方式的不同,代理贵金属买卖业务核算内容包括出入金、资金清算、手续费、利息、垫款的核算。

代理国债业务是指商业银行为投资者提供国债认购、付息、兑付等服务。国债是指财政部在中华人民共和国境内发行,通过取得国债承销资格的商业银行面向投资者销售的以电子、凭证方式记录债权的不可流通的人民币债券,包括储蓄国债(电子式)、凭证式国债两种。代理国债业务的会计核算内容包括发行、提前兑取、到期兑付及手续费收入核算等。

代理理财业务,即理财产品代销业务,商业银行依托理财产品销售系统,通过行内物理网点、电子渠道、自助设备等渠道,向投资者推介、代销银行理财子公司或其他理财公司理财产品,包括但不限于为投资者办理认购、申购、赎回等行为。代理人民币理财业务本金核算内容包括发行的核算、人民币理财产品分红、提前赎回或者到期赎回以及手续费的核算。

 能力拓展

讨论金融和保险业对规范财富积累、促进社会公平的积极促进作用。

模块七 信贷及票据贴现业务

知识与技能目标

1. 了解信贷业务和票据贴现业务的种类、特点、业务流程及相关业务规定，能够借助会计知识理解信贷业务、票据贴现业务的流程及规定；

2. 掌握信贷业务和票据贴现业务的会计核算及账务处理过程，能够运用会计知识解决实际工作中的常见问题。

素养目标

增强合规意识，提升风险识别能力及风险管理能力。

信贷业务是商业银行主要的资产类业务，是商业银行向企事业单位及个人借出资金或提供信用支持的经济活动。

在我国，按照币种的不同，信贷业务可以分为人民币贷款和外汇贷款。人民币贷款是以人民币作为借贷货币的贷款。外汇贷款是以人民币以外的其他货币作为借贷货币的贷款。

按照贷款对象的不同，信贷业务可以分为公司贷款和个人贷款。公司贷款是以法人和其他经济组织等非自然人为接受主体的资金借贷或信用支持活动，个人贷款是向符合条件的自然人发放的用于个人消费、生产经营等用途的贷款。

按照贷款担保方式的不同，信贷业务可以分为信用贷款、担保贷款和票据贴现。信用贷款是商业银行向借款人发放的无须提供任何担保的贷款，即凭借款人的信誉发放的贷款。担保贷款按照所提供担保物的不同，主要包括抵押贷款、质押贷款和保证贷款。票据贴现是商业银行以购买借款人未到期商业票据的方式发放的贷款，实质上是以票据为担保而对持票人发放的一种贷款。

按照贷款期限的不同，贷款可以分为短期贷款、中期贷款和长期贷款三类。短期贷款是指贷款期限在一年以内（含一年）的贷款。中期贷款是指贷款期限在一年以上（不含一年）五年以下（含五年）的贷款。长期贷款是指贷款期限在五年（不含五年）

以上的贷款。

按照还款方式的不同，贷款可以分为到期一次还本付息贷款和分期偿还贷款。到期一次还本付息是指借款人在贷款到期日一次性还清贷款本息，即利随本清，该还款方式适用于期限在一年以内（含一年）的贷款。分期还款的方式主要包括等额本息还款法、等额本金还款法、等额累进还款法、组合还款法及按月还息、到期一次性还本等多种方法。

项目一　核算公司信贷业务

知识目标

1. 熟悉公司信贷业务的相关规定及业务处理流程。
2. 掌握公司信贷业务的会计科目及会计核算原理。

能力目标

能根据公司信贷业务流程进行业务操作，并能用会计知识解释业务规定及操作要点。

一、基础知识

（一）公司信贷业务概述

公司信贷业务主要包括一般贷款业务、银团贷款业务及其相关事项。一般贷款是指商业银行向企业法人、事业单位及其他组织融通资金而发放的贷款。《银团贷款业务管理办法》指出，银团贷款是指由两家或两家以上银行依据同一贷款合同，按约定时间和比例，通过代理行向借款人提供的本外币贷款或授信业务。一般贷款按照用途的不同分为流动资金贷款、基本建设贷款、房地产开发贷款、其他公司贷款等。流动资金贷款是对借款人在生产经营过程中的周转资金需要而发放的贷款；基本建设贷款是商业银行对实行独立核算并具有偿还能力的各类企业和国家批准的建设单位在当地经营性的建筑、安装、工程建设进程中，因自筹资金不足而发放的贷款；房地产开发贷款主要用于支持房地产企业从事住房开发、商业用房开发、土地开发和配套设施建设而发放的贷款。本项目以流动资金贷款业务为例讲解商业银行公司信贷业务的会计核算，主要内容包括贷款发放、利息计提、还款及结清、贷款形态转移和贷款资产减值等。

本项目的账务处理以向工业企业发放短期流动资金贷款为例。

（二）会计科目设置

1. 流动资金贷款

"流动资金贷款"为一级会计科目，用于核算和反映商业银行发放的流动资金贷款的情况，属于资产类科目，余额应反映在借方。

按照贷款期限的长短，本科目的二级会计科目设置为"短期流动资金贷款""中期流动资金贷款"和"长期流动资金贷款"。在二级会计科目下分别设置三级会计科目"本金""利息调整""已减值（本金）""已减值（利息调整）"，在三级会计科目中按借款单位分合同设分户进行明细核算。

2. 应收贷款利息

"应收贷款利息"为一级会计科目，用于核算和反映商业银行按照权责发生制原则计算确定的应收而未收的贷款利息，余额反映在借方。根据贷款类别不同，本科目可设置二级会计科目"小企业贷款利息""流动资金贷款利息""房地产开发贷款利息"等。

其中的二级会计科目"流动资金贷款利息"，用于核算和反映商业银行按照权责发生制原则计算确定的应收而未收的流动资金贷款利息，按照贷款状态的不同可设置三级会计科目"计提""正常""拖欠""罚息"。

3. 贷款利息收入

"贷款利息收入"为一级会计科目，用于核算和反映商业银行发放的贷款（包括协议透支、信用卡透支、垫款等）所取得的利息收入情况，属于损益类科目，余额应反映在贷方，年终结转后无余额。

按照贷款类别不同，本科目可设置不同的二级会计科目。

其中二级会计科目"流动资金贷款利息收入"用于核算和反映商业银行发放的流动资金贷款所取得的利息收入情况，属于损益类科目，余额应反映在贷方，年终结转后无余额。本二级会计科目可设置三级会计科目"本金""利息调整""已减值（本金）""已减值（利息调整）"。

4. 贷款损失准备

"贷款损失准备"为一级会计科目，用于核算和反映商业银行根据各项贷款可能发生的损失计提的损失准备，属于资产类科目，在资产负债表中属对应科目的备抵科目，余额反映在贷方。

本科目按照贷款的不同种类可设置二级会计科目，如"贴现票据损失准备""拆出资金损失准备""小企业贷款损失准备""流动资金贷款损失准备""基本建设贷款损失准备"等，并可根据情况设置对应的三级会计科目。

5. 信用减值损失

"信用减值损失"为一级会计科目，用于核算和反映商业银行按规定提取（或转回）的应计入损益的各项信用资产的减值准备，属于损益类科目，余额应反映在借方，年终结转后无余额。

本科目按照信贷业务的不同种类可设置二级会计科目，如"计提坏账准备""计提贷款损失准备"等。

其中，二级会计科目"计提贷款损失准备"用于核算和反映商业银行按规定提取（或转回）的应计入损益的贷款减值准备，属于损益类科目，余额应反映在借方，年终结转后无余额，本科目按照贷款的不同种类可设置三级会计科目，如"贴现票据损失准备""流动资金贷款损失准备"等。

6. 活期保证金存款

"活期保证金存款"为一级会计科目，用于核算和反映商业银行收到单位或个人存入的作为保证金的专用存款，属于负债类科目，余额反映在贷方，可设置"单位活期保证金存款"和"个人活期保证金存款"两个二级会计科目。

7. 应收未收贷款利息

"应收未收贷款利息"属于表外科目，余额应反映在收方，用于核算和反映商业银行发放的贷款（含银团贷款、垫款等）发生减值时计提的应收未收贷款利息。本科目按照贷款的不同种类可设置二级会计科目，如"流动资金贷款利息""小企业贷款利息""贴现垫款利息""个人经营贷款利息"等。

8. 核销债权本金

"核销债权本金"属于表外科目，用于核算和反映经批准同意核销且保留追索权的贷款、信用卡透支、贴现、垫款、投资、拆借、应收债券利息、应收股利等债权及股权。

9. 核销债权利息

"核销债权利息"属于表外科目，用于核算经批准同意核销且保留追索权的贷款、信用卡透支、贴现、垫款、投资、拆借、应收债券利息、应收股利等债权及股权利息。

10. 抵押物

"抵押物"属于表外科目，用于核算和反映因办理担保贷款业务而占管的抵押物。抵押物按双方的协议价格或评估部门确认的价格记账。

11. 质押物

"质押物"属于表外科目，用于核算和反映因办理担保贷款业务而占管的质押物。质押物按双方的协议价格或评估部门确认的价格记账。

二、项目活动

本项目的账务处理以向工业企业发放短期流动资金贷款为例。

（一）项目活动1 放款的核算

一般贷款放款时，应按照实际合同规定的贷款金额确认贷款本金。若为担保贷款，则应根据担保物的不同，进行相应的会计核算。

1. 活动目标

能够根据贷款业务要求进行准确的贷前、贷中和贷后业务操作，掌握相应的会计核算原理及其过程。

2. 知识准备

（1）放款核算的思维导图如图7-1所示。

符合借款条件的借款人向商业银行申请贷款时，应签订书面借款合同，需担保的应同时签订担保合同。借款合同应符合《中华人民共和国民法典》的规定，明确约定各方当事人的诚信承诺和贷款资金的用途、支付对象（范围）、支付金额、支付条件、

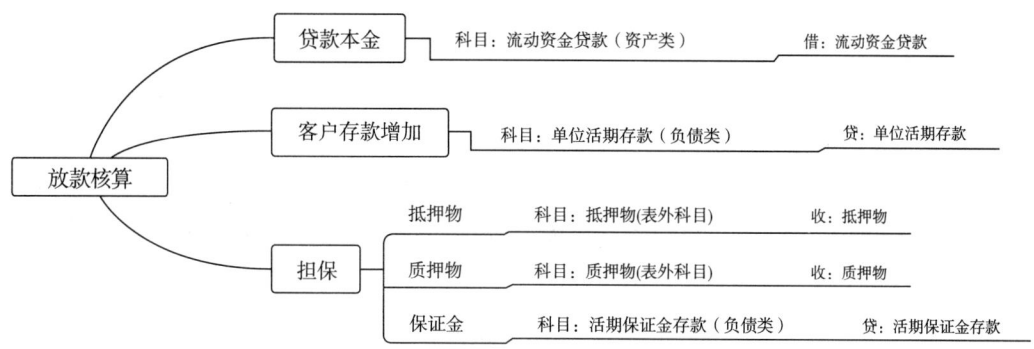

图 7-1 放款核算的思维导图

支付方式等。借款合同应设置相关条款,明确借款人不履行合同或怠于履行合同时承担的违约责任。贷款发放前,商业银行应落实有关贷款发放条件,主要包括:

①需要办理保险、公证等手续的,有关手续是否办理完毕。

②对采取委托扣划还款方式的借款人,要确认其已在银行开立还本付息账户用于归还贷款。

③对采用抵(质)押的贷款,要落实贷款抵(质)押手续。

贷款发放条件落实后,贷款发放岗位人员应填写或打印相关文件,交信贷主管审核签字后,送业务部门作为开立贷款账户的依据。贷款发放的具体流程如下:

①出账前审核。业务部门接到放款通知书后,对其真实性、合法性和完整性进行审核。

②开户放款。业务部门在确认审核无误后,进行开户放款。

③放款通知。开户放款完成后,银行将放款通知书、贷款信息卡等相关材料一并交给借款人做回单。

(2)流动资金贷款放款的会计分录。

①贷款不需要受托支付,直接将贷款发放到借款人账户的会计分录:

借:流动资金贷款——短期流动资金贷款——本金

  贷:单位活期存款——××活期存款

②收到担保物,登记表外科目的会计分录:

收:抵押物/质押物——××种类

③办理保证金贷款时,收取保证金的会计分录:

借:单位活期存款——××活期存款

  贷:活期保证金存款——单位活期保证金存款

【例 7-1】2024 年 9 月 1 日,邮金银行财务部门收到鸿雁支行开户单位客户开元集团股份有限公司(0010201004260)提交本行信贷部门审批同意的借款申请书,向本行申请流动资金贷款 2 000 000 元,贷款期限 3 个月,利率假设为 4.35%,网点审核无误后予以放款。

工作步骤 1:受理业务

借款申请人提交书面贷款申请及证明其符合贷款条件的相关材料。商业银行信贷部门审批同意后，与贷款申请人签订书面借款合同。

工作步骤 2：凭证审核

会计部门收到申请书和借款凭证时，应着重审查有无信贷部门审批意见、借款用途、利率、余额和归还日期，以便监督贷款的合理使用和按期归还。

工作步骤 3：贷款发放

经审核无误后，将相关信息录入业务系统办理转账。以借款凭证第一联"借方凭证"作为贷款账户的付出凭证，第二联"收入凭证"作为存款账户的收账凭证，其会计分录为：

借：流动资金贷款——短期流动资金贷款——本金　　　2 000 000
　　贷：单位活期存款——工业活期存款　　　　　　　　　　2 000 000

工作步骤 4：后续处理

转账后，第三联加盖业务公章后做回单，交给借款人作为存款账户的收账通知。

第四联放款记录加盖转讫章后，送信贷部门留存备查；第五联借据为到期卡，与申请书一同由会计部门留存，按到期日排列保管，据以按到期日收回贷款。

（二）项目活动 2　计提利息的核算

贷款利息计算分为计提利息计算、应收正常利息计算和应收罚息计算。资产负债表日，按贷款合同本金及合同约定利率计算确定的应收利息，按贷款的摊余成本及实际利率确定贷款利息收入。应收贷款利息与应确认的贷款利息收入之间的差额，记入利息调整分期进行摊销。

1. 活动目标

能够根据贷款质量，对贷款利息进行准确的核算。

2. 知识准备

（1）计提贷款利息的一般规定。

①每月月末日，按规定对信贷业务计提利息并确认利息收入。计提利息应计算至当日，即从贷款发放日/上次计提日次日计算至当月月末日。

②贷款结计利息时，按规定对信贷业务计提利息并确认利息收入。计提利息应计算至收息日前一日，即从贷款发放日/上次计提日次日计算至收息日前一日。

③贷款发生柜面还款时，按规定对信贷业务计提利息并确认利息收入。计提利息应计算至还款日前一日，即从贷款发放日/上次计提日的次日计算至还款日前一日。

（2）计提贷款利息的计算公式。

计提利息＝计提本金余额日积数×正常日利率＋罚息日积数×罚息日利率

罚息日积数＝拖欠本金余额日积数＋拖欠利息余额日积数

（3）正常利息计算的一般规定。

①收息日当日，按规定对信贷业务当期应收客户正常利息进行计算，并相应冲减计提利息。收息日未足额收回正常利息的，未收回部分转为拖欠利息。

②还款日当日，按规定对信贷业务从上个收息日至还款日应收的正常利息进行计算，并相应冲减计提利息。

(4) 利息收入的计算公式：

贷款正常利息收入＝贷款摊余成本日积数×正常日利率（该部分利息收入与计提利息之差在"利息调整"中反映）

贷款罚息利息收入＝罚息日积数×罚息日利率

(5) 利息计提的会计分录。

①未减值类贷款利息计提的会计分录：

借：应收贷款利息——流动资金贷款利息
  贷：贷款利息收入——流动资金贷款利息收入

②减值类贷款利息计提的会计分录：

借：贷款损失准备——流动资金贷款损失准备
  贷：贷款利息收入——流动资金贷款利息收入

同时，登记表外账务：

收：应收未收贷款利息——流动资金贷款利息

【例7-2】 2024年9月1日，鸿雁支行收到单位客户开元集团股份有限公司（0010201004260）提交本行信贷部门审批同意的借款申请书，向本行申请流动资金贷款2 000 000元，贷款期限3个月，利率假设为4.35%，网点审核无误后予以放款。该笔贷款到期一次性还本付息。

工作步骤1：计算应计提9月份贷款利息

9月30日应计提利息为：

2 000 000×30×（4.35%÷360）＝7 250（元）

借：应收贷款利息——流动资金贷款利息——计提	7 250	
贷：贷款利息收入——流动资金贷款利息收入		7 250

工作步骤2：计算10月份贷款利息

10月31日应计提利息为：

2 000 000×31×（4.35%÷360）≈7 491.67（元）

借：应收贷款利息——流动资金贷款利息——计提	7 491.67	
贷：贷款利息收入——流动资金贷款利息收入		7 491.67

工作步骤3：计算11月份贷款利息

11月30日应计提利息为：

2 000 000×30×（4.35%÷360）＝7 250（元）

借：应收贷款利息——流动资金贷款利息——计提	7 250	
贷：贷款利息收入——流动资金贷款利息收入		7 250

（三）项目活动3 还款及结清核算

在一般贷款还款日，先补提上次计息日至本次还款日之间的利息及罚息，然后再结息、还款。

1. 活动目标

掌握贷款收回的业务流程及基本操作技能，能够根据贷款业务的基本规定及业务流程，准确进行相关会计核算。

2. 知识准备

（1）非减值类贷款到期收回核算的思维导图如图 7-2 所示。

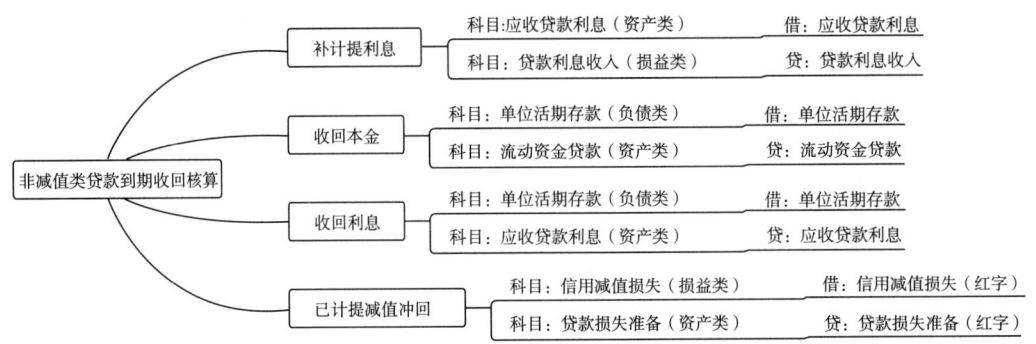

图 7-2　非减值类贷款到期收回核算的思维导图

（2）贷款的收回。

①补计提利息的会计分录为（补计提上次结息日至本次还款日之间的利息及罚息）：

借：应收贷款利息——流动资金贷款利息

　　贷：贷款利息收入——流动资金贷款利息收入

②收回本金的会计分录为：

借：单位活期存款——工业活期存款

　　贷：流动资金贷款——短期流动资金贷款

③收回利息的会计分录为：

借：单位活期存款——工业活期存款

　　贷：应收贷款利息——流动资金贷款利息

④表内正常利息转拖欠。

如果还款日因客户还款账户余额不足或者其他原因导致客户未按期归还本金或利息，正常利息转拖欠科目核算。

借：应收贷款利息——流动资金贷款利息——拖欠

　　贷：应收贷款利息——流动资金贷款利息——正常

同时，按照累计拖欠本金和拖欠利息金额作为罚息的积数来计算罚息。

⑤减值准备清零。

还款日借款人归还全部贷款本金和利息（包括罚息等）后，若贷款已计提减值的，需将减值准备清零。

借：信用减值损失——计提贷款损失准备——流动资金贷款损失准备（红字）

　　贷：贷款损失准备——流动资金贷款损失准备（红字）

⑥担保物付出。

授信合同项下押品所担保的全部债务清偿完毕后，经办行（机构）返还办理抵押（出质）人所保管的押品权属证明及有关单证。需要到原登记机关办理注销手续登记的，应同时出具解除抵押/质押的相关材料。

付：抵押物/质押物——××种类

【例 7-3】2024 年 12 月 1 日，邮金银行鸿雁支行的单位客户开元集团股份有限公司来网点办理一笔流动资金贷款的到期还款业务，该笔贷款于 2024 年 9 月 1 日发放，贷款本金为 2 000 000 元，期限 3 个月，贷款利率 4.35%，还款方式为到期一次性还本付息。网点工作人员对相关材料审核无误后予以办理。

工作步骤 1：受理及审核

柜员接收开元集团股份有限公司提交的还款申请，办理流动资金贷款本金及利息的收取。柜员对还款凭证进行审核，并与借款凭证到期卡进行核对。另外，还需确认该贷款归还是否经信贷部门审查同意。

工作步骤 2：录入系统

审核无误后，将相关还款信息录入业务操作系统并办理转账。

收回本金的会计分录为：

借：单位活期存款——工业活期存款　　　　　　　　　2 000 000
　　贷：流动资金贷款——短期流动资金贷款——本金　　　　2 000 000

收回利息的会计分录为：

借：单位活期存款——工业活期存款　　　　　　　　　21 991.76
　　贷：应收贷款利息——流动资金贷款利息　　　　　　　21 991.76

工作步骤 3：后续处理

前台柜员将贷款归还凭证回单交付借款人，将贷款归还凭证及其他凭证一起装订保管。

三、任务活动

【任务描述】2024 年 7 月 21 日，邮金银行鸿雁支行审批通过建通三局建设有限公司（开户账号：0020202003281）1 000 000 元的流动资金贷款，期限 6 个月，年利率 4.86%。按照合同规定，建通三局建设有限公司需提供贷款本金 20% 的保证金存款。

要求：按照贷款业务流程进行相应的会计核算。

【任务分析】根据贷款流程判断商业银行资金流向，写出正确的会计分录。

【任务实施】

(1) 编制放款的会计分录：

(2) 编制收取保证金的会计分录：

（3）计算该笔贷款 2024 年 7 月应计提的贷款利息并写出相应的会计分录：

（4）2024 年 9 月底，鸿雁支行评估后，认为该笔贷款存在减值风险，并计提减值准备 20 000 元。请写出计提减值准备的会计分录。

（5）2024 年 1 月 21 日鸿雁支行收到借款人的还款申请，其偿还全部本金及利息，鸿雁支行将贷款保证金退还到客户开户账户中。

①鸿雁支行收回全部本金的会计分录：

②鸿雁支行返还贷款保证金的会计分录：

③鸿雁支行减值准备清零的会计分录：

项目二　核算信贷资产减值业务

知识目标

1. 熟悉资产减值的相关规定及业务处理流程。
2. 掌握资产减值的会计科目及会计核算原理。

能力目标

能够正确评估信贷资产风险，准确核算损益。

一、基础知识

商业银行在贷后管理过程中，应按照规定的标准和程序对信贷资产进行风险分类和评估。为了准确地反映贷款质量，商业银行一般将贷款划分为正常、关注、次级、可疑和损失五类，并根据风险变化情况及时调整分类结果。

正常类贷款：债务人能够履行合同，没有客观证据表明贷款本金、利息或收益不能按时足额偿付。

关注类贷款：虽然存在一些可能对履行合同产生不利影响的因素，但是债务人目前有能力偿付贷款本金、利息或收益。

次级类贷款：债务人无法足额偿付贷款本金、利息或收益，或贷款已经发生信用减值。

可疑类贷款：债务人已经无法足额偿付贷款本金、利息或收益，已经发生显著信用减值。

损失类贷款：在采取所有的措施后，只收回极少部分贷款本金，或损失全部贷款本金。

二、项目活动

商业银行为了加强各项金融资产的管理，防范经营风险，增强化解资产损失、抵御风险的能力，需按照中国人民银行《银行贷款损失准备计提指引》、财政部《企业会计准则第 22 号——金融工具确认和计量》等有关规定，规范提取、核算、使用各项准备金。

根据信贷资产质量的变化，本项目的核算内容主要包括信贷资产减值核算、信贷资产形态转移及信贷资产核销的相关核算等。

（一）项目活动 1　贷款资产减值核算

1. 活动目标

熟悉信贷资产减值准备分类，能够按照制度规定准确计提减值准备，并做出正确的会计分录。

2. 知识准备

（1）准备概述。

本项目所称准备，是指商业银行对承担风险和损失的债权和股权资产计提的准备金，包括一般准备和相关资产损失准备。一般准备是指商业银行根据全部贷款及风险资产余额的一定比例提取的、用于弥补尚未识别的可能性损失的准备。相关资产损失准备是指商业银行对资产进行风险分类后，按每笔资产损失的程度计提的用于弥补特定损失的准备，包括信贷资产损失准备、非信贷资产损失准备、坏账准备等。

商业银行应当于每季度终了根据全部贷款及其他风险资产余额的一定比例提取一般准备。一般准备的计提比例由商业银行综合考虑所面临的风险因素确定，原则上一般准备年末余额不得低于年末贷款及其他风险资产余额的 1%。

商业银行还应当按季对各项资产进行检查，分析各项资产的可收回性，遵照谨慎性原则，合理预计各项资产可能产生的损失，对预计可能发生的信贷资产损失计提信贷资产损失准备。信贷资产损失准备包括专项准备和特种准备两种。专项准备是指商业银行对金融资产进行风险分类后，按资产损失的程度计提的、用于弥补专项损失的准备。专项准备的计提比例由商业银行根据金融资产的风险程度和回收的可能性合理确定。特种准备是指商业银行对特定国家、地区、行业或某一类特定资产计提的准备，具体比例由商业银行根据金融资产的风险程度和回收的可能性合理确定。

（2）信贷资产减值准备核算的思维导图如图7-3所示。

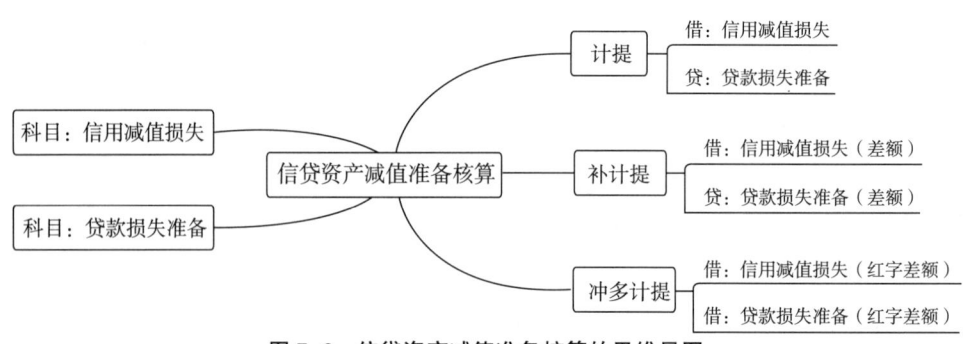

图7-3 信贷资产减值准备核算的思维导图

（3）信贷资产减值准备的会计分录。

商业银行根据贷款五级风险分类的结果和规定的减值计提比例，计算出各笔贷款应计提的贷款减值准备。

①首次计提贷款减值准备。

借：信用减值损失——计提贷款损失准备——流动资金贷款损失准备

　　贷：贷款损失准备——流动资金贷款损失准备

②补充计提贷款减值准备，如果计算出的应计提减值准备金额大于已经计提的减值准备余额，则应补计提减值准备差额。

借：信用减值损失——计提贷款损失准备——流动资金贷款损失准备　（差额）

　　贷：贷款损失准备——流动资金贷款损失准备（差额）

③冲回多计提的贷款减值准备，如果计算出的贷款应计提减值准备金额小于已经计提的减值准备，则应冲回多计提的减值准备。

借：信用减值损失——计提贷款损失准备——流动资金贷款损失准备　（差额，红字）

　　贷：贷款损失准备——流动资金贷款损失准备（差额，红字）

【例7-4】鸿雁支行2024年9月31日对已发放的流动资金贷款开展评估，发现开元集团股份有限公司（贷款金额2 000 000元）受经济周期影响经营业绩下滑。按照风险五级分类办法，该笔贷款被认定为关注贷款，并按2%的比例计提专项准备。

工作步骤1：风险认定

负责资产管理的业务部门对资产风险类别进行评定及调整，并对预计损失进行预估。风险管理部门复核后,经有权机关审批认定,风险管理部门将风险分类结果及减值准备计提比例区间报送财务部门。

工作步骤 2:财务处理

财务会计部门按照资产减值准备计提办法进行相应的账务处理。

(1) 系统按照减值比例计算减值金额:2 000 000×2%=40 000(元)
(2) 系统根据减值金额生成相应的会计分录:

借:信用减值损失——计提贷款损失准备——流动资金贷款损失准备 40 000
　　贷:贷款损失准备——流动资金贷款损失准备　　　　　　　　40 000

【例 7-5】2024 年 12 月底,鸿雁支行再次对开元集团股份有限公司(贷款金额 2 000 000 元)流动资金贷款开展评估,该贷款风险评级调整为次级,按照相关规定该贷款需按照 25%的比例计提减值准备。

工作步骤 1:风险认定

负责资产管理的业务部门对资产风险类别进行评定及调整,并对预计损失进行预估。风险管理部门复核后,经有权机关审批认定,风险管理部门将风险分类结果及减值准备计提比例区间报送财务部门。

工作步骤 2:财务处理

财务会计部门按照资产减值准备计提办法进行相应的账务处理。

(1) 系统按照减值比例计算减值金额:2 000 000×25%=500 000 元
(2) 由于 9 月底该笔贷款已计提减值准备 40 000 元,因此,本次需计提减值准备金额为:

500 000-40 000=460 000(元)

(3) 系统根据减值金额生成相应的会计分录:

借:信用减值损失——计提贷款损失准备——流动资金贷款损失准备 460 000
　　贷:贷款损失准备——流动资金贷款损失准备　　　　　　　　460 000

(4) 正常贷款转为不良贷款:

借:流动资金贷款——短期流动资金贷款——已减值(本金)　2 000 000
　　贷:流动资金贷款——短期流动资金贷款——本金　　　　　2 000 000

(二) 项目活动 2　正常贷款转为不良贷款的核算

按照贷款质量五级分类,正常类、关注类贷款被称为正常贷款,次级类、可疑类和损失类贷款被称为不良贷款。银行应按照银行监管部门的规定,定期对不良贷款进行认定。当贷款被认定为不良贷款时,贷款形态发生转变,需进行贷款形态转移核算。

贷款形态转移是指正常贷款(正常类贷款+关注类贷款)与不良贷款(次级类贷款+可疑类贷款+损失类贷款)之间的互转。贷款形态转移的核算内容包括贷款本金、利息调整和应收利息的核算。

1. 活动目标

能够按照贷款质量五级分类进行对贷款风险进行评估和认定,并做出正确的会计分录。

2. 知识准备

(1) 正常贷款转为不良贷款核算的思维导图如图7-4所示。

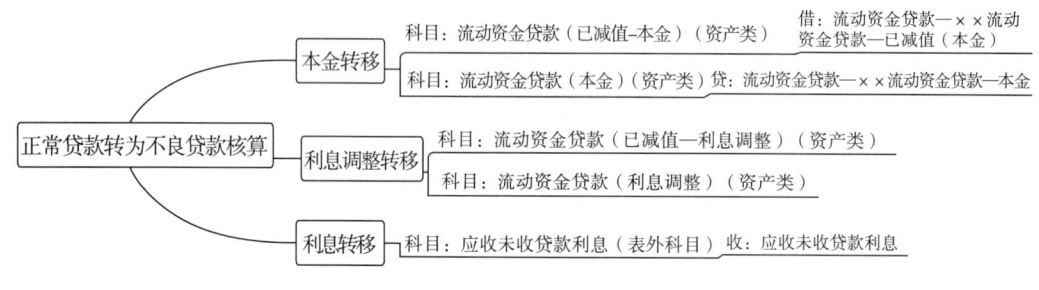

图7-4 正常贷款转为不良贷款核算的思维导图

(2) 贷款本金的转移。

借：流动资金贷款——短期流动资金贷款——已减值（本金）
　　贷：流动资金贷款——短期流动资金贷款——本金

(3) 贷款利息调整的转移。

①利息调整余额在贷方：

借：流动资金贷款——短期流动资金贷款——利息调整
　　贷：流动资金贷款——短期流动资金贷款——已减值（利息调整）

②利息调整余额在借方：

借：流动资金贷款——短期流动资金贷款——已减值（利息调整）
　　贷：流动资金贷款——短期流动资金贷款——利息调整

(4) 贷款利息的转移。

贷款余额全部转为已减值后，原来记在表内的应收贷款利息仍在表内核算，以后各期计提的应收贷款利息在表外核算。

收：应收未收贷款利息——流动资金贷款利息

【例7-6】2024年9月1日鸿雁支行向开元集团股份有限公司发放流动资金贷款2 000 000元，贷款期限6个月，利率假设为4.35%。9月底该公司经营出现困难，银行将该笔贷款认定为次级贷款，并将贷款形态进行转移。

工作步骤1：风险认定

负责资产管理的业务部门对资产风险类别进行评定及调整，并对预计损失进行预估。风险管理部门复核后，经有权机关审批认定，风险管理部门将风险分类结果及减值准备计提比例区间报送财务部门。

工作步骤2：财务处理

财务会计部门按照资产减值准备计提办法进行相应的账务处理，将正常贷款形态转为不良贷款形态。

借：流动资金贷款——短期流动资金贷款——已减值（本金）　2 000 000
　　贷：流动资金贷款——短期流动资金贷款——本金　　　　　　　　　2 000 000

(三）项目活动 3　不良贷款转为正常贷款的核算

1. 活动目标

能够按照贷款质量五级分类对贷款风险进行评估和认定并做出正确的会计分录。

2. 知识准备

（1）不良贷款转为正常贷款核算的思维导图如图 7-5 所示。

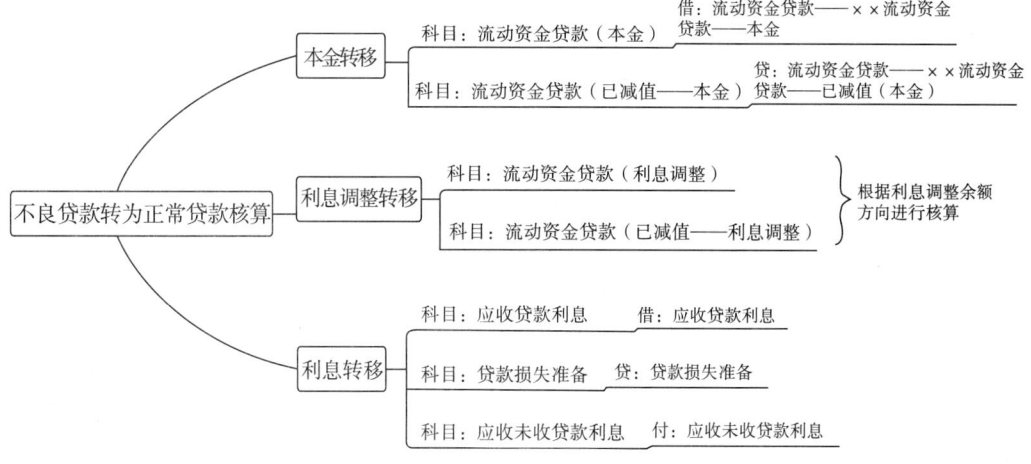

图 7-5　不良贷款转为正常贷款核算的思维导图

（2）贷款本金的转移。

借：流动资金贷款——短期流动资金贷款——本金

　　贷：流动资金贷款——短期流动资金贷款——已减值（本金）

（3）不良贷款利息调整的转移。

①利息调整余额在借方。

借：流动资金贷款——短期流动资金贷款——利息调整

　　贷：流动资金贷款——短期流动资金贷款——已减值（利息调整）

②利息调整余额在贷方。

借：流动资金贷款——短期流动资金贷款——已减值（利息调整）

　　贷：流动资金贷款——短期流动资金贷款——利息调整

（4）表外利息转至表内：

借：应收贷款利息——流动资金贷款利息

　　贷：贷款损失准备——流动资金贷款损失准备

同时登记表外科目，会计分录为：

付：应收未收贷款利息——流动资金贷款利息

【例 7-7】（接例 7-6）2024 年 12 月底，银行再次对开元集团股份有限公司流动资金贷款进行风险评估，认为企业经营状况好转，将该贷款评定为关注贷款。另外，该贷款被评定为不良贷款时，已经计提表外贷款利息 22 233.34 元，同步进行会计处理。

工作步骤 1：风险认定

负责资产管理的业务部门对资产风险类别进行评定及调整，并对预计损失进行预估。风险管理部门复核后，经有权机关审批认定，风险管理部门将风险分类结果及减值准备计提比例区间报送财务部门。

工作步骤 2：财务处理

财务会计部门按照资产减值准备计提办法进行相应的账务处理。

(1) 不良贷款转为正常贷款：

借：流动资金贷款——短期流动资金贷款——本金　　　　　2 000 000
　　贷：流动资金贷款——短期流动资金贷款——已减值（本金）　2 000 000

(2) 表外利息转至表内：

借：应收贷款利息——流动资金贷款利息　　　　　　　　　22 233.34
　　贷：贷款损失准备——流动资金贷款损失准备　　　　　　22 233.34

(3) 登记表外科目：

付：应收未收贷款利息——流动资金贷款利息　　　　　　　22 233.34

（四）项目活动 4　贷款核销的核算

贷款核销是商业银行在充分评估贷款风险、确认贷款无法收回后，按照规定程序将贷款从账面上消除的一种财务处理方式。商业银行对已经核销的贷款，实施"账销案存"制度。因此，贷款核销类交易包括补提贷款减值准备、贷款核销以及贷款核销收回等内容。贷款核销之前，应先将状态转到损失类。对损失类贷款，应全额计提贷款损失准备，贷款损失准备不足的，应进行补计提。

1. 活动目标

熟悉贷款核销的流程及管理规定，能够根据核销流程做出正确的会计分录。

2. 知识准备

(1) 贷款核销核算的思维导图如图 7-6 所示。

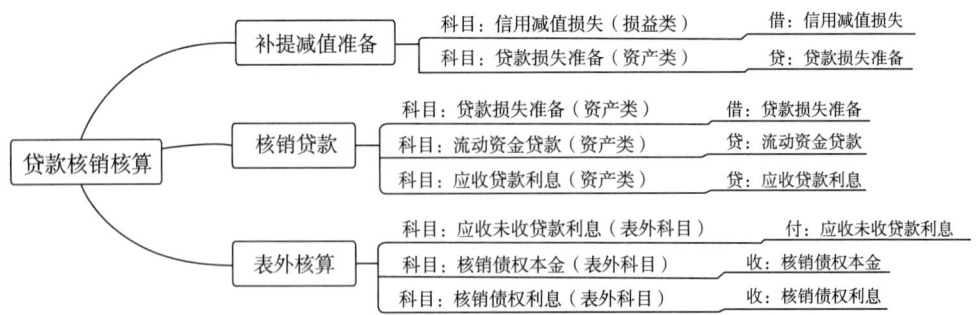

图 7-6　贷款核销核算的思维导图

(2) 补提贷款减值准备。

借：信用减值损失——计提贷款损失准备——流动资金贷款损失准备
　　贷：贷款损失准备——流动资金贷款损失准备

(3) 贷款核销。

借：贷款损失准备——流动资金贷款损失准备
　　贷：流动资金贷款——短期流动资金贷款——已减值（本金）
　　　　应收贷款利息——流动资金贷款利息——拖欠/罚息

(4) 表外记账。

付：应收未收贷款利息-流动资金贷款利息——拖欠/罚息
收：核销债权本金——核销贷款——××贷款
收：核销债权利息——核销贷款——××贷款

【例7-8】（接例7-7）贷款到期前开元集团股份有限公司遭遇重大意外事故，导致无力偿还全部贷款本息。鸿雁支行将该笔贷款评定为损失类贷款，并予以核销。其中，针对该笔贷款鸿雁支行已计提减值准备500 000元，应收贷款利息账面余额为29 000元，表外计提应收未收贷款利息余额为14 500元。

工作步骤1：风险认定

负责资产管理的业务部门对资产风险类别进行评定及调整，并对预计损失进行预估。风险管理部门复核后，经有权机关审批认定，风险管理部门将风险分类结果及减值准备计提比例区间报送财务部门。

工作步骤2：财务处理

财务会计部门按照资产减值准备计提办法，进行相应的账务处理。

(1) 补计提贷款减值准备：2 000 000-500 000=1 500 000（元）

借：信用减值损失——计提贷款损失准备——流动资金贷款损失准备
　　　　　　　　　　　　　　　　　　　　　　　　　　1 500 000
　　贷：贷款损失准备——流动资金贷款损失准备　　　　1 500 000

(2) 贷款核销。

借：贷款损失准备——流动资金贷款损失准备　　　　　2 029 000
　　贷：流动资金贷款——短期流动资金贷款——已减值（本金）　2 000 000
　　　　应收贷款利息——流动资金贷款利息　　　　　　　　29 000

(3) 表外核算。

付：应收未收贷款利息——流动资金贷款利息　14 500
收：核销债权本金——核销贷款——流动资金贷款　2 000 000
收：核销债权利息——核销贷款——流动资金贷款　43 500

(五) 项目活动5　贷款核销收回的核算

已核销贷款又收回时，根据还款顺序自动清分收回的资金中属于偿还贷款本金的部分、利息的部分和罚息的部分。先还本金，后还利息。贷款核销后又收回的贷款本息，全部作为业务开办行当期的收益。

1. 活动目标

熟悉贷款核销收回的流程及还款顺序，能够做出正确的会计分录。

2. 知识准备

(1) 收回核销贷款核算的思维导图如图 7-7 所示。

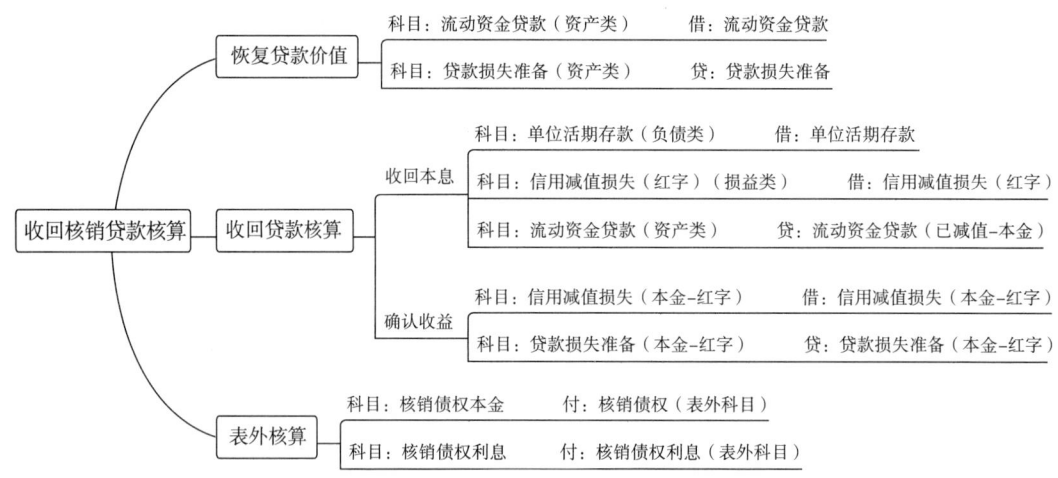

图 7-7 收回核销贷款核算的思维导图

(2) 收回核销的贷款时，应先恢复贷款的价值。

借：流动资金贷款——短期流动资金贷款——已减值（本金）

　　贷：贷款损失准备——流动资金贷款损失准备

(3) 还款。

借：单位活期存款——工业活期存款

　　信用减值损失——计提贷款损失准备——流动资金贷款损失准备（负金额）

　　贷：流动资金贷款——短期流动资金贷款——已减值（本金）

借：信用减值损失——计提贷款损失准备——流动资金贷款损失准备（负金额）

　　贷：贷款损失准备——流动资金贷款损失准备（负金额）

(4) 表外记账。

付：核销债权本金——核销贷款——××贷款

付：核销债权利息——核销贷款——××贷款

【例 7-9】（接例 7-8）2025 年 2 月 11 日鸿雁支行收到开元集团股份有限公司偿还已核销贷款本金及利息共计 2 340 000 元的还款请求，并为其办理还款手续。

工作步骤 1：业务受理

信贷部门收到客户的还款申请后，为客户办理核销贷款还款手续。

工作步骤 2：审核票据

前台柜员审核还款凭证，并与已核销贷款台账进行核对。同时，还需确认贷款归还是否经信贷部门审查同意，还款凭证是否填写完整、正确，存款账户余额是否足够支付等。

工作步骤 3：录入系统

审核无误后，将相关还款信息录入业务操作系统办理转账。

(1) 收回核销的贷款时，应先恢复贷款的价值。

借：流动资金贷款——短期流动资金贷款——已减值（本金） 2 000 000
　　贷：贷款损失准备——流动资金贷款损失准备 　　　　　　　2 000 000

(2) 还款。

借：单位活期存款——工业活期存款　　　　　　　　　　　　2 340 000
　　信用减值损失——计提贷款损失准备——流动资金贷款损失准备
　　　　　　　　　　　　　　　　　　　　　　　　　　　　　-340 000
　　贷：流动资金贷款——短期流动资金贷款——已减值（本金） 2 000 000
借：信用减值损失——计提贷款损失准备——流动资金贷款损失准备
　　　　　　　　　　　　　　　　　　　　　　　　　　　　-2 000 000
　　贷：贷款损失准备——流动资金贷款损失准备　　　　　　-2 000 000

(3) 表外记账。

付：核销债权本金——核销贷款——流动资金贷款　　　　　 2 000 000
付：核销债权利息——核销贷款——流动资金贷款　　　　　 　340 000

工作步骤4：交付回单

前台柜员将相关单据交付给借款人。

三、任务活动

【任务描述】 2024年7月1日，邮金银行鸿雁支行审批通过建通三局建设有限公司（开户账号：0020202003281）5 000 000元的流动资金贷款，期限12个月，年利率5.58%。

要求：按照贷款业务流程进行相应的会计核算。

【任务分析】 根据贷款质量变化，写出正确的会计分录。

【任务实施】

(1) 编制放款的会计分录：

(2) 2024年9月底，鸿雁支行将该笔贷款评定为正常贷款三级，需按贷款本金1%的比例计提减值准备：

(3) 2024年12月底，鸿雁支行再次评估该贷款，认为由于企业经营状况良好，将该贷款评定为正常贷款一级，该贷款未发生减值风险。则会计分录为：

(4) 2025年2月，企业发生重大意外事故，鸿雁支行将该贷款评定为可疑贷款一级，需计提贷款本金的50%作为减值准备。

①计提减值准备的会计核算：

②贷款形态转移的会计核算：

(5) 2025年5月21日，该贷款企业停止营业，无力偿还贷款本息。鸿雁支行将该笔贷款转为损失贷款。当日，该贷款应收贷款利息账面余额为186 000元，表外已计提应收贷款利息62 000元。

①补提贷款减值准备的会计分录：

②贷款核销的会计分录：

③表外核算的会计分录：

项目三　核算票据贴现业务

知识目标

1. 熟悉票据贴现的相关规定及业务处理流程。
2. 掌握票据贴现的会计科目及会计核算原理。

能力目标

能够熟练掌握票据贴现的业务流程，准确评估业务风险，并做出正确的会计核算。

一、基础知识

（一）票据贴现业务概述

《商业汇票承兑、贴现与再贴现管理办法》指出，贴现是持票人在商业汇票到期日前，贴付一定利息将票据转让至具有贷款业务资质机构的行为。商业汇票是出票人签发的，委托付款人在见票时或者在指定日期无条件支付确定的金额给收款人或者持票人的票据，包括但不限于纸质或电子形式的银行承兑汇票、财务公司承兑汇票、商业承兑汇票等。商业汇票的贴现人应为在中华人民共和国境内依法设立的、具有贷款业务资质的法人及其分支机构。申请贴现的商业汇票持票人应为自然人、在中华人民共和国境内依法设立的法人及其分支机构和非法人组织。

贴现业务对于商业银行而言，就是买入持票人持有的尚未到期的商业汇票，扣除从贴现日至汇票到期日的贴现利息后，将其差额付给持票人的一种资金融通行为。贴现利息按票据到期值、贴现率和贴现期限计算，具体公式为：

贴现利息＝票据到期值×贴现率×贴现期限

实付贴现金额＝票据到期值－贴现利息

（1）票据按其是否计息分类，可以分为带息票据和不带息票据。其中：

不带息票据的到期值＝应收票据的面值

带息票据的到期值＝应收票据面值×（1+票据年利率×票据到期天数/360）

（2）票据贴现通常使用日利率：

票据贴现日利率＝贴现年利率÷360

（3）贴现期限指自贴现之日起至商业汇票到期日止。按照"算头不算尾"的原则，计算从贴现日到票据到期日的实际贴现天数。如到期日为法定节假日，则相应顺延至第一个工作日；如承兑人为异地的，则另加三天划款期；到期日为法定节假日，同时承兑人为异地的，须在顺延的基础上另加三天划款期。

（二）会计科目设置

1. 贴现票据

表内科目"贴现票据"为一级会计科目，用于核算和反映商业银行为客户办理未到期票据业务而融出资金的款项。本科目属于资产类科目，余额反映在借方，可以设置二级会计科目"商业承兑汇票""本行银行承兑汇票""他行银行承兑汇票"，并在二级会计科目下分别设置三级会计科目"面值""利息调整""已减值（面值）""已减值（利息调整）"。

2. 贴现票据

表外科目"贴现票据"为一级会计科目，用于反映商业银行为非金融机构办理未到期的银行或商业承兑汇票业务的面值。买入票据时，本科目作收入登记；卖出票据或发出托收时，本科目作付出登记。

本科目余额应反映在收方，按汇票的性质可设置二级会计科目"商业承兑汇票""本行银行承兑汇票"和"他行银行承兑汇票"。

3. 贴现利息收入

"贴现利息收入"为一级会计科目，用于核算和反映商业银行为客户办理贴现所产生的利息收入。本科目属于损益类科目，余额应反映在贷方，年终结转后无余额，可设置"买断式贴现利息收入""回购式贴现利息收入"两个二级会计科目。

（三）票据贴现的分类

按照票据是否带息，票据贴现可分为卖方付息票据贴现和买方付息票据贴现。卖方付息票据贴现是指商业汇票持票人将未到期的商业汇票转让给银行，银行按票面金额扣除贴现利息后，将余额付给持票人的一种票据业务操作模式。买方付息票据贴现是指卖方在商业汇票到期日前，为了取得资金，在由买方贴付利息后，将票据权利转让给金融机构的票据行为，是金融机构向卖方或持票人融通资金的一种方式。办理该业务时，除卖方或持票人全额获取贴现商业汇票票面金额和买方承担贴现利息外，其他均与一般的票据贴现业务处理相同。

按照票据权利是否发生转移，票据贴现可分为买断式票据贴现和回购式票据贴现。买断式票据贴现是指贴现申请人将票据权利转让给金融机构，不约定日后赎回的交易方式。回购式票据贴现是指贴现申请人将票据权利暂时转让给金融机构，并按照约定日期到期赎回的交易方式。

二、票据贴现项目活动

票据贴现的核算包括买入票据及其后续利息确认和票据到期的处理。本项目以卖方付息票据贴现、买断式票据贴现为例开展活动。

（一）项目活动1 买入卖方付息票据贴现业务融出资金时的账务处理

买入卖方付息票据贴现业务融出资金时的会计核算包括确认票据资产、付款及表外记账。

1. 活动目标

能够根据票据贴现的不同业务类型，进行准确的业务操作和正确的会计处理。

2. 知识准备

（1）卖方付息票据贴现业务核算的思维导图如图 7-8 所示。

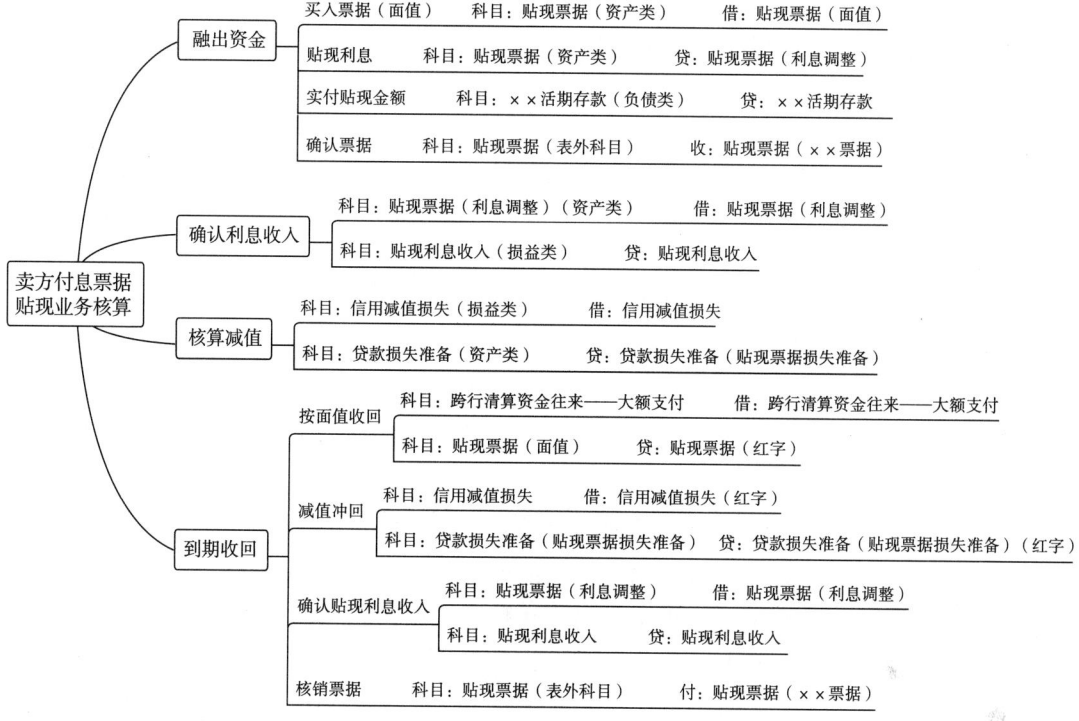

图 7-8　卖方付息票据贴现业务核算的思维导图

（2）买入卖方付息票据贴现业务融出资金时的会计处理。

①买断式票据贴现，卖方付息买入，确认票据资产的会计分录：

借：贴现票据——商业承兑汇票/本行银行承兑汇票/他行银行承兑汇票——面值
　　贷：单位活期存款——××活期存款
　　　　贴现票据——商业承兑汇票/本行银行承兑汇票/他行银行承兑汇票——利息调整

②记表外账：

收：贴现票据——商业承兑汇票/本行银行承兑汇票/他行银行承兑汇票

【例 7-10】2024 年 11 月 1 日，鸿雁支行开户单位 A 企业集团公司持不带息他行银行承兑汇票到网点办理票据贴现业务，该票据面值为 1 000 000 元，贴现率为 2.4%，该票据到期日为 2025 年 3 月 1 日。

工作步骤 1：受理及审核

前台柜员接收客户办理票据贴现业务相关的材料，如营业执照、税务登记证、组织机构代码证复印件等，以及纸质商业汇票贴现凭证。柜员对业务进行初步审核，核对业务的真实性，并审核票据的合规性及完整性等。

工作步骤2：计算贴现利息

贴现利息=票据到期值×贴现率×贴现期限=1 000 000×（2.4%÷360）×120
= 8 000（元）

工作步骤3：录入系统，贴现放款

柜员调用贴现交易系统，将相关信息录入系统，并按照系统提示将凭证拍照上传，系统生成会计分录：

借：贴现票据——他行银行承兑汇票——面值　　　　　　　　1 000 000
　　贷：单位活期存款——××活期存款　　　　　　　　　　　　 992 000
　　　　贴现票据——他行银行承兑汇票——利息调整　　　　　　　 8 000

同时，记表外账：

收：贴现票据——他行银行承兑汇票　1 000 000

工作步骤4：后续处理

柜员将贴现凭证加盖业务专用章后交给贴现申请人作为入账通知。营业终了，柜员将贴现凭证第一联、第二联和第三联上交会计稽核，将第五联贴现凭证和商业汇票一起专夹保管，办理汇票托收使用。

（二）项目活动2　买入卖方付息票据贴现业务后续的账务处理

买入卖方付息票据贴现业务融出资金后的账务处理包括利息确认、减值核算和到期收回。办理买断式贴现业务融出资金时，在贴现期内按票据面值和贴现利率确认利息收入。在贴现期内，应在每个季度末对票据的账面价值进行检查，有客观证据表明该票据发生减值的，应当计提贷款损失准备（具体核算见本模块项目二）。在办理买断式贴现业务的过程中，当票据贴现期限届满时，需及时办理收款手续，并对相应的票据资产进行核销处理。

1. 活动目标

能够根据票据贴现业务具体情况进行准确的会计处理。

2. 知识准备

（1）确认利息收入。

办理买断式贴现业务融出资金后，在贴现期内的每个资产负债表日，应按票据面值和贴现利率确认利息收入。

借：贴现票据——商业承兑汇票/本行银行承兑汇票/他行银行承兑汇票——利息调整
　　贷：贴现利息收入——买断式贴现利息收入

（2）核算票据减值。

办理买断式贴现业务融出资金后，在贴现期内，应在每个季度末对票据的账面价值进行检查，有客观证据表明该票据发生减值的，应当计提贷款损失准备，提取的贷款损失准备计入当期损益。

已计提贷款损失准备的，有客观证据表明其质量提高时，应在已计提的准备范围内转回，增加当期损益。

借：信用减值损失——计提贷款损失准备——贴现票据损失准备
贷：贷款损失准备——贴现票据损失准备

(3) 到期收回。

当买断式贴现票据到期时，需及时办理收款手续，并对相应的票据资产予以核销。
①按票据面值收款。

借：跨行清算资金往来——大额支付（承兑他行票据）
（或）借：个人活期存款——个人结算性存款（本行票据）
（或）借：单位活期存款——××活期存款（本行票据）
　　贷：贴现票据——商业承兑汇票/本行银行承兑汇票/他行银行承兑汇票——面值

②冲销已计提的减值准备。

借：信用减值损失——计提贷款损失准备——贴现票据损失准备（红字）
　　贷：贷款损失准备——贴现票据损失准备（红字）

③确认上一资产负债表日与到期日之间的贴现利息收入。

借：贴现票据——商业承兑汇票/本行银行承兑汇票/他行银行承兑汇票——利息调整
　　贷：贴现利息收入——买断式贴现利息收入

④核销票据。

付：贴现票据——他行银行承兑汇票

【例7-11】2024年11月1日，鸿雁支行开户单位A企业集团公司持不带息他行银行承兑汇票到网点办理贴现业务，该票据面值为1 000 000元，贴现率为2.4%，该票据到期日为2025年3月1日。请计算11月份该票据贴现应确认的利息收入，并写出相应的会计分录。

工作步骤1：计算贴现息

贴现利息=票据到期值×贴现率×贴现期限
　　　　=1 000 000×（2.4%÷360）×30
　　　　=2 000（元）

工作步骤2：确认贴现利息收入

借：贴现票据——他行银行承兑汇票——利息调整　　　　2 000
　　贷：贴现利息收入——买断式贴现利息收入　　　　　　　2 000

【例7-12】（接例7-11）2024年12月底该银行对票据进行评估，认为票据存在减值风险，该票据当前价值为950 000元，请计算该票据减值额度，并写出相应的会计分录。

工作步骤1：风险认定

负责资产管理的业务部门对该票据资产风险类别进行评定及调整，并对预计损失进行预估。风险管理部门复核后，经有权机关审批认定，风险管理部门将风险分类结果及减值准备计提比例区间报送财务部门。

计算减值金额：

减值金额＝票据面值－票据评估价值＝1 000 000－950 000＝50 000（元）

工作步骤 2：财务处理

财务会计部门按照资产减值准备计提办法进行相应的账务处理。

借：信用减值损失——计提贷款损失准备——贴现票据损失准备　　50 000
　　贷：贷款损失准备——贴现票据损失准备　　　　　　　　　　　　50 000

【例 7-13】（接例 7-12）该票据于 2025 年 3 月 1 日到期，该银行按照票面金额全额收回款项，当日该票据的账面减值为 950 000 元，利息调整余额为 35 元，请根据上述资料，写出票据贴现到期收回的会计分录。

工作步骤 1：托收前准备

贴现银行将快要到期的承兑汇票填写托收凭证，并注明"委托收款"字样，所有托收复印件按发出托收日期顺序排列并由专人妥善保管备查。

工作步骤 2：发出托收

在票据台账中将发出托收银行承兑汇票由库存状态转入发出托收状态。商业银行承兑汇票委托收款凭证及附件以 EMS 特快专递方式投寄至承兑行。

工作步骤 3：收回处理

通过支付系统、汇划系统及同城划来的款项，根据款项内容，核销托收卡片。系统自动填制表内外凭证并记账。

(1) 确认票据款项收回。

借：跨行清算资金往来——大额支付　　　　　　　　　　　　1 000 000
　　贷：贴现票据——他行银行承兑汇票——面值　　　　　　　　　1 000 000

(2) 冲销已计提的减值准备。

借：信用减值损失——计提贷款损失准备——贴现票据损失准备　-50 000
　　贷：贷款损失准备——贴现票据损失准备　　　　　　　　　　　-50 000

(3) 确认上一资产负债表日与到期日之间的贴现利息收入。

借：贴现票据——他行银行承兑汇票——利息调整　　　　　　　　　　35
　　贷：贴现利息收入——买断式贴现利息收入　　　　　　　　　　　　35

(4) 核销票据。

付：贴现票据——他行银行承兑汇票　　　　　　　　　　　　1 000 000

工作步骤 4：后续处理

银行经办人员在相关凭证上加盖转讫章和经办人员名章后与其他凭证一起装订保管。

三、任务活动

【任务描述】2024 年 1 月 22 日，鸿雁支行开户单位过建通三局建设有限公司（开户账号：0020202003281）持由农行宝坻支行承兑的不带息银行承兑汇票到网点办理贴现业务，该票据面值为 800 000 元，贴现率为 5.31%，该票据到期日为 2024 年 7 月

22日。

要求：按照票据贴现业务流程进行相应的会计核算。

【任务分析】根据票据贴现流程的变化，写出正确的会计分录。

【任务实施】

(1) 鸿雁支行审核后予以办理贴现：

(2) 1月底，鸿雁支行确认该票据贴现的利息收入，计算需确认的利息收入金额，并写出会计分录。

(3) 7月22日，贴现票据到期收回款项并进行核销。

 知识加油站

商业银行对承担风险和损失的金融资产应提取减值准备，具体包括各类贷款（如抵押、质押、担保等贷款）、银行卡透支、票据贴现及转贴现、信用垫款（如银行承兑汇票垫款、信用证垫款、担保垫款等）、进出口押汇、股权投资和债权投资、拆放同业、存放同业款项以及除贷款、拆放同业外的应收利息、应收股利、其他应收款等资产。

有客观证据表明，金融资产可能发生损失时，应当计提减值准备。表明金融资产可能发生损失的客观证据是指金融资产初始确认后实际发生的、对该金融资产的预计未来现金流量有影响的风险事项，包括但不限于下列各项：

(1) 发行人或债务人发生严重财务困难；

(2) 债务人违反合同条款，如偿付利息或本金发生违约或逾期等；

(3) 商业银行出于经济或法律等方面因素的考虑，对发生财务困难的债务人做出让步；

(4) 债务人很可能倒闭或进行其他财务重组；

(5) 因发行方发生重大财务困难，该金融资产无法在活跃市场继续交易；

(6) 根据公开数据对一组金融资产进行总体评价后，发现该组金融资产自初始确认以来的预计未来现金流量确已减少且可计量，如该组金融资产的债务人支付能力逐步恶化，债务人所在国家或地区失业率提高，担保物在其所在地区的价格明显下降，所处行业不景

气等;

（7）债务人经营所处的技术、市场、经济或法律环境等发生重大不利变化，使权益工具投资人可能无法收回投资成本；

（8）权益工具投资的公允价值发生严重或非暂时性下跌；

（9）其他表明金融资产发生损失的客观证据。

项目四　核算资金内部转移定价

知识目标

1. 熟悉资金转移定价的理论与意义。
2. 掌握资金转移定价的会计核算原理。

能力目标

能够熟练使用资金转移定价理论对商业银行内部资金进行定价和衡量，并做出正确的会计核算。

一、基础知识

（一）资金内部转移定价概述

资金转移定价体系不同于传统的内部定价的方式，通过资金转移定价可以实现对银行内部成本的有效管理。所谓资金转移定价（Fund Transfer Pricing，FTP），是指商业银行内部资金中心与业务经营单位按照一定规则全额有偿转移资金，达到核算业务资金成本或收益、集中利率风险等目的的一种内部定价方式。资金转移定价又称为FTP价格，对负债业务而言构成收益，对资产业务而言则形成资金成本，其核心功能在于精准核算负债产生的收入与资产占用的资金成本。在资金转移定价体系管理模式下，资金中心统筹管理全行营运资金，业务经营单位每经办一笔涉资业务，均需依据FTP价格与资金中心完成全额资金转移。

（二）会计科目设置

1. 内部资金转移定价利息支出

"内部资金转移定价利息支出"为一级会计科目，用于核算商业银行在系统内资金转移所产生的利息支出。本科目余额应反映在借方，年终结转后无余额，可设置"负债业务定价利息支出""资产业务定价利息支出"等二级会计科目。

2. 内部资金转移定价利息收入

"内部资金转移定价利息收入"为一级会计科目，用于核算商业银行在系统内资金转移所产生的利息收入。本科目余额应反映在贷方,年终结转后无余额,可设置"负债业务定价利息收入""资产业务定价利息收入"等二级会计科目。

二、项目活动

资金内部转移定价的核算主要包括负债业务资金内部转移定价利息和资产业务内部资金转移定价利息的核算。

(一) 项目活动1 负债业务资金内部转移定价利息的账务处理

负债业务资金内部转移定价利息是指开办各类负债业务的经营部门将吸收的资金提供给资金中心时,负债经营部门所获得的内部资金转移利息收入及资金中心付出的内部资金转移利息支出。因此,在负债业务中,对于负债经营部门而言,FTP 价格构成其内部资金转移的利息收入;对于资金中心而言,该价格则构成其内部资金转移的利息支出。

1. 活动目标

能够准确分辨 FTP 价格对资金中心和负债经营部门的意义,并能写出正确的会计分录。

2. 知识准备

资产负债表日,按照内部转移资金的定价利率计算出的利息金额确认收入和支出,会计分录为:

借:内部资金转移定价利息支出——负债业务定价利息支出
　　贷:内部资金转移定价利息收入——负债业务定价利息收入

【例7-14】2024 年 11 月,鸿雁支行一年期定期储蓄存款总额为 5 000 000 元人民币。月末,该行将该笔储蓄资金全额上划至资金中心,双方约定的内部资金转移定价(FTP)利率为 2%。请计算按此利率确定的利息金额,并编制相应会计分录。

工作步骤1:计算利息

内部转移资金的定价利息 5 000 000 ×2% = 100 000(元)

工作步骤2:写出会计分录

借:内部资金转移定价利息支出——负债业务定价利息支出　　100 000
　　贷:内部资金转移定价利息收入——负债业务定价利息收入　　100 000

(二) 项目活动2 资产业务资金内部转移定价利息的账务处理

资产业务资金内部转移定价利息是指资金中心为各业务部门开办各类资产业务提供资金时,资金中心所获得的内部资金转移利息收入和业务部门付出的内部资金转移利息支出。因此,在资产业务中,对于资产经营部门而言,FTP 价格构成其内部资金转移的利息支出;而对于资金中心而言,该价格则构成了其内部资金转移的利息收入。

1. 活动目标

能够准确分辨 FTP 价格对资金中心和资产经营部门的意义,并能写出正确的会计分录。

2. 知识准备

资产负债表日，按照内部转移资金的定价利率计算出的利息金额确认收入和支出。会计分录为：

借：内部资金转移定价利息支出——资产业务定价利息支出
　　贷：内部资金转移定价利息收入——资产业务定价利息收入

【例7-15】2024年11月份，鸿雁支行累计从资金中心借入资金7 500 000元用于短期贷款发放，内部转移资金的定价利率假设为3%。该笔资金按照内部转移资金的定价利率计算出的利息金额是多少？请写出相应的会计分录。

工作步骤1：计算利息

内部转移资金的定价利7 500 000×3% = 225 000（元）

工作步骤2：写出会计分录

借：内部资金转移定价利息支出——资产业务定价利息支出　　225 000
　　贷：内部资金转移定价利息收入——资产业务定价利息收入　　225 000

 知识加油站

内部资金转移定价体系运用在商业银行经营管理中，有利于划分商业银行内部各部门及其责任中心经济责任，有利于激励分权部门的经营积极性，以及维护银行的整体利益。商业银行可以根据FTP计算出每笔业务的净利息收入以及产品成本，不仅可以引导定价、优化资源配置，还可以通过调节FTP价格剥离业务经营单位的利率风险，将全行利率风险统一集中到总行管理。

但是，不是所有的金融业务都适用FTP定价，对于那些资金来源与运用一一匹配的业务，如委存委贷、理财等业务，并不适用于FTP模式。内部资金转移定价，主要适用于一般存款、金融机构存款、同业拆入、票据融资、卖出回购资产、各项贷款、存款准备金、备付金、存放同业、拆放同业、买入返售资产、投资、固定资产等的定价。

 能力拓展

由于贷款人经营管理不善等原因，常常导致商业银行贷款减值，甚至到期不能收回等问题。从金融安全角度分析商业银行应如何管理到期不能收回的贷款、甚至核销后的贷款。

模块八 支付结算业务

知识与技能目标

1. 熟悉支票、汇票和银行本票的基本业务规定及业务流程,能够使用会计原理理解业务操作过程,解决工作中遇到的问题。
2. 掌握支票、汇票和银行本票的会计核算及账务处理过程,能够合规进行票据结算业务的处理。

素养目标

1. 培养维护国家金融安全、保护客户合法权益的工作意识。
2. 提升行为守法、业务合规、履职遵纪的职业素养。

《支付结算办法》指出,支付结算是指单位、个人在社会经济活动中使用票据、信用卡和汇兑、托收承付、委托收款等结算方式进行货币给付及其资金清算的行为。商业银行是进行支付结算和资金清算的金融机构,在商业银行开立存款账户的单位和个人办理支付结算,账户内须有足够的资金保证支付,《支付结算办法》另有规定的除外。没有开立存款账户的个人向银行交付款项后,也可以通过银行办理支付结算。票据和结算凭证是办理支付结算的工具。单位、个人和银行办理支付结算,必须使用按中国人民银行统一规定印制的票据凭证和统一规定的结算凭证。

票据是由出票人签发的、承诺自己或委托他人在见票时或者到期日无条件支付确定金额给持票人的有价证券。《中华人民共和国票据法》所称票据,是指汇票、本票和支票。

项目一 核算支票业务

知识目标
1. 熟悉支票业务的相关规定及业务处理流程。
2. 掌握核算支票业务的会计科目及会计核算原理。

能力目标
能根据支票类型及客户需求进行正确的业务操作,并能用会计知识解释业务规定及操作要点。

一、基础知识

(一) 支票业务概述

《支付结算办法》指出,支票是出票人签发的,委托办理支票存款业务的银行在见票时无条件支付确定的金额给收款人或者持票人的票据。支票种类分为转账支票、现金支票和普通支票。支票上印有"现金"字样的为现金支票,现金支票只能用于支取现金。支票上印有"转账"字样的为转账支票,转账支票只能用于转账。支票上未印有"现金"或"转账"字样的为普通支票,普通支票可以用于转账,也可以用于支取现金。在普通支票左上角划两条平行线的为划线支票,划线支票只能用于转账,不得用于支取现金。

单位和个人在同一票据交换区域的各种款项结算,均可使用支票。支票的出票人,为在经中国人民银行当地分支行批准办理支票业务的银行机构开立可以使用支票的存款账户的单位和个人。

(二) 会计科目设置

1. 票据

"票据"属于表外科目,用于核算和反映商业银行无票面金额的各种票据。所有票据均以每份一元的假定价格记账。入库时,本科目按假定价格作收入登记;出库时,本科目按假定价格作付出登记。

本科目余额应反映在收方,可设置"普通支票""现金支票""转账支票""银行汇票"(全国)和"商业承兑汇票""银行承兑汇票""华东三省一市汇票""银行本票"等二级会计科目。

2. 单位结算业务收入

"单位结算业务收入"为一级会计科目,用于核算和反映商业银行为单位或个人办理各项结算业务而取得的手续费收入的情况。

本科目属于损益类科目，余额应反映在贷方，年终结转后无余额，可设置"支票业务收入""银行汇票业务收入""银行本票业务收入""银行承兑汇票业务收入""工本费收入""邮电费收入""大额支付收入"和"小额支付收入"等二级会计科目。

二、项目活动

支票业务的核算区分转账支票业务和现金支票业务。转账支票业务的核算包括行内转账及同城票据交换，本项目以行内转账为例进行讲解。现金支票的核算详见单位活期存款中的相关内容。转账支票业务根据出票人或持票人所处的机构不同进行不同的账务处理，出票人、持票人在行内开户的处理即行内转账业务核算；出票人、持票人不在同一银行开户（即跨行开户）的处理详见同城票据交换业务核算。

（一）项目活动1　行内转账的核算

1. 活动目标

能够根据收款人、付款人的开户银行判断汇划渠道，并做出正确的会计分录。

2. 知识准备

（1）行内转账概述。

行内转账，即行内转账结算，是指收款人和付款人均为本银行内开户单位，银行接受持票人申请，将款项从付款单位账户划转到收款单位账户，完成资金收付的一种货币结算方式。行内转账可以分为持票人委托收款结算（即借记支付业务）和出票人委托付款结算（即贷记支付业务）两种。持票人委托收款是指持票人送交支票，委托其开户银行向出票人开户银行收取支票款项的业务；出票人委托付款，俗称倒进账或倒存，是指出票人开户行受理出票人或持票人送交的向行内或他行收款人主动付款的支票转账业务。

（2）行内转账的会计分录。

借：单位活期存款——××活期存款（付款人户）
　　贷：单位活期存款——××活期存款（收款人户）

【例8-1】（持票人委托收款）2024年11月5日，邮金银行鸿雁支行开户单位客户长城集团股份有限公司（0010201002680）出纳持转账支票一张及一式三联进账单到柜台办理转账收款业务，详细资料如凭8-1、凭8-2所示：

凭 8-1

本支票付款期限十天	邮金银行　转账支票　No：E13275674
	出票日期（大写）贰零贰肆年 壹拾壹 月 零肆日　　开户行名称：邮金银行中山路支行
	收款人：长城集团股份有限公司　　　　　　　出票人账号：0010201262783
	人民币（大写）　陆仟捌佰元整　　亿 千 百 十 万 千 百 十 元 角 分 　　　　　　　　　　　　　　　　　　　　　　　　　¥ 6 8 0 0 0 0
	用途：货款 上列款项请从我账户内支付 出票人签章　（古来商贸有限公司财务专用章）（李建印）　复核　记账

凭 8-2

邮金银行进账单（回单）1

2024 年 11 月 05 日

出票人	全 称	古来商贸有限公司	收款人	全 称	长城集团股份有限公司	此联是收款人的开户银行交给出票人的回单
	账 号	0010201262783		账 号	0010201002680	
	开户银行	邮金银行中山路支行		开户银行	邮金银行鸿雁支行	

人民币（大写） 陆仟捌佰元整	万 千 百 十 万 千 百 十 元 角 分
	¥ 6 8 0 0 0 0

票据种类	转账支票	票据张数	1 张
票据号码	E13275674		

备注：（长城集团股份有限公司财务专用章）（刘川印）　（邮金银行鸿雁支行收讫章）2024 年 11 月 05 日

工作步骤 1：受理及审核

鸿雁支行前台柜员接收客户提交的转账支票等借方票据，及一式三联进账单等（如凭 8-1 和凭 8-2 所示）。

前台柜员对支票的真伪和要素进行合规检查，主要内容有：

（1）支票是否属本行出售的真实票据；

（2）支票是否超过提示付款期限；

（3）支票上的名称与进账单是否一致，进账单是否套写；

（4）出票人的签章是否符合规定，与预留银行的签章是否相符，使用支付密码的，其密码是否涂改；

（5）支票必须记载的事项是否齐全，出票金额、出票日期、收款人名称是否更改，其他记载事项的更改是否由原记载人签章证明；

（6）支票的大小写金额是否一致，与进账单的金额是否相符；

（7）支票的出票日期是否使用中文大写，书写是否规范；

（8）背书转让的支票是否按规定的范围转让，其背书是否连续，背书人签章是否与预留印鉴相符，背书使用粘单的是否按规定在粘接处签章；

（9）支票正面记载"不得转让"字样的，是否背书转让；

（10）支票是否已办理挂失止付。

工作步骤 2：录入系统

（1）鸿雁支行前台柜员审核无误后，在进账单第一联加盖已受理戳记，在进账单第二、三联加盖柜员名章。

（2）鸿雁支行前台柜员登录系统进行操作，输入行内转账交易代码，并按照系统提示将凭证拍照上传。

系统生成会计分录：

借：单位活期存款——服务业活期存款　　6 800（古来商贸有限公司）
　　贷：单位活期存款——工业活期存款　　6 800（长城集团股份有限公司）

登记分户账：

凭 8-3　　　　邮金银行（鸿雁支行）单位活期存款分户账

户名：长城集团股份有限公司　　账号：0010201002680　　利率：0.36%

2024年		摘要	凭证号码	对方科目代码	借方（位数）	贷方（位数）	借或贷	余额（位数）	日数	积数（位数）	复核盖章
月	日										
11	1	承前页					贷	295 210	4	1 180 840	梁 燕
11	5	转收	1674	2205		6 800	贷	302 010			

工作步骤 3：后续处理

系统处理结束后，前台柜员打印通用凭证，在转账支票上加盖柜员名章并在转账支票背面做委托收款背书。进账单第一联交持票人，第三联专夹保管，营业终了，将通用凭证、进账单第二联上交会计稽核。

【例 8-2】（持票人委托付款）2024 年 11 月 5 日，邮金银行中山路支行开户单位客户古来商贸有限公司（0010201262783）出纳持转账支票一张及一式三联进账单到柜台办理转账付款业务，详细资料如凭 8-4、凭 8-5 所示：

凭8-4

| 邮金银行　转账支票 | No：E13275674 |

本支票付款期限十天

出票日期（大写）贰零贰肆年 壹拾壹月 零肆日　　开户行名称：邮金银行鸿雁支行

收款人：长城集团股份有限公司　　出票人账号：0010201262783

人民币（大写）	陆仟捌佰元整	亿	千	百	十	万	千	百	十	元	角	分
						¥	6	8	0	0	0	0

用途：货款
上列款项请从我账户内支付
出票人签章（长城集团股份有限公司财务专用章、刘山川印）

复核　　记账

凭8-5

邮金银行进账单（回单）1
2024年11月05日

出票人	全称	古来商贸有限公司	收款人	全称	长城集团股份有限公司
	账号	0010201262783		账号	0010201002680
	开户银行	邮金银行中山路支行		开户银行	邮金银行鸿雁支行

人民币（大写）陆仟捌佰元整	万	千	百	十	万	千	百	十	元	角	分
					¥	6	8	0	0	0	0

票据种类	转账支票	票据张数	1张
票据号码	E13275674		

备注：（古来商贸有限公司财务专用章、孝建印）
（邮金银行鸿雁支行 收款日期开户行盖章 2024年11月05日）

此联是收款人的开户银行交给出票人的回单

工作步骤1：受理及审核

中山路支行前台柜员接收客户提交的转账支票及一式三联进账单等（如凭8-4和凭8-5所示），并对票据进行审核，审核内容同例8-1。

工作步骤2：录入系统

（1）中山路支行前台柜员审核无误后，在进账单第一联加盖已受理戳记，在进账单第二、三联加盖柜员名章。

（2）前台柜员登录系统进行操作，输入行内转账交易代码，并按照系统提示将凭证拍照上传。

系统生成会计分录：

借：单位活期存款——服务业活期存款　　6 800（古来商贸有限公司）
　　贷：单位活期存款——工业活期存款　　6 800（长城集团股份有限公司）

登记分户账（如凭8-6所示）：

凭8-6　　　　邮金银行（中山路支行）**单位活期存款**分户账

户名：古来商贸有限公司　　　　账号：0010201262783　　　　利率：0.36%

2024年		摘要	凭证号码	对方科目代号	借方（位数）	贷方（位数）	借或贷	余额（位数）	日数	积数（位数）	复核盖章
月	日										
11	1	承前页					贷	124 000	4	496 000	苏强
11	5	转付	0879	2205	6 800		贷	117 200			

工作步骤3：后续处理

系统处理结束后，前台柜员打印通用凭证，在转账支票上加盖柜员名章并在转账支票背面做委托付款背书。进账单第一联交持票人，营业终了，将通用凭证、进账单第二、三联上交会计稽核。

（二）项目活动2　支票出售的核算

存款人领购支票时必须填写"票据和结算凭证领用单"并签章，签章应与预留银行的签章相符。存款账户结清时，必须将全部剩余空白支票交回银行注销。

1. 活动目标

掌握支票出售的业务流程，并能做出正确的会计分录。

2. 知识准备

（1）支票出售时，支用空白凭证的会计分录。

登记表外科目，会计分录为：

付：票据——普通支票/转账支票/现金支票

（2）办理支票结算业务时，可以现金或账户扣款的方式收取工本费等相关费用，会计分录为：

借：现金——业务现金——营业现金
（或）借：单位活期存款——××活期存款
　　贷：单位结算业务收入——支票业务收入
　　贷：单位结算业务收入——工本费收入

【例8-3】 2024年11月5日，邮金银行鸿雁支行开户单位客户长城集团股份有限公司（0010201002680）出纳转账购买转账支票一本（25张，支票号0001231～0001255）。

工作步骤1：受理及审核

前台柜员接收客户提交的空白凭证购买单和空白支票购买凭证。柜员对凭证进行

审核,审核内容如下:

(1) 审核空白支票购买凭证是否本行核发,凭证是否真实;
(2) 审核空白凭证购买单是否加盖预留银行印鉴,填写是否完整规范。

工作步骤 2:录入系统

前台柜员审核无误后,在空白凭证购买单第一联、第二联和第三联上加盖已受理戳记及名章。登录系统,录入单证出售业务代码并将凭证拍照上传,系统生成会计分录:

借:单位活期存款——工业企业活期存款　　　　　　　　　　　30
　　贷:单位结算业务收入——支票业务收入　　　　　　　　　　25
　　贷:单位结算业务收入——工本费收入　　　　　　　　　　　5

生成表外核算会计分录:

付:票据——转账支票 25

登记分户账(如凭 8-7 所示):

凭 8-7　　　　　邮金银行(鸿雁支行)**单位活期存款**分户账

户名:长城集团股份有限公司　　账号:0010201002680　　利率:0.36%

2024年		摘要	凭证号码	对方科目代码	借方(位数)	贷方(位数)	借或贷	余额(位数)	日数	积数(位数)	复核盖章
月	日										
11	4	承前页					贷	295 210	4	1 180 840	梁燕
11	5	转收	1674	2205		6 800	贷	302 010			
11	5	转付	1769	5405	30		贷	301 980			

登记表外科目(如凭 8-8 所示):

凭 8-8　　　　　　　　　　　**转账支票登记簿**

科目名称:票据-转账支票

2024年		摘要	编号	数量	起止号码	收入金额(位数)	付出金额(位数)	余额金额(位数)
月	日							
11	01	结存		300	0001231~0001530			300
11	05	售出	ZZ019		0001231~0001255		25	275

工作步骤 3:后续处理

将支票购买证、空白凭证购买单第二联及空白支票交客户。将空白凭证购买单第一联、第三联专夹保管。

三、任务活动

【任务描述】 2024年11月10日，邮金银行鸿雁支行开户单位客户长城集团股份有限公司（0010201262783）持转账支票两张和三联进账单两份到柜台办理转账业务，详细信息如凭8-9至凭8-12所示：

凭8-9

凭8-10

凭 8-11

本支票付款期限十天	工商银行　转账支票　No：01235862												
	出票日期（大写）贰零贰肆年 壹拾壹 月 零壹拾日　　开户行名称：工行桥西路支行												
	收款人：长城集团股份有限公司　　　　　　出票人账号：8010671001482												
	人民币（大写）	壹万伍仟陆佰叁拾贰元整	亿	千	百	十	万	千	百	十	元	角	分
						¥	1	5	6	3	2	0	0
	用途：货款												
	上列款项请从												
	我账户内支付												
	出票人签章　　　　　　　　　　　　　　　　　复核　　　记账												

凭 8-12

邮金银行进账单（回单）1

2024 年 11 月 10 日

出票人	全 称	清苑商贸有限公司	收款人	全 称	长城集团股份有限公司									此联是收款人的开户银行交给出票人的回单
	账 号	8010671001482		账 号	0010201002680									
	开户银行	工行桥西路支行		开户银行	邮金银行鸿雁支行									
人民币（大写）壹万伍仟陆佰叁拾贰元整						万	千	百	十	万	千	百	十	元	角	分
								¥	1	5	6	3	2	0	0
票据种类	转账支票	票据张数	1 张											
票据号码	01235862													
备注：					收款人开户银行盖章 2024 年 11 月 10 日									

【任务实施】首先根据客户提供的单据选择正确的业务办理渠道，按照业务办理流程做出正确的会计分录。

【任务实施】

（1）根据凭 8-9、凭 8-10 所示的转账支票和进账单所提供的信息，判断业务办理渠道，并写出正确的会计分录。

①业务办理渠道：

②该渠道交易的会计分录：

（2）根据凭 8-11、凭 8-12 所示的转账支票和进账单所提供的信息，判断业务办理渠道，并写出正确的会计分录。

①业务办理渠道：

②根据该业务办理流程，写出正确的会计分录：

项目二　核算银行本票业务

知识目标

1. 熟悉银行本票业务的基本规定及业务处理流程。
2. 能够依规进行银行本票业务的操作。
3. 掌握银行本票业务的会计核算原理和会计处理方法。

能力目标

能够合规进行银行本票业务的处理，能用会计理论理解业务规定及操作要点，并解决实际工作中遇到的问题。

一、基础知识

（一）银行本票概述

《支付结算办法》指出，银行本票是银行签发的，承诺自己在见票时无条件支付确定的金额给收款人或者持票人的票据。单位和个人在同一票据交换区域需要支付各种款项，均可使用银行本票。银行本票的出票人，为经中国人民银行当地分支行批准办理银行本票业务的银行机构。

银行本票可以用于转账，注明"现金"字样的银行本票可以用于支取现金。申请人和收款人均为个人需要支取现金的，应在"支付金额"栏先填写"现金"字样，后填写支付金额。申请人或收款人为单位的，不得申请签发现金银行本票，银行也不得为其签发现金银行本票。现金银行本票的代理付款行必须为出票行系统内的营业机构，转账银行本票的代理付款行可以为持票人开户账户的任一银行营业机构。

银行本票分为不定额本票和定额本票两种，定额银行本票面额为1 000元、5 000元、10 000元和50 000元。银行本票的权利有效期为自出票日起两年，没有金额起点和最高限额。提示付款期限自出票日起最长不得超过两个月。持票人超过付款期限提示付款的，代理付款行不予受理，持票人必须到出票行请求付款。

持票人超过提示付款期限不获付款的，在票据权利时效内向出票银行做出说明，并提供本人身份证件或单位证明，可持银行本票向出票银行请求付款。

申请人因银行本票超过提示付款期限或其他原因要求退款时，应将银行本票提交到出票银行，申请人为单位的，应出具该单位的证明；申请人为个人的，应出具本人的身份证件。出票银行对于在本行开立存款账户的申请人，只能将款项转入原申请人账户；若单位客户原出票账户已销户，可先退回原开户行内部账户，再结转至客户提供的其开立的其他结算账户，不得退付现金。对于现金银行本票和未在本行开立存款账户的申请人，可退付现金。

(二) 会计科目设置

1. 开出本票

"开出本票"属于负债类科目，用于核算和反映商业银行签发本票所收取的款项，余额应反映在贷方。

2. 应解汇款及临时存款

"应解汇款及临时存款"属于负债类科目，用于核算和反映商业银行收到的应解付尚未解付的银行汇票、银行承兑汇票的款项以及邮政汇兑款项以外的待解付的汇兑款项，余额应反映在贷方，按收款人逐笔设户进行明细核算。

二、项目活动

银行本票业务的账务处理包括签发、付款、结清、退款、超期付款等。

(一) 项目活动1　签发银行本票的核算

签发银行本票时，需按申请人申报金额贷记开出本票科目；资金来源可采用账户扣划或现金缴存两种方式办理签发。

1. 活动目标

能够根据客户的业务需求准确判断本票类型，并进行正确的业务操作；掌握相应的会计核算原理及过程。

2. 知识准备

（1）银行本票签发核算的思维导图如图 8-1 所示。

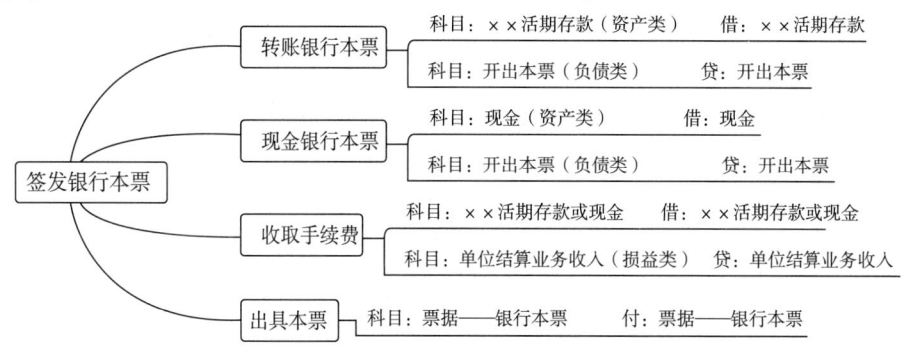

图 8-1　银行本票签发核算的思维导图

（2）银行本票签发的会计分录。

①以账户扣款方式签发银行本票。

◎签发转账银行本票的会计分录：

借：单位活期存款——××活期存款

（或）借：个人活期存款——个人结算存款

　　贷：开出本票

◎收取手续费的会计分录：

借：单位活期存款——××活期存款

（或）借：个人活期存款——个人结算存款

　　贷：单位结算业务收入——工本费收入

　　贷：单位结算业务收入——银行本票业务收入

◎同时登记表外科目，会计分录为：

付：票据——银行本票

②以交存现金方式签发银行本票。

◎出票行以收取现金方式签发现金银行本票时，会计分录为：

借：现金——业务现金——营业现金

　　贷：开出本票

◎收取手续费时，会计分录为：

借：现金——业务现金——营业现金

　　贷：单位结算业务收入——工本费收入

　　贷：单位结算业务收入——银行本票业务收入

◎同时登记表外科目，会计分录为：

付：票据——银行本票

【例 8-4】2024 年 11 月 5 日，邮金银行鸿雁支行开户单位客户长城集团股份有限公司（0010201002680）财务人员持结算业务申请书来支行申请银行本票一张，面额为200 000元。

工作步骤1：受理业务

若客户没有结算业务申请书，前台柜员需将结算业务申请书出售给客户。单位客户可以一次性购买多张结算业务申请书，流程同"支票出售"。另外，个人客户购买结算业务申请书可免填"单证购买申请书"，只需在柜员打印的"单证购买申请书"上签收即可。出售给个人的结算业务申请书不收取工本费。

工作步骤2：柜面审核

（1）申请书是否填明业务类型、凭证种类、申请日期、收款人名称、金额、申请人名称等，要素填写是否齐全，申请日期是否为当天。

（2）出票金额填写是否规范，大小写金额是否一致。

（3）申请人为个人的，是否留存身份证复印件，是否签字，身份证联网核查是否一致。

（4）若申请人提出该本票不得转让，是否在申请书的"备注"栏内注明"不得转让"字样。

（5）申请日期、收款人名称及出票金额等重要事项是否涂改。

（6）申请办理现金银行本票的，申请人和收款人是否均为个人。

（7）付款人账号、户名是否与申请书相符，账户余额是否足额。

工作步骤3：录入系统

前台柜员审核无误后登录系统，调用银行本票出票交易，并将凭证（结算业务申请书、空白银行本票、身份证复印件及联网核查记录和其他凭证）拍照录入系统，生成会计分录。

①签发转账银行本票的会计分录：

借：单位活期存款——工业企业活期存款　　　　　　　　　　200 000
　　贷：开出本票　　　　　　　　　　　　　　　　　　　　200 000

②同时登记表外科目，会计分录为：

付：票据——银行本票1

登记分户账（如凭8-13所示）：

凭8-13　　　邮金银行（鸿雁支行）单位活期存款分户账

户名：长城集团股份有限公司　　　账号：0010201002680　　　利率：0.36%

2024年		摘要	凭证号码	对方科目代号	借方（位数）	贷方（位数）	借或贷	余额（位数）	日数	积数（位数）	复核盖章
月	日										
11	1	承上页				45 000	贷	295 210	4	1 180 480	梁 燕
11	5	转收	1674	2205		6 800	贷	302 010			
11	5	转付	1769	5405	30		贷	301 980			
11	5	转付	1890	2725	200 000		贷	101 980			

登记表外科目（如凭 8-14 所示）：

凭 8-14   **银行本票登记簿**

科目名称：票据-银行本票

2024年		摘要	编号	数量	起止号码	收入	付出	余额
月	日					金额（位数）	金额（位数）	金额（位数）
11	01	结存		232	002611~002842			232
11	05	售出	YB023		002611		1	231

工作步骤 4：交付客户

前台柜员打印通用凭证、银行本票一式两联，并在"结算业务申请书"第一、二、三联加盖业务专用章，在"银行本票"上加盖本票专用章和柜员名章，将"结算业务申请书"第三联、银行本票第二联（如凭 8-15 所示）交给申请人。

凭 8-15

付款期限 贰 个 月	邮金银行 本　票　2　00105624

出票日期（大写）：贰零贰肆年 壹拾壹 月 零柒 日

收款人：安定化工集团有限公司	申请人：长城集团股份有限公司
凭票即付 人民币（大写）　贰拾万元整	（压数机压印小写金额）：
（邮金银行本票专用章）（川石印大）	密押：6827526746 行号：266913027056
转账 ✓　　现金 □	出纳：　复核：胡成田　经办：赵灵燕
备注：货款	

此联代理付款行付款后作联行往账借方凭证附件

工作步骤 5：后续处理

前台柜员将结算业务申请书第一、二联及通用凭证上交会计稽核；将"银行本票"第一联专夹保管，待结清时处理。

（二）项目活动 2　银行本票付款的核算

银行本票的代理付款是指代理出票银行审核银行本票并支付款项。商业银行签发的银行本票在行内办理付款的同时联动结清本票。持票人若为单位客户，只能在其开户行办理本票的解付。

1. 活动目标

能够根据出票行的不同选择相应的解付渠道，并做出正确的会计核算。

2. 知识准备

（1）银行本票付款核算的思维导图如图8-2所示。

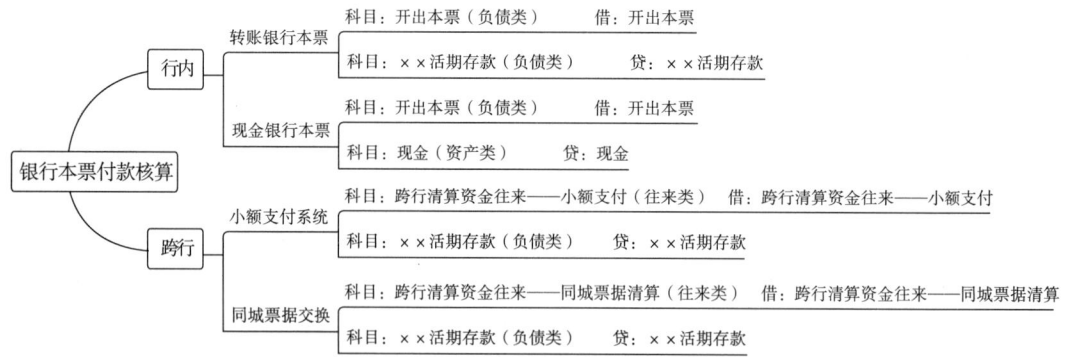

图8-2 银行本票付款核算的思维导图

（2）出票行、代理付款行、收款人开户行均为行内机构的处理。

①解付转账本票且收款人为单位客户时，会计分录为：

借：开出本票

　　贷：单位活期存款——××活期存款

②解付转账本票且收款人为个人客户时，会计分录为：

借：开出本票

　　贷：个人活期存款——个人结算存款

③解付现金本票时，会计分录为：

借：开出本票

　　贷：现金——业务现金——营业现金

（3）代理解付其他商业银行签发的本票。

本项目以小额支付解付的银行转账本票为例，通过同城票据交换解付的核算见"同城票据交换"。

①解付转账本票且收款人为单位客户时，收到借记回执后，会计分录为：

借：跨行清算资金往来——小额支付

　　贷：单位活期存款——××活期存款

②解付转账本票且收款人为个人客户时，收到借记回执后，会计分录为：

借：跨行清算资金往来——小额支付

　　贷：个人活期存款——个人结算存款

【例8-5】（接例8-4）2024年11月7日，邮金银行中山路支行开户单位客户安定化工集团有限公司（0010202004320）财务人员持银行本票一张和一式三联进账单（如凭8-16、凭8-17所示）来网点办理收款业务，银行本票面额为200 000元。

模块八 支付结算业务

凭8-16

付款期限 贰个月		
	邮金银行	
	本　票　　2　　00105624	

出票日期（大写）：贰零贰肆 年 壹拾壹 月 零柒 日

收款人：安定化工集团有限公司	申请人：长城集团股份有限公司
凭票即付　人民币（大写）　贰拾万元整	（压数机压印小写金额）：
转账 √　现金 □　（邮金银行本票专用章）	密押：6827526746 行号：266913027056 出纳：　　复核：胡成田　经办：赵灵燕
备注：货款	

此联代理付款行付款后作联行往账借方凭证附件

凭8-17　　邮金银行进账单（回单）1

2024 年 11 月 7 日

出票人	全称	长城集团股份有限公司	收款人	全称	安定化工集团有限公司	此联是收款人的开户银行交给出票人的回单
	账号	0010201002680		账号	0010202004320	
	开户银行	邮金银行鸿雁支行		开户银行	邮金银行中山支行	

人民币（大写）贰拾万元整	万	千	百	十	万	千	百	十	元	角	分
				¥	2	0	0	0	0	0	0

票据种类	转账银行本票	票据张数	1张
票据号码	00105624		

备注：（安定化工集团有限公司财务专用章）（成期印）

收款人开户银行盖章
　年　月　日

工作步骤1：受理业务

银行柜员接收客户填写的银行本票和一式三联进账单。若为现金本票，以现金方式付款，无须填写进账单，个人客户提示付款需出示本人身份证件，持票人委托他人提示付款的，需同时出示代理人、被代理人的身份证件。

工作步骤2：柜面审核

（1）本票是否是统一规定印制的凭证，是否真实，是否超过提示付款期限；

（2）本票必须记载事项是否齐全，大、小写金额是否一致；

（3）持票人名称是否为该持票人，与进账单上的名称是否相符；

（4）现金本票上填写的申请人和收款人是否均为个人，本票大写金额前是否填明"现金"字样；

（5）出票行的签章是否符合规定；

（6）背书转让的本票是否按规定的范围转让，其背书是否连续，签章是否符合规定。

工作步骤 3：录入系统

银行柜员登录系统，调用银行本票付款交易，并将相关凭证（银行本票、进账单等）拍照上传系统。出票行同意付款后，银行柜员打印通用凭证。系统生成会计分录：

借：开出本票   200 000
　　贷：单位活期存款——工业企业活期存款   200 000

登记分户账（如凭 8-18 所示）：

凭 8-18　　邮金银行（中山路支行）单位活期存款分户账

户名：安定化工集团有限公司　　账号：0010202004320　　利率：0.36%

2024年		摘要	凭证号码	对方科目代码	借方（位数）	贷方（位数）	借或贷	余额（位数）	日数	积数（位数）	复核盖章
月	日										
11	1	承前页					贷	236 431	6	1 418 586	吴　西
11	7	转收	0624	2725		2000 000	贷	436 431			

工作步骤 4：交付客户

若为转账银行本票，前台柜员在银行本票加盖柜员名章和已办理戳记，在进账单第二、三联加盖已办理戳记，在本票备注栏注明"已解付"字样，将进账单第一、三联交给持票人。若为现金银行本票，银行柜员将现金银行本票和通用凭证交现金柜员付款，现金柜员核对无误后在现金本票上加盖已办理戳记，在本票备注栏上注明"已解付"字样，并将现金支付给客户。

工作步骤 5：后续处理

若为转账银行本票，银行柜员应将银行本票、进账单第二联作为通用凭证附件上交会计稽核。若为现金银行本票，银行柜员应将银行本票作为通用凭证附件上交会计稽核。

【例 8-6】（接例 8-5）若 2024 年 11 月 7 日，邮金银行中山路支行开户单位客户安定化工集团有限公司（0010202004320）财务人员持银行本票一张和一式三联进账单（如凭 8-19、凭 8-20 所示）来网点办理收款业务，银行本票面额为 650 000 元。

凭8-19

付款期限 贰 个 月		石门银行
		本　票　　2　　00303127

出票日期（大写）：贰零贰肆 年 壹拾壹 月 零柒 日

收款人：安定化工集团有限公司	申请人：大田集团股份有限公司
凭票即付 人民币（大写）　陆拾伍万元整	（压数机压印小写金额）：

转账 √　现金 □	密押：2624628123
	行号：367915067902
备注：货款	出纳：　复核：李明明　经办：付小莲

此联代理付款行付款后作联行往账借方凭证附件

凭8-20　　　　　　　　邮金银行进账单（回单）1
2024 年 11 月 7 日

出票人	全　称	大田集团股份有限公司	收款人	全　称	安定化工集团有限公司	此联是收款人的开户银行交给出票人的回单
	账　号	0832000001732		账　号	0010202004320	
	开户银行	石门银行		开户银行	邮金银行中山支行	

人民币（大写）陆拾伍万元整	万	千	百	十	万	千	百	十	元	角	分
				¥	6	5	0	0	0	0	0

票据种类	转账银行本票	票据张数	1 张	
票据号码	00303127			
备注：			收款人开户银行盖章 年　月　日	

工作步骤1：受理业务

银行柜员接收客户填写的一式三联进账单和银行本票。

工作步骤2：柜面审核

(1) 本票是否是统一规定印制的凭证，是否真实，是否超过提示付款期限；

(2) 本票必须记载事项是否齐全，大、小写金额是否一致；

(3) 持票人名称是否为该持票人，与进账单上的名称是否相符；

(4) 现金本票需检查本票上填写的申请人和收款人是否均为个人，本票大写金额前是否填明"现金"字样；

(5) 出票行的签章是否符合规定；

(6) 背书转让的本票是否按规定的范围转让，其背书是否连续，签章是否符合规定。

工作步骤3：录入系统

银行柜员登录系统，调用银行本票付款交易，并将相关凭证（银行本票、进账单等）拍照上传系统。本交易为解付他行本票业务，银行柜员查询本票登记簿本票状态为"已付款"状态时，表明出票行同意付款且系统已自动入账，银行柜员打印通用凭证。系统生成会计分录：

借：跨行清算资金往来——小额支付　　　　　　　　　　　　200 000
　　贷：单位活期存款——工业企业活期存款　　　　　　　　200 000

登记分户账（如凭8-21所示）：

凭8-21　　　邮金银行（中山路支行）单位活期存款分户账

户名：安定化工集团有限公司　　　账号：0010202004320　　　利率：0.36%

2024年		摘要	凭证号码	对方科目代码	借方（位数）	贷方（位数）	借或贷	余额（位数）	日数	积数（位数）	复核盖章
月	日										
11	1	承前页					贷	236 431	6	1 418 586	吴　西
11	7	转收	1127	3105		650 000	贷	886 431			

工作步骤4：交付客户

前台柜员在银行本票上加盖柜员名章和已办理戳记，在进账单第二、三联加盖已办理戳记，在本票备注栏注明"已解付"字样，将进账单第一、三联交给持票人。

工作步骤5：后续处理

将银行本票、进账单第二联作为通用凭证附件上交会计稽核。

(三) 项目活动3　银行本票结清的核算

银行本票结清是指出票行销记开出本票的过程。在行内代理付款行支付本行签发的本票时，付款时联动出票行结清开出本票的金额，核算见银行本票的付款。本项目活动以他行代理支付本行签发的本票为例，核算出票行结清开出的本票。

1. 活动目标

能够根据不同的结清方式进行准确的业务操作，并掌握相应的会计核算原理及过程。

2. 知识准备

(1) 通过小额支付系统结清时，会计分录为：

借：开出本票
　　贷：跨行清算资金往来——小额支付

（2）通过同城票据交换系统结清时，会计分录为：

借：开出本票

  贷：跨行清算资金往来——同城票据清算

【例8-7】2024年11月10日，邮金银行通过小额支付系统收到代理付款行滨海银行发来的解付本票电子信息时，邮金银行将该信息与公司业务系统中存储的本票信息进行自动核对，经系统确认无误后发回应答信，办理银行结清业务。

已兑付的银行本票金额为200 000元，该票由我行鸿雁支行签发。

工作步骤1：核对凭证

银行柜员调用"凭证打印"交易，打印"银行本票结清清单"与业务凭证进行核对，核对无误后进行账务处理。

工作步骤2：账务处理

借：开出本票   200 000

  贷：跨行清算往来——小额支付   200 000

（四）项目活动4 银行本票退款的核算

出票银行对专夹保管的本票卡片应当定期检查清理，发现有超过付款期限的，应当主动与申请人联系，查明原因，及时处理。

银行本票的申请人因本票超过提示付款期限或其他原因要求出票行退款时，出票行根据签发转账本票和现金本票分别处理。

1. 活动目标

能够根据不同退票原因及本票类型进行准确的业务操作，并掌握相应的会计核算原理及过程。

2. 知识准备

（1）出票行自行签发的银行本票的退款。

①退回转账本票款时，会计分录为：

借：开出本票

  贷：单位活期存款——××活期存款

  （或）贷：个人活期存款——个人结算存款

②退回现金本票款时，会计分录为：

借：开出本票

  贷：现金——业务现金——营业现金

【例8-8】（接例8-4）2025年1月20日，邮金银行鸿雁支行开户单位客户长城集团股份有限公司（0010201002680）财务人员持银行本票一张和一式三联进账单来网点办理银行本票退款业务（如凭8-22、凭8-23所示）。

凭8-22

付款期限 贰个月	邮金银行		
	本　票	2	00105624

出票日期（大写）：贰零贰肆 年 壹拾壹 月 零柒 日

收款人：安定化工集团有限公司	申请人：长城集团股份有限公司
凭票即付　人民币（大写）　　贰拾万元整	（压数机压印小写金额）：
转账 √　　现金 □　　　　（邮金银行266913027056 本票专用章）（川石印大）	密押：6827526746 行号：266913027056 出纳：　复核：胡成田　经办：赵灵燕
备注：货款	

此联代理付款行付款后作联行往账借方凭证附件

凭8-23

邮金银行进账单（回单）1

2025 年 1 月 20 日

出票人	全　称	长城集团股份有限公司	收款人	全　称	长城集团股份有限公司	万	千	百	十	万	千	百	十	元	角	分
	账　号	0010201002680		账　号	0010201002680				¥	2	0	0	0	0	0	0
	开户银行	邮金银行鸿雁支行		开户银行	邮金银行鸿雁支行											

人民币（大写）贰拾万元整			
票据种类	转账银行本票	票据张数	1 张
票据号码	00105624		
备注：			

收款人开户银行盖章
　年　月　日

此联是收款人的开户银行交给出票人的回单

工作步骤1：受理业务

银行柜员接收客户填写的一式三联进账单和银行本票。

工作步骤2：柜面审核

（1）按照银行本票付款项目正常审核；

（2）持票人提交的银行本票是否为本行签发；

（3）将银行本票与原专夹保管的本票卡片进行核对。

工作步骤3：录入系统

柜员审核无误后登录系统，调用银行本票退款交易，并将凭证（银行本票、进账单、身份证复印件及联网核查记录和其他凭证）拍照录入系统，生成会计分录。

退回转账银行本票的会计分录为：

借：开出本票　　　　　　　　　　　　　　　　　　　200 000
　　贷：单位活期存款——工业企业活期存款　　　　　　200 000

登记分户账（如凭8-24所示）：

凭8-24　　邮金银行（鸿雁支行）单位活期存款分户账

户名：长城集团股份有限公司　　账号：0010201002680　　利率：0.36%

2025年		摘要	凭证号码	对方科目代码	借方（位数）	贷方（位数）	借或贷	余额（位数）	日数	积数（位数）	复核盖章
月	日										
1	1	承前页					贷	257 436	19	4 891 284	王明
1	20	本票退款	0563	2725		200 000	贷	457 436			

工作步骤4：后续处理

前台柜员在银行本票各联加盖个人名章和已办理戳记，在进账单第二、三联上加盖已办理戳记，在本票备注栏上注明"未用退回"字样，将进账单第一、三联交持票人，其余凭证连同通用凭证上交会计稽核。

（五）项目活动5　银行本票超期付款的核算

银行本票的持票人超过提示付款期限不获付款的，在票据权利时效内可向出票银行请求付款，但不得向代理付款行请求付款。超期付款后，出票行应主动付款。

若银行本票丧失，失票人可以凭人民法院出具的其享有票据权利的证明，向出票银行请求付款或退款，其核算同银行本票超期付款或退款。

1. 活动目标

能够根据本票的不同类型做出相应的会计核算。

2. 知识准备

（1）转账本票超期付款。

①持票人在本行开户的，转账本票超期付款的会计分录为：

借：开出本票

　　　　贷：应解汇款及临时存款
　　借：应解汇款及临时存款
　　　　贷：单位活期存款——××活期存款
　　　（或）贷：个人活期存款——个人结算存款
②持票人不在本行开户的，转账本票超期付款的会计分录为：
　　借：应解汇款及临时存款
　　　　贷：跨行清算资金往来——大额支付
　　　（或）贷：跨行清算资金往来——小额支付
　　　（或）贷：跨行清算资金往来——同城票据清算
（2）现金本票超期付款的会计分录为：
　　借：开出本票
　　　　贷：应解汇款及临时存款
　　借：应解汇款及临时存款
　　　　贷：现金——业务现金——营业现金

【例8-9】 2025年1月8日，石门银行浦东支行开户客户红楼建材有限公司财务人员，持一张面额123 000元的银行本票及一式三联进账单相（如凭8-25、凭8-26所示），到邮金银行鸿雁支行办理本票超期付款业务。

凭8-25

付款期限 贰个月	邮金银行 本　票　　　2　　00105634

出票日期（大写）：贰零贰肆 年 壹拾壹 月 零柒 日

收款人：红楼建材有限公司	申请人：申请人：长城集团股份有限公司
凭票即付　人民币（大写）　壹拾贰万叁仟元整	（压数机压印小写金额）：
转账 √　现金 □ 备注：货款 （邮金银行本票专用章 2669130270560）（石川大印）	密押：6827526746 行号：266913027056 出纳：　复核：胡成田　经办：赵灵燕

此联代理付款行付款后作联行往账借方凭证附件

凭 8-26

邮金银行进账单（回单）1

2025 年 1 月 8 日

出票人	全 称	长城集团股份有限公司	收款人	全 称	红楼建材有限公司	此联是收款人的开户银行交给出票人的回单
	账 号	0010201002680		账 号	0210304022531	
	开户银行	邮金银行鸿雁支行		开户银行	石门银行浦东支行	

人民币（大写）壹拾贰万叁仟元整	万	千	百	十	万	千	百	十	元	角	分
				¥	1	2	3	0	0	0	0

票据种类	转账银行本票	票据张数	1 张
票据号码	00105634		

备注：

收款人开户银行盖章
年　月　日

工作步骤 1：受理业务

银行柜员接收客户填写的一式三联进账单和银行本票。

工作步骤 2：柜面审核

（1）按照银行本票付款项目正常审核；

（2）持票人提交的银行本票是否为本行签发；

（3）持票人名称与进账单上的名称是否相符；

（4）是否存在背书转让事宜，背书是否合规。

工作步骤 3：录入系统

（1）柜员审核无误后，在进账单第一联加盖已受理戳记，在进账单第二、三联加盖柜员名章并办理系统操作。登录系统，录入银行本票超期付款业务代码，将凭证（银行本票、进账单、身份证复印件及联网核查记录和其他凭证）拍照录入系统。生成会计分录：

借：开出本票　　　　　　　　　　　　　　　　　　123 000
　　贷：应解汇款及临时存款　　　　　　　　　　　　　　　123 000

（2）由于持票人未在本行开户，柜员需填制特种转账贷方凭证，通过实时付款、普通付款等交易将资金转入客户账户。

①通过大额支付系统将资金实时转给客户时，会计分录为：

借：应解汇款及临时存款　　　　　　　　　　　　　123 000
　　贷：跨行清算资金往来——大额支付　　　　　　　　　123 000

②通过小额支付系统将资金转给客户时，会计分录为：

借：应解汇款及临时存款　　　　　　　　　　　　　123 000

　　　　贷：跨行清算资金往来——小额支付　　　　　　　　　　　　　　123 000
③通过同城票据交换系统将资金转给客户时，会计分录为：
　　借：应解汇款及临时存款　　　　　　　　　　　　　　　　　　　123 000
　　　　贷：跨行清算资金往来——同城票据清算　　　　　　　　　　　123 000

工作步骤4：后续处理

前台柜员在银行本票、进账单各联、特种转账贷方凭证各联加盖个人名章和已办理戳记，在本票备注栏上注明"逾期付款"字样，将进账单第一联交持票人，其余凭证连同通用凭证上交会计稽核。

三、任务活动

【任务描述】 2025年1月3日，个人客户张元持本行银行卡（卡号：60110310010422）到邮金银行鸿雁支行申请开具银行本票，柜员审核无误后，为其办理了相关手续。

根据客户需求判定业务类型，并根据业务流程进行会计核算。

【任务分析】 根据所给业务判断业务类型及结算途径并进行会计处理。

【任务实施】

(1) 该银行本票收款人为蓝天工程建设有限公司，出票金额为364 000元，则本票签发的会计分录为：

(2) 如果蓝天工程建设有限公司为行内开户单位客户，则该客户要求付款的会计分录为：

(3) 如果蓝天工程建设有限公司为他行开户单位客户，本行本票清算的会计分录为：

知识加油站

丧失银行本票的付款或退款：

银行本票丧失的失票人可以向出票行提交人民法院出具的其享有该本票票据权利的证明，向出票行请求付款或退款时，出票行经审查确未支付的，应审查以下事项：

(1) 审核本票票据权利证明。如失票人为个人，银行应审核失票人的身份证原件和复印件；如果失票人为单位，则银行还需审核其单位公函和代办人身份证件原件、复印件。

(2) 向持票人付款时，银行柜员需将证明与本票卡片核对无误后，比照本票付款或超期付款的有关手续办理，并将款项付给失票人。

(3) 向申请人退款时，银行柜员需将证明与专夹保管的本票卡片核对无误后，比照本票退款的有关手续办理，并将款项付给申请人。

项目三　核算银行汇票业务

 知识目标

1. 熟悉银行汇票业务的相关规定及业务处理流程。
2. 掌握核算银行汇票业务的会计科目及会计核算原理。

 能力目标

能根据银行汇票业务流程及客户需求进行正确的业务操作，并能运用会计知识理解业务规定及操作要点。

一、基础知识

(一) 银行汇票业务概述

《支付结算办法》指出，银行汇票是出票银行签发的，由出票行在见票时按照实际结算金额无条件支付给收款人或者持票人的票据。银行汇票的出票银行为银行汇票的付款人。单位和个人均可跨交换区域使用银行汇票，银行汇票可以用于转账，填明"现金"字样的银行汇票也可以用于支取现金。签发现金银行汇票，申请人和收款人必须均为个人。申请人或者收款人为单位的，不得为其签发现金银行汇票。

收款人可以将银行汇票背书转让给被背书人。银行汇票的背书转让以不超过出票金额的实际结算金额为准。未填写实际结算金额或实际结算金额超过出票金额的银行汇票不得背书转让；填明"现金"字样的银行汇票不得背书转让；银行汇票被拒绝付款或者超过付款提示期限的，不得背书转让。

持票人超过付款期限提示付款的，代理付款人不予受理。持票人对银行汇票的出票人的权利时效为自出票日起2年，超过权利时效而丧失票据权利的，仍享有民事权利，可以请求出票人返还其与未支付的票据金额相当的权益。

银行汇票的付款人为银行汇票的出票行。银行汇票的代理付款人是指代理本系统出票银行或跨系统签约银行审核支付汇票款项的银行。受理转账银行汇票时，代理付款人不得受理未在本行开立存款账户的持票人为单位直接提交的银行汇票，但可受理未在本机构但在本行开立存款账户的个人持票人提交的银行汇票。受理个人持票人提交的现金银行汇票时，直接支付现金。

(二) 会计科目

"汇出汇款"为一级会计科目，用于核算和反映商业银行作为银行汇票的出票行，接受单位或个人委托，签发由本行兑付或他行代理兑付银行汇票的款项。本科目属于负债类科目，余额应反映在贷方，按申请人逐笔设分户明细核算。

二、项目活动

对银行汇票可按照签发、付款、结清、退款、超过付款期限付款等不同情况进行账务处理。

(一) 项目活动1 签发银行汇票的核算

出票银行受理银行汇票申请书，收取款项后签发银行汇票，签发银行汇票时按申请人申请的金额记入汇出汇款，可以账户扣款方式或交存现金方式签发银行汇票。签发转账银行汇票时，不得填写代理付款人名称，但由中国人民银行代理兑付银行汇票的商业银行，向设有分支机构的地区签发转账银行汇票的除外。银行汇票的签发包括全国银行汇票和华东三省一市银行汇票的签发。

银行汇票凭证一式四联，第一联卡片，第二联汇票，第三联解讫通知，第四联多余款收账通知。第一联卡片联和第四联多余款收账通知由出票银行留存，第二联汇票和第三联解讫通知由申请人交付给汇票上记明的收款人。

1. 活动目标

能够根据客户的业务需求准确判断汇票类型，并进行正确的业务操作，掌握相应的会计核算原理及过程。

2. 知识准备

(1) 银行汇票签发核算的思维导图如图8-3所示。

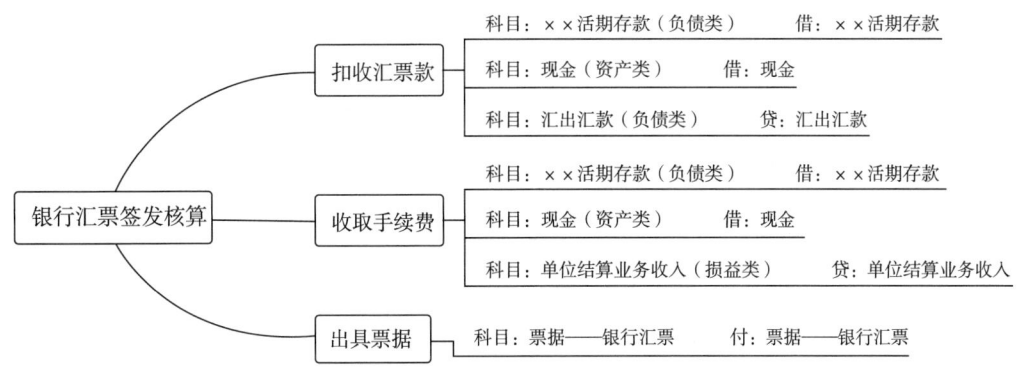

图 8-3　银行汇票签发核算的思维导图

（2）以账户扣款方式签发转账银行汇票。

①从账户扣收汇票款时，会计分录为：

借：单位活期存款——××活期存款

（或）借：个人活期存款——个人结算存款

　　贷：汇出汇款

②收取手续费时，会计分录为：

借：单位活期存款——××活期存款

（或）借：个人活期存款——个人结算存款

　　贷：单位结算业务收入——工本费收入

　　贷：单位结算业务收入——银行汇票业务收入

③作表外登记时，会计分录为：

付：票据——银行汇票

（3）以交存现金方式签发汇票。

①以现金方式收取汇票款时，会计分录为：

借：现金——业务现金——营业现金

　　贷：汇出汇款

②收取手续费时，会计分录为：

借：现金——业务现金——营业现金

　　贷：单位结算业务收入——工本费收入

　　贷：单位结算业务收入——银行汇票业务收入

③作表外登记时，会计分录：

付：票据——银行汇票

【例 8-10】2025 年 1 月 5 日，邮金银行鸿雁支行开户单位客户开元商贸有限公司（账号：0010201003551）财务人员持结算业务申请书来支行申请银行汇票一张，金额为 350 000 元。收款人为杭州市石门银行淮安路支行开户的三菱机械设备有限公司（账号：5613620101043）。

工作步骤1：受理业务

银行柜员接收单位申请人向本行提交的结算业务申请书。如客户为个人，则需出示本人身份证件；如果代理出票，则需同时出示代理人、被代理人的身份证件。

工作步骤2：柜面审核

(1) 申请书是否填明业务类型、凭证种类、申请日期、收款人名称、金额、申请人名称等事项，要素填写是否齐全，申请日期是否为当天。

(2) 出票金额填写是否规范，大小写金额是否一致。

(3) 申请人为个人的，是否留存身份证复印件，是否签字，身份证联网核查是否一致。

(4) 若申请人提出该汇票不得转让，是否在申请书的"备注"栏内注明"不得转让"字样。

(5) 申请日期、收款人名称及出票金额等重要事项是否涂改。

(6) 申请办理现金银行汇票的，申请人和收款人是否均为个人。

(7) 付款人账号、户名是否与申请书相符，账户余额是否足额。

工作步骤3：录入系统

柜员审核无误后登录系统，调用银行汇票出票交易，并将凭证（结算业务申请书、空白银行汇票、身份证复印件及联网核查记录和其他凭证）拍照录入系统，生成会计分录。

签发转账银行本票的会计分录为：

借：单位活期存款——工业企业活期存款　　　　　　　　　　350 000
　　贷：汇出汇款　　　　　　　　　　　　　　　　　　　　350 000

同时登记表外科目，会计分录为：

付：票据——银行汇票1

登记分户账（如凭8-27所示）：

凭8-27　　　　邮金银行（鸿雁支行）单位活期存款分户账

户名：开元商贸有限公司　　　账号：0010201003551　　　利率：0.36%

2025年		摘要	凭证号码	对方科目代码	借方（位数）	贷方（位数）	借或贷	余额（位数）	日数	积数（位数）	复核盖章
月	日										
1	1	承上页					贷	600 218	4	2 400 872	王　明
1	5	转付	0645	2720	350 000		贷	250 218			

登记表外科目（如凭 8-28 所示）：

凭 8-28　　　　　　　　　　　　　　**银行汇票登记簿**

科目名称：票据-银行汇票

2025 年		摘要	编号	数量	起止号码	收入	付出	余额
月	日					金额（位数）	金额（位数）	金额（位数）
1	01	结存		16	0041~0056			16
1	05	售出	YH002	1	0041		1	15

工作步骤 4：交付客户

柜员打印通用凭证、银行汇票一式四联，并在"结算业务申请书"第一、二、三联加盖业务专用章，在"银行汇票"上加盖汇票专用章和柜员名章。将"结算业务申请书"第三联、银行汇票第二联汇票（如凭 8-29 所示）和第三联解讫通知交给申请人。

凭 8-29

付款期限 贰 个 月		**邮金银行**		
		银行汇票	2	00111102

出票日期（大写）：贰零贰伍 年 零壹 月 零伍 日　　　代理付款行：　　　行号：

收款人：三菱机械设备有限公司	账号：5613620101043									
出票金额	人民币 大写	叁拾伍万元整	（压数机压印小写金额）：							
实际结算金额	人民币 大写		千	百	十	万	千	百	十	元	角	分
申请人：开元商贸有限公司 出票行：邮金银行鸿雁支行	账号或住址：0010201003551 行号：2669	科目（借）_____ 双方科目（贷）_____								
备注： 凭票付款 （28691302705⑥） 出票行签章	多余金额 千 百 十 万 千 百 十 元 角 分	兑付日期　年　月　日 复核：　　　记账：								

工作步骤 5：后续处理

柜员在银行汇票第一联上加盖经办、复核名章，在逐笔登记汇出汇款账并注明汇票号码后，连同第四联一并专夹保管。

（二）项目活动2　银行汇票付款的核算

银行汇票付款是指商业银行作为代理付款人，代理支付银行汇票，按实际支付的金额结算。转账银行汇票付款包括代理解付本行签发的银行汇票和代理解付其他商业银行签发的银行汇票。代理解付其他商业银行签发的转账银行汇票，应通过同城票据交换将银行汇票和解讫通知提交给同城的有关银行审核支付后抵用，也可以通过小额支付系统解付银行汇票。现金银行汇票付款仅指解付本行签发的银行汇票，不能代理解付其他商业银行签发的银行汇票。

1. 活动目标

能够根据出票行的不同选择相应的解付渠道，并做出正确的会计核算。

2. 知识准备

（1）解付本行签发的转账银行汇票时，会计分录为：

借：汇出汇款

　　贷：单位活期存款——××活期存款

　（或）贷：个人活期存款——个人结算存款

（2）解付其他商业银行签发的转账银行汇票。

代理解付其他商业银行签发的银行汇票，可以通过同城票据交换系统解付银行汇票，或通过小额支付系统解付银行汇票。

①通过同城票据交换系统解付银行汇票时，会计分录为：

借：跨行清算资金往来——同城票据清算

　　贷：其他应付款——同城票据款项——同城票据清算——提出

若退票时间过后未发生退票的，为客户入账，会计分录为：

借：其他应付款——同城票据款项——同城票据清算——提出

　　贷：单位活期存款——××活期存款

　（或）贷：个人活期存款——个人结算存款

②通过小额支付系统解付银行汇票时，会计分录为：

借：跨行清算资金往来——小额支付

　　贷：单位活期存款——××活期存款

　（或）贷：个人活期存款——个人结算存款

（3）现金银行汇票付款时，会计分录为：

借：汇出汇款

　　贷：现金——营业现金——业务现金

【例8-11】2025年2月1日，邮金银行鸿雁支行开户单位客户长城集团股份有限公司（0010201002680）提交银行汇票、进账单和解讫通知办理银行汇票收款业务（如凭8-30、凭8-31所示）。

凭8-30

| 付款期限 贰个月 | 南洋银行 银行汇票 | 2 | 03215146 |

出票日期（大写）：贰零贰伍 年 零壹 月 零伍 日　　代理付款行：　　　　行号：

收款人	长城集团股份有限公司	账号：0010201002680									
出票金额	人民币大写	叁拾肆万伍仟元整	（压数机压印小写金额）：								
实际结算金额	人民币大写	叁拾贰万捌仟柒佰元整	千	百	十	万	千	百	十	元	角	分
			¥	3	2	8	7	0	0	0	0

申请人：三菱设备有限公司　账号或住址：4213201263452
出票行：南洋银行金台支行　行号：5223

科目（借）_____
双方科目（贷）_____

备注：汇款
凭票付款
(5223413024179)
出票行签章

多余金额									
千	百	十	万	千	百	十	元	角	分
			¥	1	6	3	0	0	0

兑付日期　　年　月　日
复核：　　　　　记账：

凭8-31　　　　**邮金银行进账单（回单）1**
　　　　　　2025 年 02 月 01 日

出票人	全称	三菱设备有限公司	收款人	全称	长城集团股份有限公司	此联是收款人的开户银行交给出票人的回单
	账号	4213201263452		账号	0010201002680	
	开户银行	南洋银行金台支行		开户银行	邮金银行鸿雁支行	

人民币（大写）叁拾贰万捌仟柒佰元整	万	千	百	十	万	千	百	十	元	角	分
		¥	3	2	8	7	0	0	0	0

票据种类	转账银行汇票	票据张数	1张
票据号码	03215146		

备注：

收款人开户银行盖章
　　年　月　日

工作步骤1：受理业务

银行柜员接收客户填写的一式三联进账单、银行汇票和解讫通知。若为个人客户提示付款，则需出示本人身份证件，持票人委托他人提示付款的，需同时出示代理人、被代理人的身份证件。

工作步骤 2：柜面审核

（1）汇票是否是统一规定印制的凭证，是否真实，是否超过提示付款期限；

（2）汇票必须记载事项是否齐全，大、小写金额是否一致；

（3）持票人名称是否为该持票人，与进账单上的名称是否相符；

（4）若为现金银行汇票，需检查汇票上填写的申请人和收款人是否均为个人，汇票大写金额前是否填明"现金"字样；

（5）出票行的签章是否符合规定；

（6）背书转让的汇票是否按规定的范围转让，其背书是否连续，签章是否符合规定。

工作步骤 3：录入系统

银行柜员登录系统，调用银行汇票付款交易，并将相关凭证（银行汇票、解讫通知、进账单等）拍照上传系统。若本交易为解付他行汇票业务，可以通过小额支付系统或同城票据交换系统解付汇票，出票行同意付款后，银行柜员打印通用凭证。系统生成会计分录：

①通过小额支付系统解付汇票时，会计分录为：

借：跨行清算资金往来——小额支付　　　　　　　　　328 700
　　贷：单位活期存款——工业企业活期存款　　　　　　　　328 700

②通过同城票据交换系统解付汇票时，会计分录为：

借：跨行清算资金往来——同城票据清算　　　　　　　328 700
　　贷：其他应付款——同城票据款项——同城票据清算——提出　　328 700

若退票时间过后未发生退票的，为客户入账，会计分录为：

借：其他应付款——同城票据款项——同城票据清算——提出　　328 700
　　贷：单位活期存款——工业企业活期存款　　　　　　　　328 700

登记分户账（如凭 8-32 所示）：

凭8-32　　　邮金银行（鸿雁支行）单位活期存款分户账

户名：长城集团股份有限公司　　账号：0010201002680　　利率：0.36%

2025年		摘要	凭证号码	对方科目代码	借方（位数）	贷方（位数）	借或贷	余额（位数）	日数	积数（位数）	复核盖章
月	日										
2	1	承前页					贷	1 435 268			
2	1	转收	0046	3105		328 700	贷	1 763 968			

工作步骤 4：交付客户

银行柜员在银行汇票上加盖柜员名章和已办理戳记，在进账单第二、三联加盖已办理戳记，在汇票备注栏注明"已解付"字样，将进账单第一、三联交给持票人。

工作步骤 5：后续处理

银行柜员将银行汇票、解讫通知、进账单第二联作为通用凭证附件上交会计稽核。

（三）项目活动3　银行汇票结清的核算

银行汇票结清是指商业银行汇票的出票行收到代理付款行的付款凭据或信息时销记汇出汇款的过程。银行汇票结清在代理付款行付款时联动进行账务处理，分为按实际金额全额付款和余款退回。

1. 活动目标

能够根据代理付款行是否跨行，选择正确的清算渠道，并做出正确的会计核算。

2. 知识准备

（1）汇票全额付款。

①代理付款行为行内其他机构的汇票结清，按实际结算金额付款，核算同解付本行签发的银行汇票。

②代理付款行为其他商业银行的汇票结清，可以通过同城票据交换系统或小额支付系统按实际结算金额付款。会计分录为：

借：汇出汇款
　　贷：跨行清算资金往来——同城票据清算
　　（或）贷：跨行清算资金往来——小额支付

（2）付款后汇票有余款。

①行内签发银行汇票付款后有余款的，原申请人在本核算单位开户的，将多余款项转入原申请人账户。会计分录为：

借：汇出汇款
　　贷：单位活期存款——××活期存款
　　（或）贷：个人活期存款——个人结算存款

②行内签发银行汇票付款后有余款的，采用现金方式退回余款的，会计分录为：

借：汇出汇款
　　贷：现金——业务现金——营业现金

【例8-12】2025年1月27日，邮金银行鸿雁支行通过小额支付系统收到代理付款行杭州市石门银行淮安路支行发来的解付汇票电子信息及解讫通知时，邮金银行将该信息与公司业务系统中存储的银行汇票信息进行自动核对，经系统确认无误后发回应答信息，办理银行结清业务。

已兑付银行汇票出票金额为350 000元，申请人为本行鸿雁支行开户单位客户开元商贸有限公司，2025年1月5日签发，支付杭州市石门银行淮安路支行开户的三菱机械设备有限公司（账号：5613620101043）货款320 430元。

工作步骤1：核对凭证

银行柜员调用凭证打印交易，打印"银行汇票结清清单"并与业务凭证进行核对，核对无误后进行账务处理。

工作步骤2：账务处理

①汇票结清的会计分录：

借：汇出汇款　　　　　　　　　　　　　　　　　　　　320 430
　　贷：跨行清算往来——小额支付　　　　　　　　　　　320 430

②将多余款项转入原申请人账户。会计分录为：

借：汇出汇款　　　　　　　　　　　　　　　　　　　　　　　　29 570
　　贷：单位活期存款——工业企业活期存款　　　　　　　　　　　　29 570

（四）项目活动 4　银行汇票退款的核算

银行汇票退款是指申请人由于银行汇票超过提示付款期限或其他原因要求退款的情况，分为转账银行汇票退款和现金银行汇票退款。发生银行汇票退款的，持票人只能到出票人处申请办理。

1. 活动目标

能够根据持票人开户行的不同情况及汇票的不同类型进行正确的业务操作，并做出正确的会计核算。

2. 知识准备

（1）出票行自行签发的银行汇票的退款。

出票行自行签发转账银行汇票退款时，将所退款项转入原申请人账户，会计分录为：

借：汇出汇款
　　贷：单位活期存款——××活期存款
　（或）贷：个人活期存款——个人结算存款

（2）出票行自行签发现金银行汇票退款时，将所退款项以现金形式退还原申请人，会计分录为：

借：汇出汇款
　　贷：现金——业务现金——营业现金

【例 8-13】（接例 8-10）2025 年 2 月 1 日，邮金银行鸿雁支行开户单位客户开元商贸有限公司（0010201003551）财务人员持银行汇票、一式三联进账单（如凭 8-33、凭 8-34 所示）和解讫通知，来网点办理银行汇票退款业务，汇票出票金额为 350 000 元。

凭 8-33　　　　　　　　　　　**邮金银行进账单（回单）1**
　　　　　　　　　　　　　　　2025 年 02 月 01 日

出票人	全　称	开元商贸有限公司	收款人	全　称	开元商贸有限公司	此联是收款人的开户银行交给出票人的回单
	账　号	0010201003551		账　号	0010201003551	
	开户银行	邮金银行鸿雁支行		开户银行	邮金银行鸿雁支行	
人民币（大写）叁拾伍万元整			万 千 百 十 万 千 百 十 元 角 分			
			￥ 3 5 0 0 0 0 0 0			
票据种类	转账银行汇票	票据张数	1 张			
票据号码	00111102					
备注：			收款人开户银行盖章 　　年　　月　　日			

凭8-34

| 付款期限 贰 个 月 | 邮金银行 银行汇票　　2　　00111102 |

出票日期（大写）：贰零贰伍 年 零壹 月 零伍 日　　代理付款行：　　　行号：

| 收款人：三菱机械设备有限公司 | 账号：5613620101043 |
| 出票金额　人民币大写　叁拾伍万元整 | （压数机压印小写金额）： |

| 实际结算金额　人民币大写 | 千 百 十 万 千 百 十 元 角 分 |

申请人：开元商贸有限公司　账号或住址：0010201003551
出票行：邮金银行鸿雁支行　行号：2669

科目（借）_____
双方科目（贷）_____
兑付日期　　年　月　日
复核：　　　记账：

备注：
（盖章：邮金银行本票专用章 2669130127056）
（盖章：川石印大）

多余金额 | 千 百 十 万 千 百 十 元 角 分 |

工作步骤1：受理业务

银行柜员接收客户填写的一式三联进账单、银行汇票、解讫通知和加盖单位公章的证明一份。若客户为个人，则需银行柜员审核客户的身份证件并进行联网核查，打印核查记录。

工作步骤2：柜面审核

（1）按照银行汇票付款项目正常审核；
（2）持票人提交的银行汇票是否为本行签发；
（3）将银行汇票与原专夹保管的本票卡片进行核对。

工作步骤3：录入系统

柜员审核无误后登录系统，调用银行汇票退款交易，并将凭证（银行汇票、进账单、单位证明、身份证复印件及联网核查记录和其他凭证）拍照录入系统，生成会计分录。

退回转账银行汇票的会计分录为：
借：汇出汇款　　　　　　　　　　　　　　　　　　　　350 000
　　贷：单位活期存款——工业企业活期存款　　　　　　　　　　350 000

登记分户账（如凭 8-35 所示）：

凭 8-35　　　　邮金银行（鸿雁支行）**单位活期存款**分户账

户名：开元商贸有限公司　　　账号：0010201003551　　　利率：0.36%

2025年		摘要	凭证号码	对方科目代码	借方（位数）	贷方（位数）	借或贷	余额（位数）	日数	积数（位数）	复核盖章
月	日										
1	1	承上页					贷	600 218	4	2 400 872	张　明
1	5	转付	0786	2720	350 000		贷	250 218	27	6 755 886	张　明
2	1	汇票退款	0165	2720		350 000		600 218			

工作步骤 4：后续处理

银行柜员在银行汇票各联加盖个人名章和已办理戳记，在进账单第二、三联上加盖已办理戳记，在汇票备注栏上注明"未用退回"字样，将进账单第一、三联交持票人，将其余凭证连同通用凭证上交会计稽核。

（五）项目活动 5　银行汇票超期付款的核算

银行汇票超期付款的，持票人只能持银行汇票和解讫通知到出票行请求付款，代理行不得代为付款。银行汇票超期付款包括转账银行汇票超期付款和现金银行汇票超期付款。

1. 活动目标

能够根据持票人开户行的不同情况及汇票的不同类型进行正确的业务操作，并做出正确的会计核算。

2. 知识准备

（1）转账银行汇票超期付款。

①持票人在本行开户。

◎超期全额付款时，会计分录为：

借：汇出汇款
　　贷：应解汇款及临时存款
借：应解汇款及临时存款
　　贷：单位活期存款——××活期存款
　　（或）贷：现金——业务现金——营业现金

◎超期多余款项付款时，出票人开户行将实际结算款项付款给持票人，会计分录为：

借：汇出汇款
　　贷：应解汇款及临时存款
借：应解汇款及临时存款
　　贷：单位活期存款——××活期存款（持票人户）

（或）贷：现金——业务现金——营业现金

同时将多余款转入原申请人账户，会计分录为：

借：应解汇款及临时存款

　　贷：单位活期存款——××活期存款（原申请人户）

　　（或）贷：现金——业务现金——营业现金

②持票人在他行开户。

◎超期全额付款时，会计分录为：

借：汇出汇款

　　贷：应解汇款及临时存款

借：应解汇款及临时存款

　　贷：跨行清算资金往来——大额支付

　　（或）贷：跨行清算资金往来——小额支付

　　（或）贷：跨行清算资金往来——同城票据清算

◎超期多余款项付款时，出票人开户行将实际结算款项付款给持票人，会计分录为：

借：汇出汇款

　　贷：应解汇款及临时存款

借：应解汇款及临时存款

　　贷：跨行清算资金往来——大额支付

　　（或）贷：跨行清算资金往来——小额支付

　　（或）贷：跨行清算资金往来——同城票据清算

同时将多余款转入原申请人账户，会计分录为：

借：应解汇款及临时存款

　　贷：单位活期存款——××活期存款（原申请人户）

　　（或）贷：现金——业务现金——营业现金

（2）现金银行汇票超期付款，会计分录为：

借：汇出汇款

　　贷：应解汇款及临时存款

借：应解汇款及临时存款

　　贷：现金——业务现金——营业现金

三、任务活动

【任务描述】2025年2月7日，杭州市石门银行淮安路支行开户的三菱机械设备有限公司（账号：5613620101043）财务人员持一式三联进账单、银行汇票（如凭8-36、凭8-37所示）和解讫通知到邮金银行鸿雁支行办理银行汇票超期付款业务。

要求：根据票据所提供的信息及持票人的请求进行相应的会计核算。

凭8-36

邮金银行进账单（回单）1

2025 年 02 月 07 日

出票人	全 称	开元商贸有限公司	收款人	全 称	三菱机械设备有限公司	此联是收款人的开户银行交给出票人的回单
	账 号	0010201003551		账 号	5613620101043	
	开户银行	邮金银行鸿雁支行		开户银行	石门银行淮安路支行	

人民币（大写）叁拾贰万零肆佰叁拾元整	万	千	百	十	万	千	百	十	元	角	分
				¥	3	2	0	4	3	0	0	0

票据种类	转账银行汇票	票据张数	1 张
票据号码	00111102		

备注：

收款人开户银行盖章
　　年　月　日

凭8-37

付款期限	邮金银行		
贰个月	银行汇票	2	00111102

出票日期（大写）：贰零贰伍 年 零壹 月 零伍 日　　代理付款行：　　　　行号：

收款人：三菱机械设备有限公司	账号：5613620101043

出票金额	人民币大写	叁拾伍万元整	（压数机压印小写金额）：

实际结算金额	人民币大写	叁拾贰万零肆佰叁拾元整	千	百	十	万	千	百	十	元	角	分
				¥	3	2	0	4	3	0	0	0

申请人：开元商贸有限公司　账号或住址：0010201003551
出票行：邮金银行鸿雁支行　行号：2669

备注：	多余金额	科目（借）_____
	千 百 十 万 千 百 十 元 角 分	双方科目（贷）_____
	¥　　　　2 9 5 7 0 0 0	兑付日期　年　月　日
出票行签章		复核：　　　记账：

【任务分析】 根据任务所提供的信息判断业务类型，按照持票人的开户情况选择正确的资金汇划渠道，并写出相应的会计分录。

【任务实施】
（1）判断业务类型，并设计相应的资金汇划渠道。

（2）根据不同的资金汇划渠道写出相应的会计分录。

项目四　核算银行承兑汇票业务

知识目标

1. 熟悉银行承兑汇票业务的相关规定及业务处理流程。
2. 掌握核算银行承兑汇票业务的会计科目及会计核算原理。

能力目标

能够根据银行承兑汇票业务流程准确核算损益。

一、基础知识

（一）银行承兑汇票业务概述

《支付结算办法》指出，商业汇票是出票人签发的，委托付款人在指定日期无条件支付确定的金额给收款人或者持票人的票据。商业汇票必须经过承兑，商业汇票的付款人为承兑人。商业汇票分为商业承兑汇票和银行承兑汇票。由银行以外的付款人承兑的汇票为商业承兑汇票，由银行承兑的汇票为银行承兑汇票。银行承兑汇票应由在承兑银行开立存款账户的法人或其他组织签发，且与承兑银行具有真实的委托付款关系。

银行承兑汇票承兑是指商业银行承诺在汇票到期时无条件将票款支付给收款人（或持票人），并向承兑申请人收取票款的行为。

商业汇票可以在出票时向付款人提示承兑后使用，也可以在出票后先使用再向付款人提示承兑。定日付款或者出票后定期付款的商业汇票，持票人应当在汇票到期日前向付款人提示承兑。见票后定期付款的汇票，持票人应当自出票日起1个月内向付款人提示承兑。汇票未按规定期限提示承兑的，持票人丧失对其前手的追索权。商业汇票的付款人接到出票人或持票人向其提示承兑的汇票时，应当向出票人或持票人签发收到汇票的回单，记明汇票提示承兑日期并签章。付款人应当在自收到提示承兑的汇票之日起 3 日内承兑或拒绝承兑。付款人拒绝承兑的，必须出具拒绝承兑的证明。付款人承兑商业汇票，不得附有条件；承兑附有条件的，视为拒绝承兑。

商业汇票的付款期限，纸票最长不得超过 6 个月，电子汇票的最长付款期限不超过 12 个月。商业汇票可以背书转让。商业汇票的提示付款期限，自汇票到期日起 10 日。持票人应在提示付款期内通过开户银行委托收款或直接向付款人提示付款。符合条件的商业汇票的持票人可持未到期的商业汇票连同贴现凭证向开户银行申请贴现，贴现银行也可继续进行再贴现和转贴现。

(二) 会计科目设置

1. 活期保证金存款

"活期保证金存款"属于负债类科目，用于核算和反映商业银行收到单位或个人存入的作为保证金的活期专用款项。本科目余额在贷方，可设置"单位活期保证金存款""个人活期保证金存款"两个二级会计科目。

2. 定期保证金存款

"定期保证金存款"属于负债类科目，用于核算和反映商业银行收到单位或个人存入的作为保证金的定期专用款项。本科目余额在贷方，可设置"单位定期保证金存款""个人定期保证金存款"两个会计二级科目。

3. 承兑垫款

"承兑垫款"属于资产类科目，用于核算和反映商业银行对到期的银行承兑汇票所产生的垫款的情况。本科目余额反映在借方，可设置"本金""利息调整""已减值"等二级会计科目，并在二级会计科目中按承兑申请人设分户账进行明细核算。

4. 银行承兑汇票

"银行承兑汇票"属于表外科目，用于核算和反映商业银行接受其他单位委托开立银行承兑汇票的情况。本科目余额应反映在收方，按申请人设分户账进行明细核算。

二、项目活动

银行承兑汇票承兑业务核算包括保证金、手续费、到期扣款及到期解付等核算处理。

(一) 项目活动 1　银行承兑汇票签发的核算

在承兑银行开立存款账户的法人及其组织之间应根据真实的业务交易签发银行承兑汇票，主要包括保证金、手续费收取和出票三个交易环节。

1. 活动目标

能够根据银行承兑汇票业务操作要点进行准确的业务操作，掌握相应的会计核算原理及过程。

2. 知识准备

(1) 银行承兑汇票签发核算的思维导图如图 8-4 所示。

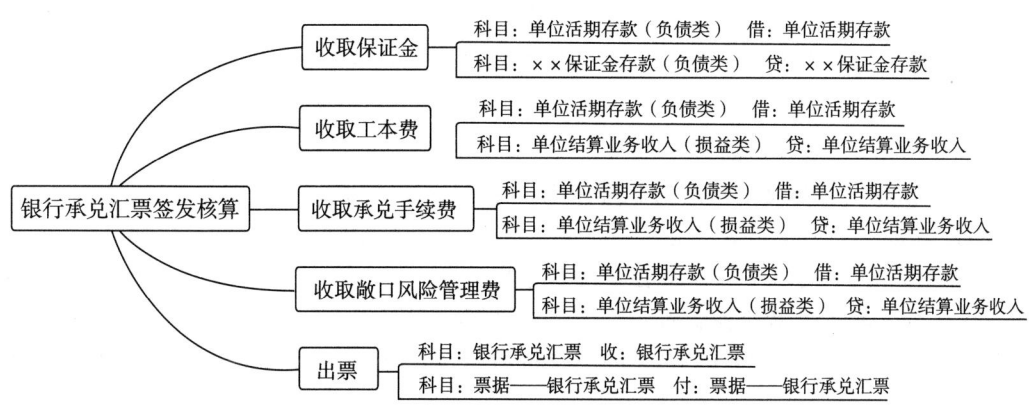

图 8-4 银行承兑汇票签发核算的思维导图

（2）收取保证金。

保证金账户中的资金从客户的结算账户中转入，会计分录为：

借：单位活期存款——××活期存款

  贷：活期保证金存款——单位活期保证金存款——银行承兑汇票活期保证金存款

  （或）贷：定期保证金存款——单位定期保证金存款——银行承兑汇票定期保证金存款

（3）收取工本费，会计分录为：

借：单位活期存款——××活期存款

  贷：单位结算业务收入 ——工本费收入

（4）收取承兑手续费，会计分录为：

借：单位活期存款——××活期存款

  贷：单位结算业务收入 ——银行承汇票业务收入

（5）收取敞口风险管理费，会计分录为：

借：单位活期存款——××活期存款

  贷：单位结算业务收入——信用承诺手续费及佣金收入

（6）出票，会计分录为：

收：银行承兑汇票

付：票据——银行承兑汇票

【例 8-14】2025 年 2 月 10 日，邮金银行鸿雁支行开户单位客户长城集团股份有限公司（账号：0010201002680）提交银行承兑汇票申请书到网点申请银行承兑汇票，金额为 1 200 000 元，期限 3 个月。银行审核无误后，按照汇票金额的 50%收取保证金后为客户办理银行承兑汇票签发业务。

工作步骤 1：受理业务

银行柜员接收客户与信贷部门签订的承兑协议，审核承兑协议是否加盖公章与法人章、法人章是否与预留印鉴一致，为客户开立保证金账户并转入款项。

借：单位活期存款——工业企业活期存款　　　　　　　　　　600 000
　　　贷：活期保证金存款——单位活期保证金存款——银行承兑汇票活期保证金存款　　　　　　　　　　600 000

工作步骤2：收取手续费

（1）根据银行承兑汇票的付款期限按照票面金额0.05%的比例收取手续费，会计分录为：

借：单位活期存款——工业企业活期存款　　　　　　　　　　600
　　　贷：单位结算业务收入——银行承汇票业务收入　　　　　　600

（2）客户信用等级为AA级，按照该银行承兑汇票敞口风险金额0.02%的比例收取敞口风险管理费。

该承兑汇票的敞口风险金额=1 200 000×(1-50%)＝600 000（元）

敞口风险管理费=600 000×0.02%=120（元）

收取敞口风险管理费，会计分录为：

借：单位活期存款——工业企业活期存款　　　　　　　　　　120
　　　贷：单位结算业务收入——信用承诺手续费及佣金收入　　　120

登记分户账（如凭8-38所示）：

凭8-38　　　邮金银行（鸿雁支行）单位活期存款分户账

户名：长城集团股份有限公司　　账号：0010201002680　　　利率：0.36%

2025年		摘要	凭证号码	对方科目代码	借方（位数）	贷方（位数）	借或贷	余额（位数）	日数	积数（位数）	复核盖章
月	日										
2	1	承前页					贷	1 435 268			张　明
2	1	转收	0046	3105		328 700	贷	1 763 968	9	15 875 712	张　明
2	10	转付	1067	2280	600 000		贷	1 163 968			
2	10	转付	1068	5405	600		贷	1 163 368			
2	10	转付	1069	5405	120		贷	1 163 248			

工作步骤3：录入系统

银行柜员登录系统，调用银行承兑汇票签发交易，将相关凭证拍照上传系统，打印通用凭证及银行承兑汇票。

出票的会计分录为：

收：银行承兑汇票　1 200 000

付：票据——银行承兑汇票　1

登记表外科目（如凭 8-39 所示）：

凭 8-39   **银行承兑汇票登记簿**

科目名称：票据-银行承兑汇票

2025年		摘要	编号	数量	起止号码	收入	付出	余额
月	日					金额（位数）	金额（位数）	金额（位数）
2	01	结存		25	0125~0149			25
2	10	售出	CH56	1	0125		1	24

工作步骤 4：后续处理

银行柜员在银行承兑汇票各联加盖个人名章和已办理戳记，将银行承兑汇票第二联连同承兑协议交持票人，将其余凭证连同通用凭证上交会计稽核。

（二）项目活动 2   银行承兑汇票到期扣款的核算

银行承兑汇票到期扣款是指银行承兑汇票到期向申请人收取票款的行为。

1. 活动目标

能够根据不同的情况对银行承兑汇票到期扣款业务进行正确的业务操作，并做出准确的会计核算。

2. 知识准备

（1）银行承兑汇票到期扣款核算的思维导图如图 8-5 所示。

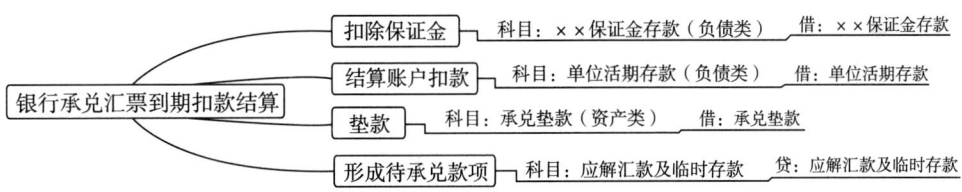

图 8-5 银行承兑汇票到期扣款核算的思维导图

（2）全额保证金银行承兑汇票到期扣款，会计分录为：

借：活期保证金存款——单位活期保证金存款——银行承兑汇票活期保证金存款

（或）借：定期保证金存款——单位定期保证金存款——银行承兑汇票定期保证金存款

        贷：应解汇款及临时存款

（3）部分保证金银行承兑汇票到期扣款。部分保证金银行承兑汇票到期日对出票人保证金账户扣收票款，不足部分从出票人的结算账户中扣收。

①部分保证金扣款，会计分录为：

借：活期保证金存款——单位活期保证金存款——银行承兑汇票活期保证金存款

（或）借：定期保证金存款——单位定期保证金存款——银行承兑汇票定期保证金

存款

　　　　贷：应解汇款及临时存款

②差额部分扣收，会计分录为：

　　借：单位活期存款——××活期存款

　　　　贷：应解汇款及临时存款

（4）出票人结算账户和保证金账户不足支付，银行予以部分垫款，会计分录为：

　　借：单位活期存款——××活期存款

　　借：承兑垫款——本金

　　借：活期保证金存款——单位活期保证金存款——银行承兑汇票活期保证金存款

　　（或）借：定期保证金存款——单位定期保证金存款——银行承兑汇票定期保证金存款

　　　　贷：应解汇款及临时存款

【例8-15】（接例8-14）2025年5月10日，邮金银行鸿雁支行为开户单位客户长城集团股份有限公司（0010201002680）签发的银行承兑汇票到期，发起扣款交易。

（1）如果截至2025年5月10日鸿雁支行发起扣款业务时，长城集团股份有限公司账面余额大于或等于600 000元，则鸿雁支行该交易的会计分录为：

　　借：单位活期存款——工业企业活期存款　　　　　　　　　600 000
　　借：活期保证金存款——单位活期保证金存款——银行承兑汇票活期保证金存款
　　　　　　　　　　　　　　　　　　　　　　　　　　　　　　600 000
　　　　贷：应解汇款及临时存款　　　　　　　　　　　　　　1 200 000

（2）如果截至2025年5月10日鸿雁支行发起扣款业务时，长城集团股份有限公司账面余额为330 000元，则鸿雁支行该交易的会计分录为：

　　借：单位活期存款——工业企业活期存款　　　　　　　　　330 000
　　借：承兑垫款——本金　　　　　　　　　　　　　　　　　270 000
　　借：活期保证金存款——单位活期保证金存款——银行承兑汇票活期保证金存款
　　　　　　　　　　　　　　　　　　　　　　　　　　　　　　600 000
　　　　贷：应解汇款及临时存款　　　　　　　　　　　　　　1 200 000

（三）项目活动3　银行承兑汇票到期解付的核算

银行承兑汇票到期解付是指承兑汇票到期后付款给持票人的业务，涉及持票人在行内开户和在他行开户两种情形。

1. 活动目标

能够根据持票人开户行的不同，对银行承兑汇票到期解付业务进行正确的业务操作，并做出准确的会计核算。

2. 知识准备

（1）银行承兑汇票到期解付核算的思维导图如图8-6所示。

（2）持票人为行内客户的银行承兑汇票到期解付。

①持票人为非金融机构且为行内客户时，会计分录为：

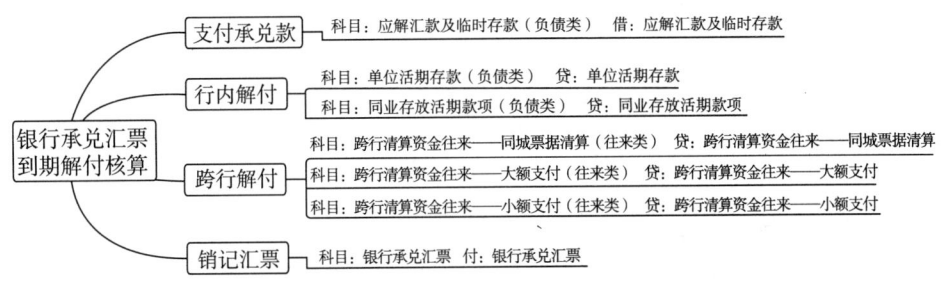

图 8-6　银行承兑汇票到期解付核算的思维导图

借：应解汇款及临时存款（承兑汇票户）
　　贷：单位活期存款——××活期存款
同时，记表外账：
付：银行承兑汇票

②持票人为金融机构且在本行开户时，会计分录为：
借：应解汇款及临时存款
　　贷：同业存放活期存款——银行机构款项
同时，记表外账：
付：银行承兑汇票

（3）持票人在他行开户的银行承兑汇票到期解付。
①通过同城票据交换系统解付银行承兑汇票，会计分录为：
借：应解汇款及临时存款
　　贷：跨行清算资金往来——同城票据清算
同时，记表外账：
付：银行承兑汇票

②通过大额/小额支付系统解付银行承兑汇票，会计分录为：
借：应解汇款及临时存款
　　贷：跨行清算资金往来——大额/小额支付
同时，记表外账：
付：银行承兑汇票

【**例 8-16**】2025 年 5 月 11 日，邮金银行鸿雁支行通过小额支付系统收到南洋银行开发区支行为开户单位永昌电器有限公司（账号：231603702105316）发起的托收信息，邮金银行将该信息与公司业务系统中存储的银行承兑汇票信息进行自动核对，经系统确认无误后发回应答信，办理银行解付业务。

已解付银行承兑汇票金额为 1 200 000 元，申请人为本行鸿雁支行开户单位客户长城集团股份有限公司，2025 年 2 月 10 日签发。

工作步骤 1：核对凭证
银行柜员调用凭证打印交易，打印"银行承兑汇票结清清单"并与业务凭证进行核对，核对无误后进行账务处理。

工作步骤 2：账务处理

借：应解汇款及临时存款　　　　　　　　　　　　　1 200 000
　　贷：跨行清算资金往来——小额支付　　　　　　　　　1 200 000

同时，记表外账：

付：银行承兑汇票 1 200 000

工作步骤 3：后续处理

银行柜员在相关记账凭证上加盖业务专用章及经办人员名章，将办理业务的凭证与其他凭证一起上交会计稽核。

三、任务活动

【任务描述】2025 年 3 月 12 日，邮金银行鸿雁支行开户单位客户开元商贸有限公司（账号：0010201003551）财务人员到开户网点办理银行承兑汇票相关业务。鸿雁支行为开元商贸有限公司签发期限为 6 个月，金额为 650 000 元的银行承兑汇票。按照票面金额的 30% 向该企业收取保证金，按照 0.32% 的费率收取敞口风险管理费。

要求：按照银行承兑汇票业务办理流程，写出正确的会计分录。

【任务分析】根据任务所提供的信息判断业务类型和业务环节，并写出相应的会计分录。

【任务实施】

（1）鸿雁支行收取保证金的会计分录：

（2）计算鸿雁支行收取敞口风险管理费的会计分录：

（3）鸿雁支行出票的会计分录：

 知识加油站

风险敞口是指在金融活动中未加保护的风险，也就是因债务人违约行为带来的可能承受风险的信贷金额。银行承兑汇票风险敞口是汇票票面面值与保证金存款的差额。对银行而言，如全额收取保证金（即保证金比例为100%），该承兑业务的风险可以忽略不计。但是，如果保证金比例低于100%，则未收取保证金的部分则存在风险敞口，银行要收取敞口风险管理费。银行承兑汇票敞口风险管理费按照"谁受益、谁承担"的原则向银行承兑汇票的出票人收取，且仅可对已提供的银行承兑汇票敞口服务进行收费，对未提供的服务不得进行收费。银行承兑汇票敞口风险管理费＝敞口金额×费率。根据敞口比例、管理难度、担保方式等因素合理确定敞口风险管理费费率，最高收费费率不得高于商业银行公布的同期限贴现指导利率。

 能力拓展

（1）试从金融稳定视角讨论如何加强商业银行票据类资产的风险管理。

（2）试从金融服务地方经济发展角度讨论商业银行对所在地区经济发展的推动作用。

参考文献

［1］赵丽梅．商业银行会计实务［M］．北京：中国金融出版社，2012．
［2］赵贵峰．商业银行会计学．［M］．2版．北京：清华大学出版社，2017．
［3］程婵娟．银行会计学．［M］．5版．北京：科学出版社，2021．
［4］王保平，金鑫，柳元首．商业银行会计实务［M］．北京：中国财政经济出版社，2020．
［5］志学红．银行会计．［M］．4版．北京：中国人民大学出版社，2019．
［6］杨华．金融企业：新会计准则应用与讲解［M］．北京：中国金融出版社，2007．
［7］王英龙，曹茂永．课程思政：我们这样设计［M］．北京：清华大学出版社，2020．
［8］中国银行业协会银行业专业人员职业资格考试办公室．个人贷款（初、中级适用）（2024年版）［M］．北京：中国金融出版社，2024．
［9］石新红．邮政储汇业务员［M］．北京：人民邮电出版社，2011．
［10］唐敏，马丽斌．商业银行公司存款与结算业务［M］．北京：北京理工大学出版社，2022．